_____ 님께

지혜(智慧)의 서(書)와

마주하신

인연!!

고맙습니다.

년 　 월 　 일

인성공부

인/성/공/부

| 박완순 · 이정근 지음 |

벗나래

| 차례 |

인성의 울타리를 세우며

1. 35년째 학생들을 가르치고 있는 한 교사의 고백

"하루도 거르지 않고 상부에서 내려오는 내용 중에 약방의 감초 같은 문구가 있습니다. '인성을 갖춘 학생으로 육성하라!'가 그것입니다. 그러나 막상 아이들이 '인성이 무엇입니까?'라고 물으면 자신 있게 답할 수가 없습니다."

2. 기업을 경영한 지 20년이 넘은 한 최고 경영자의 하소연

"기업을 경영하면서 단맛, 쓴맛 다 봤지만, 가장 큰 어려움은 뭐니 뭐니 해도 인성을 갖춘 직원을 뽑는 것이었습니다. 하지만 솔직히 어떤 기준으로 뽑아야 할지 아직도 모르겠습니다. 인성교육, 이것도 기업이 담당해야 합니까?"

"매년 유명 연예인이나 운동 선수를 모델로 내세워 올바른 인성을 갖춘 지성인을 배출한다고 광고를 하지만, 인성교육 프로그램은 전무한 실정입니다. 인성의 중요성은 잘 알고 있지만, 현실은 취업률로만 평가되기 때문입니다."

이들의 공통 관심사가 무엇이라고 생각하는가? 그렇다. '인성'이다. 현대사회에서 가장 중요한 가치로 회자되는 단어 중 하나를 꼽으라면 '인성'이 빠질 수 없다. 그리고 그 중요성은 날이 갈수록 커지고 있다.

대중 강연을 할 때마다 "인성이 무엇입니까?"라고 묻는다. 그러면 대부분이 "중요한 것입니다"라는 답변과 함께 다음과 같은 문답이 오간다.

질문 : 자녀, 학생, 조직 구성원의 인성을 어떻게 키워야 합니까?
대답 : 잘 키워야 합니다.
질문 : 어떻게 하는 것이 잘 키우는 것입니까?
대답 : 열심히, 잘 키우면 됩니다"
질문 : '잘'이 무엇인지 가르쳐 주십시오.
대답 : 그냥 감으로 하는 거지, 구체적인 방법은 없습니다.

매번 똑같은 현상의 반복이다. 인성이 중요하다고는 알고 있지만, 구체적인 설명은 어렵다는 뜻이다.

똑같은 일을 반복하면서 내일은 더 좋은 결과가 나올 것이라고 기대하는 사람들을 바보라 한다. 여기서 바보란 '내 사랑 바보'처럼 애정이 담긴 것이 아니라 문자 그대로 어리석은 생각이나 행동을 하는 사람을 말한다.

많은 사람들을 바보같은 생각과 행동에서 깨어나게 하고 싶었다. 그러기 위해서는 무엇보다 먼저 깨고 나올 기본 틀이 필요했다.

호두를 깨려면 무엇이 필요하다고 생각하는가? 대개는 호두깎이를 떠올릴 것이다. 틀렸다. 호두를 깨려면 제일 먼저 호두가 있어야 한다. 호두가 있어야 호두를 깨는 도구와 방법을 찾을 수 있다.

귀에 못이 박이게 들어온 "고정관념을 깨라", "이분법에서 탈피하라", "스테레오 타입에서 벗어나라", "흑백논리에서 탈출하라"와 같은 말도 마찬가지이다. 고정관념이 없다면, 고정관념을 깰 수 없다. 기본 틀조차 잡혀 있지 않은 '인성'에 대한 고민도 이 논리와 동일하다.

[KBS TV 아침마당]에서 '부모의 본보기가 최고의 인성교육이다!'라는 주제로 방송 강의를 했다. 방송 강의가 끝나자 전국에서 많은 분들이 질문을 해왔다. 고민을 털어놓으며 상담을 요청하기도 했다. [EBS TV 평생대학]에서 '박완순의 인성 리더십'을, [SBS TV 행복 플러스]에서 '부모의 인성교육'을 주제로 방송 강의를 했을 때도 마찬가지였다.

"아들이 말도 안 하고, 눈도 안 마주쳐요. 어떻게 해야 하나요?"

"아이들의 식사 습관, 어떻게 고쳐야 하나요?"

"어떻게 직원들의 인성을 진단하고 교육할 수 있나요?"

"인성교육, 어렵지 않나요?"

이렇게 묻는 분들의 공통 관심사도 '인성'이었다. 이 책은 그분들에게 '인성은 무엇인가?'라는 고정관념을 확실히 심어줄 것이다. 뿐만 아니라 이 시대를 살아가는 부모님, 선생님, 기업의 구성원과 경영자, 입학사정관과 기업의 면접관, 이 사회의 어른 등 모든 사람이 갖춰야 할 정신과 행동체계의 기본이 인성의 틀이며, 정확한 공식에 의해 유지되고 발전된다는 것을 알려줄 것이다.

공식이라고 해서 어렵게 느껴지는가? 너무 걱정하지 마시라. 원리는 간단하다. 다음의 것들처럼 일상생활에서 끝없이 반복되는 '현상 → 관찰 → 이치 발견 → 원리 수립'이라는 과정을 거쳐 만들어졌다.

- 선조들은 4계절의 변화에 따라 씨를 뿌리고, 가꾸고, 수확하고, 저장하는 시기와 방법을 어떻게 알았는가?
- 무질서해 보이는 자연의 변화를 통해 음양오행의 원리를 만들어낸 과정은 무엇인가?

어떤 현상이 반복되는 것을 오랫동안 관찰하면 이치를 발견할 수 있고, 그 이치를 바탕으로 원리를 파악하면 다가올 미래를 예측할 수 있다. 이와 같은 방법으로 오랜 조직생활 경험과 이미 알려진 선조들의 지혜를 종합하여 인성공식의 울타리를 만들었다.

강의를 들으신 분들의 격려와 나 자신이 더 지혜로워지려면 남들을 지혜의 길로 안내해야 한다는 깨달음이 이 책을 쓰게 한 동기이다.

이 책을 위해 희생된 30년 이상의 나무들이 삭풍을 견디며 새겨놓은 나이테에 진심으로 존경을 표한다. 부디 이 책이 당신에게 지적 즐거움을 주고, 하루하루 자신의 품격과 생존력을 높여 주는 좋은 동반자가 되기를 바란다.

세상 어떤 일도 우연히 일어나는 법은 없다. 이 책을 손에 쥔 당신과의 인연 역시 수많은 대가를 치른 정신적 갈급함의 결과이다. 당신의 선택으로 맺어진 인연에 진심으로 깊은 감사를 드린다.

(사)박완순인성교육계발원 이사장 박완순
밈코리아 대표 이정근

당신은 어디에 이름을 남기려는가?

"호랑이는 죽어서 가죽을 남기고, 사람은 죽어서 이름을 남긴다."

이 말처럼 호랑이의 가죽은 벽이나 바닥에서 그 존재를 확인할 수 있다. 그렇다면 사람의 이름은 어디에 기록될까? '개인의 역사'이다. 개인의 역사란 눈에 보이는 업적과 정신세계를 포함한다. 이 책은 당신에게 사회적 경험과 전문지식을 융합시켜 자신만의 역사로 만들어낼 정신세계의 그릇을 제공할 것이다.

"추락하는 것은 날개가 없다."

불확실성 시대를 표현하는 대표적인 문구이다. 그러나 여기에는 모순이 있다. 지상 1~2미터 높이에서 떨어지는 것을 추락이라 하지 않는다. 추락이라고 할 만큼 높은 곳이라면 날개를 움직여 거기까지 날아갔음을 의미한다. 그렇게 본다면 추락하는 것에는 날개가 없는 것이 아니라 날개는 있지만 움직일 기본 동력을 상실했다는 것이 맞다.

일상생활에서 아래와 같은 사람들을 만날 수 있다.

- 여러 겹의 쟁반밥상을 손도 대지 않은 채 머리에 이고 배달하는 여인
- 명함을 던져 촛불을 끄거나 수박에 꽂는 신기한 기술을 가진 사람
- 1층에서 5층 사무실 창문으로 신문을 정확히 던져넣는 신문 배달부

이들을 달인이라고 한다. 이들에게 그 요령을 물어보면, 돌아오는 답은 한결같다.

"말로는 설명하기 어렵죠. 20년 이상 꾸준히 하면 됩니다."

당신은 날개를 움직이는 법을 아는가?

최근 오랜 경력을 지닌 정년퇴직자들이 할 일이 없다고 아우성이다. 그들은 어떤 사람들일까? 정해진 틀 안에서 주어진 일을 착실히 수행해온 사람들이었다. 그 결과, 퇴직을 하기 전까지 맡은 업무에서는 달인이라는 호칭까지 들었을지도 모른다.

그럼에도 불구하고 그들은 왜 경력 단절을 겪게 되었을까?

지금까지 그들은 자신의 힘으로 날개를 움직인 것이 아니었다. 회사나 타인이 시키는 대로 움직이다 보니 그 위치에 올랐던 것이고, 스스로 날개를 움직이는 법을 잃어버려 추락의 운명을 맞이한 것이다. 오랫동안 자신의 전문지식을 올곧게 이론화하여 타인이나 후배들에게 전달할 능력을 키워왔다면, 실전 경험의 전문가로 성장해 새로운 세계를 향해 날 수 있는 능력과 기회를 가졌을 텐데 말이다.

이 책은 그들의 오랜 사회생활 경험에 담백한 이론—그러나 어렵거나 새롭게 습득해야 하는 것이 아닌—이라는 옷을 입혀 스스로 날 수 있는 생존력을 제공할 것이다. 그리고 사회생활을 준비하거나 이제 막 진출한 사회 초년생, 왕성하게 사회활동을 하고 있는 3, 40대에게는 세상을 살아가는 지혜의 보물창고가 되어 줄 것이다.

이 책은 어른으로서 갖춰야 할 생활의 일가견을 순차적으로 설명한다. 공부할 내용은 다음과 같다.

성性의 개념 및 관련 용어
⇩
성性이 지배하는 인간의 일생
⇩
인성人性의 주인공인 나와 상대방의 개성
⇩
모든 인간이 가지는 공통적인 성질
⇩
나와 남이 모여 만든 조직의 특성
⇩
조직문화의 필요성과 형성방법
⇩
어른으로서 갖춰야 할 기본적인 행동체계

그럼 이제 본격적으로 인성이라는 내밀한 동굴 탐험을 떠나 보자.

❦ 책을 읽기 전에 반드시 알아야 할 개념 ❦

❀ 성性

인간을 포함해 모든 동식물과 사물이 본래의 목적대로 완성되어 가는 꼴

❀ 인성人性

사람이 태어나 어린이와 학생이라는 과정을 거쳐 자신의 생각과 행동의 기준이 되는 일가견을 갖춘 어른으로 완성된 상태

❀ 어른

일가견을 갖춰 생각하고 행동함으로써 타인이 보고 배울 수 있는 본보기가 되는 사람

❀ 일가견一家見

세상 경험을 통해 습득한 지식과 지혜를 바탕으로 주변 현상에 대해 옳고, 그름을 판단할 근거가 되는 정신적인 사고체계의 고정 틀

❀ 공부工夫

어른의 일가견을 갖추기 위해 행하는 모든 정신적·육체적 노력

1장

人性工夫

세상을 지배하는
단 하나의 법칙, 성(性)

세상을 지배하는 단 하나의 법칙, 성(性)

성(性),
제 모습을 갖추는 과정

1_ 성(性)의 진실

'성性'은 사전적으로는 '사람이나 사물의 본바탕 또는 그것들이 태어나면서부터 가지는 기질'을 말하며, 생활 속에서는 '되어 가는 꼴'이라는 의미로 사용된다. 하지만 '성'이라고 하면 대부분의 사람들은 섹스Sex를 떠올린다.

[그림 1-1] 성(性·Sex)의 의미

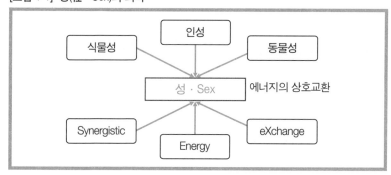

이런 현상은 개인의 잘못이 아니다. 하나의 단어에 하나의 의미만 주입식으로 가르친 우리 교육이 지닌 부작용의 한 단면이다. [그림 1-1]에서 볼 수 있듯이 성$性$ · Sex은 에너지의 상호교환을 통해 자신이 가지고 태어난 본래 모습을 완성하는 과정을 포함한다.

예를 들면, 수성$水性$볼펜은 수소H_2와 산소O가 에너지를 교환하여 완성된 물H_2O의 성질을 가진 볼펜이라는 뜻이다. 식물의 씨앗이 새싹을 틔우고 꽃을 피우며 성장하는 과정을 식물성이라 표현하며, 동물성은 새끼나 알이 성체로 변하는 과정을 함축적으로 표현한 단어이다.

성은 인간에게도 적용된다. 난자와 정자가 수정되어 어린아이$子$가 되고, 어린아이가 자라 어른이 되는 과정 역시 성으로 표현된다. 남자아이가 자라서 어른이 된 상태를 남성, 여자아이가 자라서 어른이 된 상태를 여성이라 한다. 남성과 여성을 동시에 칭하는 공통분모는 사람$人$이다. 따라서 인성$人性$이란 사람이 태어나 어린이$子$와 학생$學生$이라는 과정을 거쳐 자신의 생각과 행동이 기준이 되는 일가견을 갖춘 어른으로 완성된 상태를 일컫는다.

흔히 '될 성부른 나무는 떡잎부터 알아본다', '성난 군중', '성질난다', '성내다'와 같은 문구 속에 사용되는 성은 어떠한 뜻일까?

인간은 자신의 겉모습이 올바로 되었는가를 확인하기 위해 거울을 보며 매무새를 고친다. 마찬가지로 자신의 생각과 행동이 과연 옳은 것이냐를 판단하기 위해 비춰보는 사람에게만 존재하는 마음속의 거울, 그것을 인성$人性$이라 한다. 따라서 '성난 군중', '성질난다', '성내다'라는 말은 마음을 비춰볼 거울이 깨졌거나 금이 감으로써 정상적인 판단을 할 수 없어 평소와 다른 행동을 한다는 의미이다.

　인간이든 동식물이든 일정한 변화를 거쳐 완성된 모습으로 성장해가는 과정을 변태라 한다. 단지 둘 사이에 차이점이 있다면 동식물은 외형만 변하지만, 인간은 나이와 신분에 따라 정신세계까지 변한다는 것이다. 이처럼 성은 어떤 형태의 변태를 하든 완성된 모습을 갖추는 과정이며, 모든 현상이나 사물을 본래의 타고난 목적대로 작동하게 만드는 강력하고 절대적인 힘이다.

2_ 어른과 애늙은이의 차이

　선조들은 인간이 정신적·육체적으로 완성된 상태에 이른 사람을 '어른'이라 했다. 이 책을 통해 올바르게 정립해야 할 개념도 어른이다. 이 개념을 제대로 알지 못하면, 어른이 될 수 없을 뿐만 아니라 어른이 되는 과정 또한 파악할 수 없다.

　"우리 사회에는 어른이 없다"라는 말을 자주 듣는다. 대부분의 사람들도 이 말을 부정하지 않을 것이다. 그 이유는 무엇일까? 어른이 무엇이고, 어떻게 해야 어른이 되며, 어른이 되기 위해서는 무엇을 갖춰야 하는지 정확한 개념을 갖지 못했기 때문이다. 개념을 모르니 목표를 세우는 것이 불가능하고, 목표가 없으니 나아갈 방향을 잡지 못하는 것은 당연하다.

　어른의 개념을 제대로 알기 위해 우선 인간의 탄생과정을 살펴보자.

　어머니의 난자와 아버지의 정자가 수정을 하면 어린이가 만들어진다. 어린이는 '어리석은 이'라는 의미로, 방정환 선생이 정립한 개념이다. 의미에서도 알 수 있듯이 어린이는 식물의 새싹, 동물의 새끼와 같이 아직 완성되지 않은 상태를 말한다.

인성이란 이처럼 어리석은 어린이가 성장을 하면서 완성된 인간의 모습을 갖추어가는 과정의 의미도 된다. 어린이가 자라 올바른 사고체계의 틀을 갖춘 성인으로 성장했을 때, 어른이라고 하며 모든 이들이 따라 보고 배우는 본보기가 된다. 나이가 아무리 많아도 본보기의 대상이 될 수 없다면 어른이라 하지 않고 애늙은이라 한다.

어른의 의미를 어원을 통해 알아보자.

가장 보편적으로 알려진 어른의 어원은 '얼르다'이다. '얼르다'는 남녀 간의 육체적인 결합을 말한다. 어원의 발달과정에서 '얼르다 → 어루다 → 어룬이 → 어룬 → 어른'으로 변화되었다.

결혼은 남녀 간의 육체적인 결합을 사회적으로 인정하는 제도이다. 결혼식 주례사를 보면 '어른이 되었다'라는 문구가 자주 등장한다. 예로부터 어른이란 결혼을 통해 두 남녀가 일가를 이룸으로써 지금까지의 경험과 정신세계를 결합해 주변의 사건이나 상황을 올바르게 판단할 수 있는 일가견을 갖춘 상태에 이른 사람을 지칭했다. 그렇게 본다면 결혼은 어른이 되기 위해 반드시 겪어야 할 경험이자 한 단계 더 성숙해지는 기회의 장이 된다.

또 다른 어원은 '어른어른'이다. 이 말은 어떤 난관이나 어려움에 처했을 때, 머릿속에서 본보기로 삼을 만한 분의 모습이 '어른어른'거렸다는 데에서 유래했다. 여기서 어른이란 그대로 따라 하기만 해도 문제를 슬기롭게 해결할 수 있는 본보기의 대상을 말한다.

이 2가지 어원에는 공통점이 있다. 본받아 행할 생각과 행동의 기본 틀이 갖춰진 상태, 즉 일가견을 가졌다는 것이다. 문제는 일가견이 무엇이고, 그 기본 틀이 무엇인가이다.

부모님, 선생님, 조직의 책임자, 사회 지도층에게 성공적인 사회생활과 대인관계의 방법에 대해 물으면, 대답이 거의 한 가지로 모아진다. "잘하면 됩니다"가 그것이다. 그리고 다시 한 번 "어떻게 하면 잘하는 것입니까?"라고 물으면, "그저 잘 해야 합니다" 혹은 "열심히 잘 하면 됩니다"라는 답변이 돌아온다.

문제는 '잘'이 무엇인지 모른다는 것이다. 무엇인지도 모르고 무조건 잘 하라고 하니 판단 기준이 없는 사람들은 각자의 생각대로 할 수밖에 없다. "고정관념을 깨라", "패러다임을 바꿔라"라는 말을 귀에 못이 박이도록 들어왔지만, 결과가 없는 게 우리의 현실이다. 깨야 할 고정관념이 없는데 어떻게 깰 것이며, 패러다임이 무엇인지 모르는데 어떻게 패러다임을 전환한단 말인가? 호두도 없는데 호두를 깨러 다니는 것과 다를 바가 없다.

어른이 되기 위해서는 무엇보다도 일가견을 갖춰야 한다. 일가견이란 어른이 사회생활 안내자로서 갖추어야 할 정신적·행동적 사고체계의 고정틀, 즉 고정관념을 말한다. 우리 몸이 명령을 하지 않아도 고정적으로 호흡을 하고, 혈액 순환을 하듯이 우리의 생각과 행동의 기본 틀 역시 고정관념이 없으면 올바로 작동할 수 없다.

어른의 일가견이 어떤 내용으로 구성되는지 알아보기 위해 앞에서

[표 1-1] 생활 속 '잘'의 사용 예

'잘'의 쓰임	의미
마음을 잘 써라.	옳게, 바르게
잘 그린 그림이다.	훌륭하게, 멋지게
잘 먹었다.	배불리, 맛있게
운동을 잘 한다.	익숙하게, 능란하게
잘 해라.	경우에 맞게
잘 가라.	편안하게, 아무 탈 없이
잘생긴 얼굴	아름답게, 예쁘게, 균형 있게
걸핏하면 잘 싸운다.	습관처럼, 늘, 곧잘
모든 일이 잘 될 거야.	네 뜻대로, 원만하게
마침 잘 왔다.	아주 적절하게, 때에 맞게
물이 잘 안 나온다.	쉽게, 넉넉하게
잘 다스리다.	올바르게

언급했던 '잘'의 의미를 파악해보자. 일상생활에서 다양하게 표현되는 '잘'이라는 단어의 의미를 체계화시키면, 곧 넓은 의미의 일가견이 될 수 있기 때문이다. [표 1-1]은 일상생활에서 자주 사용되는 '잘'의 쓰임새를 정리한 것이다.

이 표에서 볼 수 있듯이 '잘'은 많은 영역에서 다양한 의미로 사용된다. 그리고 자세히 살펴보면 일정한 원칙에 의해 질서정연하게 움직이는 상태를 나타내고 있음을 파악할 수 있다. '잘'이라는 단어에 맞게 행동을 하려면 많은 공부가 필요한 이유가 바로 여기에 있다.

한 마리의 반려견을 키우는 데 있어서도 어떤 종자를 선택할 것인가, 어떤 목적으로 키울 것인가, 어떻게 훈련시킬 것인가, 어떤 먹이를 줄 것인가, 병이 나면 어떻게 치료할 것인가 등과 같이 많은 공부를 필요로 한다. 그 과정을 거쳐야 개를 잘 키울 수 있고, 사육에 일가견을 가질 수 있다.

반려견의 경우만 해도 이러한데, 서로 다른 성격을 지닌 구성원과 관계를 맺고, 한 방향으로 움직이도록 하는 것은 어떻겠는가. 그 복잡한 과정을 생활 속에서 짧게 표현한 것이 바로 '잘'이며, 그것을 제대로 행하는 사람을 생활의 일가견을 갖추었다고 하여 어른이라고 한다.

앞의 내용을 정리하면 다음과 같다.

- 제 모습을 갖추는 과정을 성이라 한다.
- 그러기 위해서는 잘 해야 하고, 잘 하면 일가견을 가지게 되며, 타인의 본보기가 될 수 있다.
- 본보기가 될 수 있는 사람을 어른이라 한다.

인성은 공식이다

1_ 관찰 속에 깨달음 있다

일상생활에서 널리 사용되는 '잘'이라는 단어를 통해 일가견의 희미한 줄기를 찾아보았다. 이제 본격적으로 어른의 일가견에 대해 공부해 보자.

많은 이들이 인성, 어른, 일가견 등과 같은 단어들을 추상적으로 인식하여 효과적인 접근방법을 찾지 못한 채 막연히 사용해왔을 것이다. 세상만사에는 기본 원리가 있다. 누구의 강요나 재촉이 없음에도 불구하고 식물이 꽃을 피우고 계절이 바뀌듯이 자연의 일부인 인간도 이러한 자연법칙의 지배를 받는다.

우리 삶은 자연의 4계절인 봄, 여름, 가을, 겨울과 상당 부분 닮아 있다. 계절이 순환하듯 우리 삶도 순환한다. 옛날 사람들이 질서가 없는 것처럼 보이는 자연현상을 통해 음양오행의 틀을 세우고 길흉화

[그림 1-2] 인간의 지혜 구체화 과정

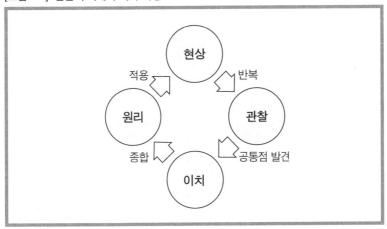

복을 점칠 수 있었던 것도 순환이라는 대자연의 원리를 깨우쳤기 때문이다.

이러한 인간의 지혜는 관찰에서 비롯되었다. [그림 1-2]와 같이 사물이나 현상의 반복된 변화를 유심히 관찰하면 공통점을 발견해 일정한 이치를 찾을 수 있고, 그 이치를 종합하면 원리를 세울 수 있으며, 그 원리를 적용하면 앞날을 예측할 수 있다. 이러한 능력은 인간에게만 주어진 축복이다.

이러한 축복에 힘입어 자연의 순환법칙을 근거로 삼고 30여 년간 조직에서 몸소 겪었던 경험과 선조들의 지혜를 빌려 일정한 원리를 세웠다. 그리고 '인성공식'이라는 이름을 붙여 새로운 생명을 불어넣었다.

이 세상에 어떤 이론이나 발명도 독자적으로 만들어지는 것은 없다. 기존의 현상 속에서 새로운 원리를 찾아낼 뿐이다. 영어의 알파벳,

수학의 덧셈·뺄셈과 숫자, 한글의 자음과 모음 등과 같은 인류의 위대한 발명품 역시 '현상 → 관찰 → 이치 → 원리'라는 과정을 거쳐 창조된 결과물이다.

2_ 고정관념 없이 변화 없다

인성, 어른, 일가견, 본보기, 교육의 개념 역시 마찬가지이다. 이 모든 단어를 관통하는 공통점을 종합하여 인성의 기본 틀을 7가지 범주로 나누어 구성하였다. 이 틀이 곧 인성을 설명하는 고정관념이자, 올바른 어른이 익혀야 할 내용이며, 그곳에 이르는 과정이다. 이렇게 인성의 기본 틀을 만든 이유는 일단 고정관념이 있어야 그것을 깨고 나오거나 구체적으로 실행에 옮길 수 있기 때문이다.

'기본을 지켜라', '기초를 튼튼히 하라', '변화하라', '개혁하라', '첨단을 지향하라', '창조하라' 등과 같이 좀 더 나은 결과를 독려하는 말에는 고정관념이라는 기본 틀이 전제되어야 한다. 변화를 하려면 변화의 대상이 있어야 하며, 개혁reform을 하려면 기본 틀form이 있어야 모양새를 다시re 바꿀 수 있다. 창조 역시 알지 못했던 기존의 것을 변형시키는 작업임을 감안한다면 기본 틀은 절대적이다. 첨단을 지향하려 해도 기초가 없으면 불가능하다는 것을 '뾰족할 첨尖, 큰 것 위에 작은 것을 올려놓은 모습'이라는 글자가 말해준다.

인성공식을 7가지 범주로 구분한 배경에는 선조들의 삶의 지혜와 수많은 창조물들이 그러했듯이 생활 속에서 수없이 반복되는 현상을 관찰하고, 이치를 종합해내는 토대가 되었던 우주의 순환원리가 자리한다. 좀 더 자세히 알아보기 위해 옛 어른 노자의 지혜를 잠시 빌려보자.

사람은 땅의 모든 성질을 따라 하며 [人法地]
땅은 하늘이 내려주는 조건대로 따라 하며 [地法天]
하늘은 우주의 움직임이 이르는 길을 따라 하며 [天法道]
우주의 움직임은 스스로 그러함의 원칙을 본받는다. [道法自然]

『도덕경』

여기에서 '법法'은 본받는다 혹은 따라 한다는 뜻이다. 분쟁이나 다툼이 생겼을 때, "그게 될 법이나 한 소리인가?"라고 따지는 것을 볼 수 있다. 이때 쓰인 법은 규정이나 법칙이 아니라 따라 하거나 판단의 기준으로 삼을 만한 본보기가 되느냐를 따져서 묻는 것이다.

『도덕경』의 글귀를 찬찬히 음미해보면, '현상 → 관찰 → 이치 → 원리'라는 과정을 충실히 수행하여 우주에서 일어나는 현상들을 마치 손금 보듯이 간단명료하게 정리해놓았음을 알 수 있다. 옛 어른인 노자의 슬기로움에 저절로 고개를 끄덕이게 된다.

인성의 기본 틀이 만들어진 원리가 하늘, 땅, 인간, 자연의 순리에 바탕을 두었다는 것을 설명했으니 이제 자연과 일상생활에서 '7'을 기준으로 반복되는 현상들을 살펴보자. 생활 속에서 마주치는 '7'을 소개한다.

- 일주일은 7일이다.

- 음양오행은 일, 월, 목, 화, 토, 금, 수 7가지로 구성되어 있다.

- 사람의 얼굴에는 7개의 구멍이 있다.

- 눈으로 볼 수 있는 가시광선의 색깔은 7가지이다.

- 여성의 월경 주기는 28일(7일×4)이다.

- 여성의 임신 기간은 280일(7일×40)이다.

- 태아의 성별 구분은 임신 7주째에 결정된다.

- 출생 후 7개월 때까지 젖을 먹고, 그 이후에 젖을 뗀다.

- 출생 후 7개월이 지나면 젖니가 생기며 걷기 시작한다.

- 7살이 되면 간니로 바뀐다.

- 남녀칠세부동석이다.

- 사람의 손가락 뼈마디는 14개(7×2)이다.

- 우리 몸의 뼈조차도 7년마다 완전히 새롭게 바뀐다.

- 여자의 일생은 자궁의 변화 주기인 7년을 주기로 변화한다.

- 인간의 생애 주기별 변화 형태도 7년을 주기로 변화한다.

　　선조들은 이처럼 생활의 변화 주기에서 중심 역할을 하는 숫자 7을 완성수로 여겼다. 그래서 이 책에서는 선조들이 간파해놓은 자연현상의 원리와 7이라는 생활의 완성수를 연결고리로 삼아 인성의 기본 틀을 7가지 범주로 정리하였다.

박완순의 인성공식

어른의 일가견이라 표현할 수 있는 인성공식은 어떤 모습일까? 전체적인 윤곽을 소개하면 [그림 1-3]과 같다. 이 7가지 범주는 2장부터 자

[그림 1-3] 박완순 인성공식의 기본 틀

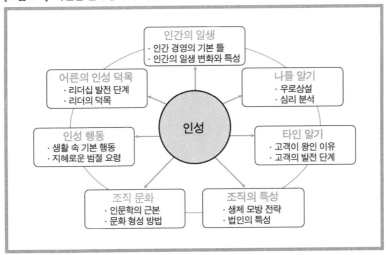

세히 풀이할 것이다. 다만 이번 장에서는 각 항목별로 간단한 소개를 통해 전체 흐름을 먼저 설명하겠다.

1_ 인간의 일생 : 진정한 변태란?

인간은 누구나 태어나서 성장을 하고, 후대를 생산하며, 점차 늙어가다가 죽는다. 이 과정을 나이대별로 신체의 변화와 연계하여 생각해보자.

- 세 살 버릇이 여든까지 가는 이유는 무엇인가?
- 왜 '남녀칠세부동석'인가?
- 결혼할 때 남녀의 나이 차가 서너 살이 좋다는 이유는 무엇인가?
- 꺾어진 70살의 의미는 무엇인가?
- 남녀는 갱년기에 어떤 특성을 보이는가?
- 인생에서 여자 나이 49세와 남자 나이 56세는 어떤 의미인가?
- 평생교육은 언제 시작되는가?
- 나이가 들면 말이 많아지는 이유는 무엇인가?
- 은퇴 후의 삶을 황금기로 만드는 방법은 무엇인가?

생활에서 흔히 접하는 이런 질문들에 대해 생각해본 적이 있는가? 아마 없을 것이다. 그래서 어느 것 하나 답하기가 쉽지 않을 것이다. 그 이유는 자신의 힘이 아니라 타인과 조직의 힘으로 날갯짓을 해왔기 때문이다.

2_ 나를 알기 : 내가 남과 다른 이유

[그림 1-4] 빗장

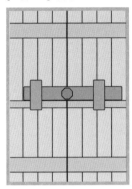

사회생활의 성공 여부는 다른 사람과의 관계에 의해 결정된다. 관계라는 단어에서 '관(關)'은 양쪽 대문이 열리고 닫히는 것을 결정하는 가로지른 막대기, 즉 빗장을 의미한다.

빗장을 제대로 걸려면 [그림 1-4]와 같이 양쪽 대문의 아귀가 맞아야 하듯이 올바르게 인간관계의 빗장을 지르려면 양쪽의 마음이 같아야 한다. 그러기 위해서는 자신의 성격을 정확히 파악하는 것이 우선이다.

'나를 알기'편에서는 설문을 통하여 자신의 성격을 4가지로 분류해 진단할 것이다. 각 개인의 특·장점을 알고 나면 일상생활에서 관계 때문에 겪는 다양한 문제들의 원인을 쉽게 파악할 수 있을 것이다.

3_ 타인 알기 : 사람들은 왜 똑같을까?

지금 간절히 원하는 것은 무엇인가? 좋은 직장, 좋은 집, 좋은 자동차, 많은 돈 등 여러 가지가 있을 것이다. 그것들의 공통점은 무엇일까?다른 사람의 수중에 있으며, 내 것으로 만들려면 타인의 동의와 협조가 필요하다는 것이다.

거기에는 전제조건이 있다. 상대방의 뇌가 허락을 해줘야 한다. 뇌의 허락을 받는 가장 쉬운 방법은 무엇일까? 뇌의 특성을 파악해 어떨 때 허락하고, 어떨 때 거절하는지 안다면 백전백승일 것이다.

'타인 알기'편에서는 뇌의 특성을 7가지로 분류하여 알아봄으로써 인간의 공통적인 사고체계를 분석할 것이다. 인간관계에서 빗장을 지르기 위한 가장 기본적이며 필수적인 과정은 타인을 아는 것에서 시작된다.

4_ 조직의 특성 : 조직의 쓴맛이란?

조직이란 사전적으로 '동일한 목적을 위해 여러 개체나 요소를 모아서 체계 있는 집단을 이루는 것'이다. 이것을 역으로 해석하면, 어떤 목적을 달성하기 위해서는 혼자나 한 가지 요소보다는 여럿이나 여러 가지 요소가 조화를 이루어야 더 효과적이라는 의미가 된다. 문제는 조화를 이루는 것이 쉽지 않다는 데 있다.

해결책은 간단하다. 이것 역시 '현상 → 관찰 → 이치 → 원리'라는 과정을 통해 조직의 생성과정과 소멸과정을 자세히 들여다보면 찾을 수 있다. 그 결과 도출해낸 결론이 '조직은 사람이다'라는 문구이다. 조직을 인공적인 사람 혹은 인간을 본받은 단체라고 여겨 법인法人이라 불렀던 이유도 여기에 있다.

'조직의 특성'편에서는 신체와 조직의 공통점을 7가지로 분류해 조직과 관계를 맺기 위한 빗장으로 삼을 것이다. 신체의 움직임을 살펴 그 원리를 조직생활에 적용하면 원만한 처세가 가능할 것이다.

5_ 조직문화 : 조직을 움직이는 보이지 않는 손

우리 몸이 일사불란하게 움직이는 데에는 2개의 주인공이 상호 유기적으로 관련되어 있다. 직접 연결되어 정보를 주고받으며, 상황에 대처하도록 동작을 지시하는 '신경'과 직접 연결되어 있지는 않지만, 정보 전달 물질을 옮겨 명령을 수행하도록 정보를 제공하는 '호르몬'이 그것이다.

우리 몸이 신경과 호르몬의 상호 유기작용에 의해 움직이듯 조직은 신경에 해당하는 직제와 호르몬에 해당하는 조직문화에 의해 움직인다. 조직문화는 호르몬과 같이 겉으로는 드러나지 않지만, 조직의 존폐와 지속 가능성을 결정하는 매우 중요한 역할을 한다. 있는 듯 없는 듯 하지만 조직의 성격을 규정하고, 조직원의 가능성을 어떻게 계발하여 어디에 사용할 것인가를 결정하는 조직 발전의 기본 동력이 바로 조직문화이다.

'조직문화'편에서는 부모님, 선생님, 조직의 장, 국가 지도층이 조직을 운영함에 있어 기본으로 알아야 할 내용인 조직문화의 특성과 구조, 형성과정에 대해 설명할 것이다.

6_ 인성 행동 : 떨어지는 낙엽에도 이유가 있다

이전까지가 생각의 틀을 갖추기 위해 기본 개념을 정립하는 단계였다면, '인성 행동'은 그것을 구체화시키는 말과 행동에 대해 알아보는 과정이다. 일상생활에서 자신을 나타내는 것은 '생각 → 말 → 행동'의 3단계로 이루어진다. 매우 단순해 보이지만, 한 사람을 평가하는 전부이기도 하다. 말은 생각 에너지가 소리 에너지로 변한 것이며, 행동이란 생각 에너지가 물리적 에너지로 구체화된 것이다.

자신의 생각이 말과 행동으로 표출될 때에는 어떤 모습으로 나타나게 될까? 그리고 그것은 자신에게는 어떤 영향을 미칠까? 또한 정리되지 않거나 통제되지 않은 생각이 말과 행동으로 나타나면 그 결과는 어떻게 될까?

'인성 행동'편에서는 인간이 가진 생각의 또 다른 모습인 말, 표정, 인사, 자세 등을 토대로 사회생활의 기본적인 행동과 상황별 대처요령에 대해 알아볼 것이다. 사람들은 생각과 행동의 불일치로 타인에게 오해를 받곤 한다. 이로 인해 뜻하지 않게 피해를 입거나 자신의 전문지식이 빛을 발하지 못하는 경우도 있다. 이를 미리 방지하는 차원에서 '인성 행동' 공부는 대단히 유용할 것이다.

7_ 어른의 인성 덕목 : 최고의 유산은?

언제나 한 자리에서 움직이지 않은 채 방향을 알려주는 별이 있다. 북극성이다. 북극성을 중심으로 주변의 별들이 일정하게 회전하는 현상을 비유하여 표현한 단어가 '덕德'다.

그런데 제 자리에 있어야 할 북극성이 갑자기 위치를 바꾸면 어떻게 될까? 주변을 돌던 별들이 깜짝 놀라 허둥대며 이렇게 말할 것이다.

"북극성의 덕이 변했다."

이렇게 해서 탄생한 단어가 '변덕變德'이다.

우리 삶에서 덕이란 자신의 생각이나 행동이 주변 사람들에게 모범이 되는 것을 의미하며, '본보기'로도 표현된다. 덕이야말로 어른이 필수적으로 갖춰야 할 정신과 행동체계의 본보기이며, 생활의 일가견이다. '어른의 인성 덕목'편에서는 부모님, 선생님, 조직의 장이 사회의 어른으로서 덕을 발휘할 수 있는 체계적인 방법을 소개한다.

이 책은 본받아 따라 해야 할 대상인 어른이 갖춰야 할 덕목과 인성교육의 기본 틀에 대해 말하고 있다. 흔히 기존의 자기계발서나 인간관계, 성공을 다룬 책들과는 달리 기술이나 요령을 다루지 않는다.

우리가 '~하는 기술', '~하는 법', '~하는 요령'이라고 규정하는 순간, 그것은 생명력을 잃어버린다. 그 대상을 동반자로 보는 것이 아니라 성취의 수단으로 보기 때문이다. 상대를 수단으로 규정하면 내 마음대로 움직일 가능성이 매우 희박해진다.

가령 '사랑하는 법'이라고 말해보라. 그 순간 그것은 사랑이 아니라 유혹일 뿐이다. 유혹의 끝이 어떤지는 당신도 잘 알 것이다. 사랑이란 어찌할 바 몰라 안절부절 못하는 것이다. 사랑은 평소의 말과 행동으로 은연중 드러난다. 이를 알아챈 상대방이 분위기에 동화되어 받아들이는 것이 진정한 사랑이고, 끌림이다. 반면에 유혹은 일방적이고, 끌림이 없는 상대를 강제로 현혹하는 것이다. 따라서 수단이 없어지면 감정도 사라진다.

당신은 외국의 자기계발 서적들이 흔히 취하고 있는 모듈을 갖춘 단계별 접근법에 익숙할 것이다. 그러나 이런 방식은 자신에게 주어진 엄청난 축복인 무한한 잠재력을 오히려 감퇴시킬 수 있다.

많은 이들이 "물고기를 잡아서 주기보다는 낚시하는 법을 가르쳐라"라고 말한다. 그러나 현실은 어떠한가? 다른 사람이 던져주는 먹이를 넙죽넙죽 받아먹는 데 익숙하다. 그 결과 수십 년간 직장생활을 했던 사람이 어느 날 갑자기 "추락하는 것에는 날개가 없다"라며 불평불만을 늘어놓는 현상이 발생한다. 이 책에서 소개하는 7단계 인성공식은 인성에 대한 확고한 기본 틀을 세워 독자적인 날갯짓이 가능하도록 도와줄 것이다.

성, 세상을 지배하는
단 하나의 법칙

1_ 성, 도, 교의 원리

본격적으로 인성공부를 하기에 앞서 공부가 무엇인지 알아보자. 고정관념을 깨려면 우선 고정관념이 있어야 하고, 호두를 깨려면 우선 호두가 있어야 하는 이치이다. 공부란 인간의 완성된 모습, 즉 어른이 되기 위해 행하는 모든 정신적 · 육체적 노력을 뜻한다.

다음은 선인들이 어른의 모습에 이르는 과정을 하나의 원리로 만든 것이다.

> 하늘이 명한 것을 성이라 하고 [天命之謂性]
> 성을 따라 행하는 것을 도라 하며 [率性之謂道]
> 도를 닦는 행위를 교라 한다. [修道之謂教]
>
> 『중용』

이 문구를 재해석하면 이러하다.

"우주만물이 하늘의 명대로 본래의 모습을 찾아가는 현상을 성性이라 하고, 성의 완성으로 안내하는 과정을 도道라 하며, 도를 닦도록 지원하는 모든 행위를 교敎라 한다."

도와 교는 인간을 성이라는 종착역으로 안내하는 양쪽 날개와 같다. 세상을 지배하는 단 하나의 법칙을 성이라고 주장하는 근거도 여기에 있다. 인간보다 높은 시각에서 내려다본 인간생활을 포함한 우주만물의 생성원리가 바로 성인 것이다.

앞에서 성을 공부하면서 인간과 동식물의 변태과정에는 차이점이 있다고 배웠다. 동식물은 수정을 한 후의 변태과정이 비교적 단순하다. 외적인 변화는 있지만, 평생 동안 본능의 지배를 받기 때문에 내적인 변화는 거의 없다.

반면에 인간은 이들과는 다른 변태과정을 거친다. 인간은 태어나 본능의 지배를 받는 어린이, 합리적인 것들을 배우고 물어 지혜와 지식을 넓히는 학생, 사회에 진출해 자신의 능력을 발휘하는 사회인으로 정신적 변화와 역할의 변화를 거쳐야 비로소 어른이 된다. 중용에서 언급한 도道란 어린이, 즉 어리석은 아이가 이러한 과정을 거쳐 어른이 되어 가는 것을 말한다.

그러나 애석하게도 우리 사회는 어른이 되어 가는 과정인 도에 대한 잘못된 해석이 만연해 있다. 영어, 컴퓨터, 골프, 스포츠 등의 분야에서 남들보다 두각을 나타내 경제적으로 풍요로워지는 것을 어른이 되는 과정이라고 생각한다. 그 결과, 어른으로 가는 길인 도에서 벗어나 외

[그림 1-5] 성, 도, 교의 원리

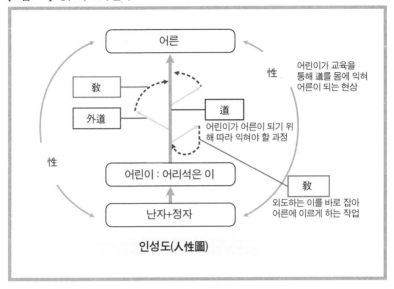

도^{外道}를 하고 있다.

일반적으로 남녀 간의 적절치 못한 관계를 외도라고 말한다. 그러나 사실 외도는 그보다 훨씬 깊은 의미를 가지고 있다. 도^道란 나이에 상관없이 하늘의 명을 받아 끊임없이 정신과 육체를 연마하여 어른에 이르는 과정을 말한다. 그리고 외도^{外道}란 이를 벗어났을 때를 총칭한다.

그렇다면 외도를 한 사람은 어떻게 해야 할까?

매로 엄히 다스리거나 회유나 설득, 가르침을 통해 어른으로 만들어야 한다. 이러한 행위를 교^敎라 하며, 교를 통해 올바른 인간으로 길러내는 작업을 교육^{敎育}이라 한다. [그림 1-5]를 보며, 성, 도, 교, 어른, 어린이의 연결고리를 다시 한 번 살펴보기 바란다.

2_ 교육은 기술이 아니다

남자 어린이를 남자男子라 부르고, 여자 어린이를 여자女子라고 부른다. 남자 어린이가 어른의 꼴로 완성되면 남성男性이라고 하며, 여자 어린이가 어른의 꼴로 완성되면 여성女性이라고 한다. 이때 남성과 여성을 '사람 인人'으로 통칭하므로, 어른으로 완성된 인간의 모습을 인성人性이라고 한다.

여성대학이 아니라 여자대학이라 부르는 이유는 무엇일까?

대학생 역시 어른의 길로 가고 있는 어린이라고 판단하였기 때문이다. 따라서 대학은 대학생이라는 어린이를 당근과 채찍을 통해 어른으로 만드는 것이 기본 임무가 된다. 그 과정을 교양과정이라 하고, 그 시기에 필히 익혀야 할 과목을 교양과목이라 한다.

그러나 우리 대학의 현실은 어떠한가. 수많은 대학들이 인성을 갖춘 학생을 배출한다고 내세우지만, 교양과목은 인성과 상관없는 과목이 대부분이다. 대한민국에 교육이 없다는 한탄이 나올 수밖에 없는 이유이다. 교육에 대한 정확한 개념과 고정관념이 없는 상태에서 그 목적을 달성하려는 것은 나무에서 고기를 구하는 것연목구어, 緣木求魚과 같다.

교육은 가정에서부터 출발한다. 선생님께 배우는 학교생활은 그다음 단계이며, 학교에서 배운 전문지식과 지혜를 자신의 힘으로 펼치는 사회생활은 완성단계라 할 수 있다. 여기서 끝나는 것이 아니다. 완성된 전문지식과 지혜를 융합시켜 다음 세대로 계승시켜야 연결고리가 완성된다. 이것이야말로 우주의 진리인 성性의 순환이다.

이 책은 어린이가 어른이 되어 가는 도道의 과정에서 익혀야 할 기본 사항과 특히 대학에서 교양과목이라는 이름으로 필히 전달되어야 할 생각의 틀을 종합적으로 정리해 놓았다. 올바른 가정교육을 펼치고 싶은 부모님, 취업을 준비하는 예비 사회인, 존경받는 스승이 되길 원하는 선생님, 이미 한 분야의 전문가로 우뚝 선 조직인, 훌륭한 경영을 하고 싶은 기업가, 추앙받는 리더가 되고 싶은 정치 지도자 등이 반드시 갖추어야 할 가장 기초적인 조건이 바로 인성이다.

문명이 발달하고 사회가 복잡해질수록 개인의 성패와 조직의 목표 달성 여부는 인성에 달려 있다. 변치 않는 한 가지 원칙으로 만 가지 변화에 적응하라는 생활의 지혜, 여기서 변치 않는 한 가지 원칙이 바로 인성이다.

인성의 충실한 동반자
4개의 성(性)

성^性이 사람에게 적용되어 인성이 되고, 궁극적으로는 어른이 갖춰야 할 정신과 행동세계라는 것을 배웠다. 이제 성^性이라는 개념에서 파생된 수많은 단어 중 이 책 전반에 걸쳐 빈번하게 사용될 4개의 중요한 단어—자성, 타성, 활성, 감성—를 설명할 차례이다.

우선 보다 쉬운 이해를 위해 인간의 위대함에 대해 알아보자.

인간의 위대함을 대표적으로 나타내는 문구가 있다. "인간은 소우주다"가 바로 그것이다. 인간은 정말 소우주일까? 이런 말이 왜 나온 것일까?

우리는 일반적으로 정자와 난자가 만나 아기가 만들어진다고 알고 있다. 그러나 인간의 탄생과정은 이보다 훨씬 복잡할 뿐만 아니라 우주의 위대한 활동이 작용한다. 인간의 육체는 자연계에 존재하는 92개의 원소 중에서 10여개 원소들의 결합으로 이루어졌다. 이 원소들 중에서 철^{Fe}은 태양 크기의 10배 이상인 초신성^{Supernova}이 폭발해 지구로 전해졌다고 한다. 만약 초신성이 폭발하지 않고 조용히 죽음을 맞이했다면 어떻게 되었을까? 우리는 이 세상에 존재할 수 없었을 것이다.

그렇게 본다면, 우리 몸은 우주의 작품이다. 이것은 하나의 생명을 탄생시키기 위해 온 우주가 움직였다는 것을 의미한다. 어쩌면 이런 사실이 인간의 내적 지혜로 축적되어 '저 별은 나의 별, 저 별은 너의 별', '너는 어느 별에서 왔니?'라는 말을 사용한 것은 아닐까?

인간과 우주가 별개가 아니라는 사실은 사람의 몸속을 현미경으로 세밀하게 촬영한 사진과 우주를 원거리로 촬영한 사진에서 정확히 일치하는 모습이 나오는 것으로도 확인할 수 있다. 이뿐만이 아니다. 주변에서 일어나는 다음과 같은 사건들을 통해서도 인간의 위대함을 간접적으로 경험할 수 있다.

- 사자에게 번개처럼 달려들어 아이를 구한 어머니의 모성
- 후진하는 차량을 몸으로 막아 아이를 살린 어머니의 괴력
- 적군에 쫓겨 위기감에 높은 절벽을 단숨에 올라간 병사의 순발력

이런 일이 가능한 것은 인간의 몸속에 내재되어 있던 힘이 어느 순간 작동하기 때문이다. 인간의 위대한 능력은 이렇게 위급한 상황에서만 발휘되고 평상시에는 감춰져 있다. 그 이유는 인간이 자신의 위대함과 성性에 대해 무지한 탓이다.

세상에는 두 종류의 지식이 있다. [그림 1-6]에서 볼 수 있듯이 이미 알고 있는 기지旣知와 아직 알지 못하는 미지未知가 그것이다. 그리고

[그림 1-6] 지식의 형태

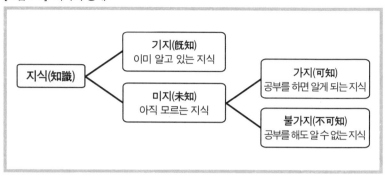

미지는 노력을 하면 알 수 있는 가지(可知)와 아무리 노력을 해도 알 수 없는 불가지(不可知)로 나뉜다.

인성을 키운다는 것, 즉 어른이 된다는 것은 미지의 세계에 있는 가지를 찾아내어 그 이치를 깨닫고 내 것으로 만듦으로써 기지의 영역으로 옮겨놓는 것을 의미한다. 이것은 자연과 우주가 가지는 위대함을 내 안에 체화시키는 과정이다. 이 과정을 인식하지 못하면 무한한 능력을 발휘할 수 없음은 물론 무능력의 원인을 외부에서 찾게 된다.

예를 들어 보자. 굶주린 생쥐 한 마리가 음식이 담긴 그릇을 발견했다. 생쥐는 의심이나 생각할 겨를도 없이 허겁지겁 그릇에 담긴 음식을 먹고 난 후 배가 아파왔다. 심한 고통이 찾아오고, 곧 죽음이 다가오고 있다는 것을 느낀 생쥐는 왜 자신에게 이런 일이 닥쳤는지 생각한다.

- 내가 전생에 무슨 잘못을 했는가?
- 내 팔자가 기가 막혀 이러한가?
- 남들은 괜찮은데, 왜 나만 이러한가?

생쥐가 고통을 받는 이유는 간단하다. 독이 든 음식으로 자신을 죽이려던 인간의 의도를 알아채지 못했기 때문이다. '무지'가 원인이다. 현대를 살아가는 사람들도 이런 경우가 허다하다.

'성공하는 사람의 O가지 습관', '성공에 이르는 O단계', '자기계발, 이렇게 하라', '실패에서 배워라', '사고방식을 바꿔라', '고정관념을 깨라', '흑백논리에서 벗어나라', '패러다임을 전환하라', '개혁하고 혁신하라', '창의력을 기르는 법' 등을 보면서 무슨 생각이 드는가? 그것을 따라 하면 원하는 답이 나올 것이라고 생각하는가?

그것을 열심히 따라 하면 물고기 한 마리는 잡을지 모른다. 하지만 더 많은 고기를 잡고 싶다면 근본적인 해결책을 찾아야 한다.

- 같은 일을 반복하면서도 더 좋은 결과가 나올 것이라고 기대하는 사람
- 같은 재료와 양념으로 넣는 순서만 바꿔 새로운 음식을 기대하는 요리사

이런 사람을 우리는 바보라고 한다. 바보란 자신의 어리석은 행동이나 무지를 깨닫지 못하는 사람을 뜻한다. 뇌의 구조를 빌려 설명한다면, 모든 동물들이 가지고 있는 원시 본능 뇌인 고피질 속에 있는 지혜가 지식을 관장하는 신피질에 가려 그 빛을 발하지 못하는 형상이다.

'Block'이라는 영어 단어가 있다. '가리다' 혹은 '가로막다'라는 뜻으로, 배구에서 상대방의 스파이크를 가로막는 행위인 블로킹Blocking을 연상하면 이해가 쉬울 것이다. 이렇게 우매한 행동을 반복하는 사람을 영어로 'Block head', 즉 바보라 한다. 자신이 가진 위대함을 스스로의 잘못된

[그림 1-7] 인성의 동반자

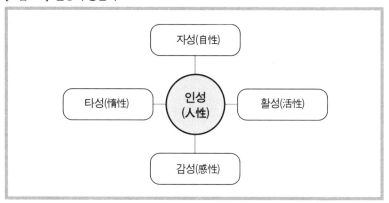

생각으로 막아버림으로써 제 구실을 못하게 하는 사람이라 할 수 있다.

다른 사람의 행동을 흉내낸다고 해서 당신이 성공할 수 있는 것은 아니다. 다른 사람이 만든 요리를 먹어보았다고 해서 당신이 똑같은 요리를 만들 수 있는 것도 아니다.

주위에 있는 것들을 유심히 보라. 나뭇잎 하나, 눈송이 하나도 같은 것이 없다. 이것이 우주의 생성원리이다. 앞에서도 말했듯이 온 힘을 다해 초신성이 폭발해 탄생시킨 것이 바로 당신이다. 따라서 당신은 소우주이다. 당신의 본래 되어 가는 꼴인 인성은 그래서 위대하다.

인간의 위대함을 알았으니 이제 위대한 인간의 능력을 가로막는 무지에서 탈출하도록 도와줄 인성의 동반자, 4개의 성에 대해 알아보자.

1_ 자성(自性) : 자신의 위대함 알기

새 차를 구입한 사람이 있다. 그 사람이 제일 먼저 해야 할 일은 새

차의 구조와 성능을 익히는 것이다. 비행기 조종사가 비행기를 조종하기 위해 최우선적으로 해야 할 일 역시 새 기종에 대한 공부이다.

당신은 약 70조 개의 세포로 이루어진 생명체의 주인이다. 그것을 활용해 하늘이 명한 임무를 성공적으로 수행하려면 자신에게 주어진 능력과 알맞은 시간에 그 능력을 정확히 활용하는 방법을 파악하는 것이 최우선 과제이다.

인체가 얼마나 위대한지 알아보기 위해 간단한 실험을 해보자.

레몬이라고 말해보라. 어떤 반응이 일어나는가? 입안에 침이 고일 것이다. 레몬이라고 말하는 순간, 예전에 경험한 신맛을 떠올렸기 때문이다. 자신의 의지와 상관없이 온몸이 순식간에 화학공장으로 변해 신맛에 대한 반응으로 침을 생산한 것이다.

이런 현상을 되어 가는 꼴을 스스로 만든다는 의미에서 '자성自性'이라 한다. 그리고 이러한 현상이 일어나도록 마음속으로 상상하거나 말로 표현하는 행위를 '자성예언'이라 한다. 이는 자성을 미리 말한다는 뜻이다. 자성예언이란 자성을 통해 자신의 몸이 가지고 있는 능력을 완전히 발휘하도록 스위치를 켜는 만능열쇠이자, 오묘한 조화를 만들어내는 오케스트라 지휘자의 역할을 한다.

모든 인간은 일상 속에서 자성예언을 항상 실행하고 있다. 밥을 먹거나 운전을 하거나 데이트를 하는 경우, 그 과정을 이미지로 그린 후 그 이미지에 따라 움직인다. 여기서 이미지를 그려보는 것이 바로 자성예언이다. 다만 생각과 행동이 거의 동시에 이루어지기 때문에 알아채지 못할 뿐이다. 자성예언과 이미지 형성은 항상 동반자 관계를 유지하는 새의 양 날개와 같다.

레몬이라는 말만 해도 자성예언에 의해 순간적으로 자신의 몸이 화학공장으로 변해 침을 생산하는 신체의 오묘함을 보았다. 이처럼 위대한 능력을 지닌 인간의 몸이 보다 고차원적인 능력을 평소에 발휘하지 못하는 이유는 2가지이다.

첫 번째는 자성을 여는 열쇠를 찾지 못했기 때문이다. 이 책에서는 첫 번째 이유인 자성을 여는 열쇠를 찾기 위한 과정과 방법에 대해 지속적으로 이야기할 것이다.

두 번째는 자신의 능력을 스스로 죽여버렸기 때문이다. 이것은 무엇을 의미하며, 해결책은 무엇일까? 그 답을 구하기 위해 질문을 하나 던진다. 다음에 설명하는 동물은 무엇일까?

- 몸길이 2~4밀리미터의 곤충

- 뒷다리가 발달하여 높이 뜀

- 사람의 피를 빨아먹으며 전 세계에 분포함

- 비좁다는 의미로 "OO이 끓어앉을 땅도 없다" 라고 함

- 뻔뻔한 사람을 말할 때 "OO도 낯짝이 있다" 라고 함

- 무언가를 악랄하게 취할 때 "OO의 간을 빼먹는다" 라고 함

- 아주 작은 것을 말할 때 "OO의 불알만 하다" 라고 함

답은 벼룩이다. 재미있는 것은 몸집이 비슷한 곤충이 수없이 많음에도 불구하고 다음과 같은 이유로 누구나 쉽게 벼룩을 떠올린다는 사실이다.

- 사람들과 생활하기 때문에 쉽게 볼 수 있다.
- 전 세계에 분포하고 있어 많은 사람들이 알고 있다.
- 높이 뛰는 능력이 탁월해 사람들의 눈에 쉽게 띈다.

벼룩은 일반적으로 몸길이의 150배 이상을 뛴다. 벼룩을 유리컵에 넣고 뚜껑을 덮으면 어떻게 될까? 벼룩의 생이 바뀐다. 처음 몇 번은 탈출을 시도하다가 뚜껑에 부딪쳐 고통을 받으면 뛰기를 포기한다. 그러고 나면 벼룩은 뚜껑을 열어놔도 더 이상 뛰지 않는다. 선행학습의 경험 때문이다.

이렇게 자신의 본래 능력을 발휘하지 않고 포기하는 것을 '타성情性'이라 한다. 타성이란 '게으를 타惰'와 되어 가는 꼴을 의미하는 '성질 성性'이 결합된 말로, 자신의 능력을 제대로 발휘하지 못하는 것을 일컫는다.

인간 역시 벼룩과 같은 과정을 거쳐 타성에 젖는다. 어릴 적 당신의 꿈은 무엇이었는가? 대통령이나 과학자와 같이 원대한 꿈을 가졌을 것이다. 그러나 나이가 듦에 따라 좋은 대학에 입학하는 것으로, 취업으로, 승진으로, 결혼으로, 내 집 마련으로 점점 작아지고, 소박해지고, 현실적으로 바뀌었을 것이다. 원대했던 꿈은 기억조차 없을 것이다.

왜 이렇게 되었을까? 당신을 타성의 세계로 안내한 주인공은 부모를 포함한 이 사회의 애늙은이 어른들이다. 태어나서 오늘날까지 그들로부터 귀에 못이 박이게 들었던 말이 무엇인가? "~를 하지 마라", "~에 가지 마라", "~하기에는 어리다", "~은 할 수 없다"와 같은 부정적인 말이었다. 이 말들이 당신에게 유리컵의 뚜껑이 되었던 것이다.

자신의 위대한 능력을 깨달아 이를 극대화시키는 것이 자성이라면, 자성을 방해하여 위대한 능력을 저버리게 하는 것이 바로 타성이다. 명심하라. 온 우주가 움직여 만들어낸 위대한 존재가 당신이라면 주변 환경에 의해 움츠러든 자신의 능력을 본래대로 돌려놓아야 하지 않겠는가.

3_ 활성(活性) : 잃어버린 위대함 되찾기

자신의 본래 능력을 발휘하지 못하고 포기하는 것을 타성이라 했다. 타성에 젖어 컵에서 탈출하기를 포기한 벼룩을 다시 뛰게 할 방법은 없을까? 막대기나 도구로 건드리면 벼룩은 다시 본래의 능력을 발휘해 뛰어오른다. 이처럼 외부에서 충격을 가해 다시 본래의 능력을 발휘하도록 되살리는 것을 '활성活性'이라 한다.

활성은 본래의 모습으로 '돌아갈 활活'과 되어 가는 꼴이라는 '성질 성性'이 합쳐진 단어이다. 이는 조직이나 사람이 주위의 압력이나 부정적인 생각, 잘못된 제도로 인해 제 능력을 발휘하지 못할 때, 외부의 자극을 통해 본래의 능력을 표출하도록 하는 것으로 '활성화 대책', '활성화 방안', '활성화 전략' 등에 쓰인다. 모두가 잃어버린 본래의 재능이나 역량을 되찾으려는 노력의 일환이다.

그러나 이를 뒤집어 생각해보면 '조직 활성화 방안', '조직 활성화 세미나' 등과 같은 현수막을 걸거나 외부에 드러내는 것은 조직이나 개인이 타성에 젖어 있다는 것을 공개적으로 알리는 행위이다. 따라서 활성이라는 단어의 의미를 제대로 이해했다면, 조직 활성화 방안이나 대책 수립 및 집행은 외부에서 눈치채지 못하도록 조직 내부에서 은밀히 진행해야 마땅하다.

이와 같이 모국어에 대한 올바른 개념조차 정립되지 않아 자신의 치부를 공개적으로 드러내는 우매함이 이 사회 모든 부분에서 적나라하게 자행되고 있다. 참으로 부끄러운 일이다. 고정관념의 필요성을 다시 한 번 느끼게 하는 부분이다.

4_ 감성(感性) : 타인의 위대함 알기

인성의 틀 7가지를 간략히 설명하면서 관계의 중요성에 대해 잠깐 언급했다. 다시 한 번 말하면, 관계는 나와 상대방을 빗장으로 연결하는 것이며, 올바른 관계의 전제조건은 나와 상대방을 제대로 아는 것이다.

상대방을 정확히 이해하기 위해 자신을 상대방의 입장에 놓고, 그의 감정이나 예상되는 행동을 미리 감지하는 것을 '감성感性'이라 한다. '느낄 감感'은 한문의 구조에서 보자면, 사람人이 창戈을 들고, 전쟁이 시작되기 전에 적과 마주한 상태에서 함성口을 지르는 마음心이 결합된 것이다.

상상해보라. 목숨을 걸고 싸우는 전쟁터에서 함성을 지르며 전의를 불태우는 병사의 절박한 심정을. 언제 죽을지 모르는 불안감을 떨쳐내기 위해 고함을 지르는 병사의 애타는 절규를. 그런 병사들의 심정을 헤아리듯이 상대방의 되어 가는 꼴을 느끼는 것이 감성이며, 관계 형성의 성공을 좌우하는 중요한 열쇠이다.

최근 서비스, 마케팅, 리더십 앞에 감성이라는 단어를 붙여 감성 서비스, 감성 마케팅, 감성 리더십이라는 말이 자주 사용된다. 감성이라는 단어를 붙이는 이유는 무엇일까? 감성이라는 단어의 절박한 의미를 제대로 알고 사용하는 것일까?

상대방을 자신이 원하는 방향으로 모셔오기 위해 벌이는 행위인 서비스, 리더십, 마케팅 앞에 감성이라는 무거운 단어를 붙이는 이유를 찬찬히 음미해본다면, 저절로 고개가 끄덕여진다. 상대방인 고객의 입장에서 그들의 마음을 헤아리려는 노력이 엿보이기 때문이다.

지금까지 인성공부를 하기 위해 반드시 알아야 할 성의 4가지 확장 개념을 알아보았다. 인간의 완성된 꼴을 인성이라고 한다면, 그것을 옮기는 네 개의 바퀴가 바로 자성, 타성, 활성, 감성이다. 이 책 어느 부분을 읽더라도 그 기본 바탕에 4가지 성이 있음을 인식한다면 보다 효과적으로 지혜를 습득할 수 있을 것이다.

2장부터는 인성을 계발하기 위한 7단계 공식을 통해 진정한 어른으로 나아가는 과정에 대해 본격적으로 알아볼 것이다.

人 性 工 夫

인성의 첫 번째 틀 :
인간의 일생

인성의 첫 번째 틀 : 인간의 일생

나이대별 인간의 변화(1)

인간은 태어날 때, 큰 울음소리를 내면서 세상에 나온다. 이것을 고고지성呱呱之聲이라 하는데, 처음으로 숨을 내쉬는 것을 일컫는다. 그러나 세상을 떠날 때에는 숨을 들이쉰 상태가 된다. 이 때문에 우리는 인간의 일생을 한 번의 호흡에 비유하곤 한다.

자연현상이 그러하듯 모든 것들은 일정한 주기로 반복을 한다. 아침, 낮, 저녁, 밤이 하루를 이루고, 하루가 일곱 번 반복되어 일주일을 이루며, 이것이 반복되어 한 달, 한 절기, 1년을 엮어 낸다. 그리고 이것들은 반복에 반복을 거듭한다.

자연의 일부로서 인간의 일생도 순환을 반복한다. 이를 나이대별로 구분하면 [표 2-1]과 같다.

고대 중국의 의료서 『황제내경』에 의하면 인간의 일생은 변화 주기가 7년이라고 한다. 여성의 생식기관인 자궁의 변화 주기 7년과

[표 2-1] 나이대별 인생의 변화와 특성

여자	③	⑦	⑭	21	㉘	35	42	㊾	56	63	70	
남자	③	⑧	⑯	24	㉜	40	48	㊲	64	72	80	

	1사춘기	2사춘기	3사춘기	4사춘기	← 명칭
	봄	여름	가을	겨울	← 계절
	기(起)	승(承)	전(轉)	결(結)	← 전개
	학습	학문	실천	계승	← 과정
	본성	이성	지성	덕성	← 감정
	Know-How	Know-Why	Know-What	Know-How to Success	← 배움
	어린이	학생	사회인	어른	← 호칭
	부모	선생님	조직의 長	사회의 어른	← 지도자
	cosmos	inflation	crisis	chaos	← 현상

동일하다. 그러나 남성은 8년을 주기로 변화한다. 이는 옛 어른들이 오랫 동안 관찰을 통해 얻어낸 이치와 원리에 근거한다.

최근 학계에서 수정을 한 후 약 7주까지는 모든 인간이 여성으로 존재하다가 8주차에 이르러 호르몬의 영향으로 남녀의 성별이 구분된다는 사실이 발표되었다. 그 결과, 남성이 여성보다 상대적으로 늦은 8을 주기로 변화한다는 주장이 설득력을 얻고 있다. 과학적으로 차례차례 증명되는 옛 현인들의 통찰력에 존경을 보내지 않을 수 없다.

[표 2-1]을 바탕으로 7과 8을 주기로 변하는 인간의 일생과 나이대별 특성에 대해 알아보자.

1_ 제1사춘기 : 남녀칠세부동석

여자 7세, 남자 8세가 되면 되어 가는 꼴의 이치인 이성理性을 알기 시작한다. 이때부터 자신의 주장을 내세우고 다른 사람의 말을 잘 들으려 하지 않는다. 이 시기를 제1사춘기라 한다. 우리말에 '미운 7살'이라는 표현이 있듯이 7, 8살은 자기 나름의 성질이 본격적으로 표출되는 때이다.

옛 어른들은 이 시기에 남자아이와 여자아이를 분리해 키우는 것이 현명하다 하여 '남녀칠세부동석男女七歲不同席'이라 했다. 이 말은 원래 침상을 같이 사용하지 않는 것이 좋다는 '남녀칠세부동침男女七歲不同寢'에서 유래했다.

무수히 들었던 말 중에 7세 이전의 나이를 지칭한 대표적인 말이 있다. "세 살 버릇이 여든까지 간다"이다. 왜 하필 3살을 지칭했을까?

280일가량의 임신 기간을 거친 후 출산을 하고 12개월이 지나면 우리 나이로 3살이 된다. 그전까지 아이는 자신과 엄마를 한 몸으로 여겨 엄마와 떨어지려고 하지 않는다. 그러나 3살이 되면 달라진다. 아이는 자신이 독립된 개체라는 것을 알게 된다. 거울을 보여주면 자신을 알고 웃기 시작하고, 살아가는 방법을 배우려고 스스로 애를 쓰는 독립의 단계로 접어든다. 이때를 학자들은 '거울의 단계' 혹은 '독립의 단계'라 부른다.

하지만 이성적인 판단능력이 부족해 가까이에 있는 부모형제의 행동을 그대로 따라 한다. 이 과정이 새끼 새가 어미 새의 날갯짓羽을 스스로自 백 번百을 따라 하며 나는 방법을 배우는 것과 비슷하다 하여

'익힐 습^習'이라는 단어가 탄생하였다. 아이가 모든 행동을 수없이 반복함으로써 자신의 것으로 만든다는 의미에서 이 시기를 '학습기간'이라 한다. 계절에 비유하면 만물이 소생하는 봄에 해당된다.

3세부터 7, 8세까지는 인간의 형상을 지녔으나, 아직 판단능력이 부족하기 때문에 본능에 따라 행동하게 마련이다. 따라서 어른들이 모범을 보이고, 아이들이 사회생활의 규범을 어겼을 경우에는 물리적인 조치^{매, 벌}를 동원해서라도 엄히 다스려야 한다. 옛말에 "어릴 때 매를 아끼면 아이를 망친다"라는 말도 있지 않은가. 이 시기는 타인과 어우러져 살아가는 사회생활을 준비하는 단계로, 기초를 잡아주지 않으면 성장해서 사회생활에서 적응이 쉽지 않을 수 있다.

그러나 요즘 부모들의 모습은 어떤가? 식당이나 공공장소에서 시끄럽게 뛰노는 아이들을 방치하는 부모가 대다수이다. 심지어 이를 제지하면 아이의 기를 꺾는다고 불쾌하게 여기기까지 한다. 자신의 짧은 생각이 아이의 미래를 망치고 있음을 모르고, 인성을 담는 그릇에 구멍을 내고 있는 것이다. 아이를 진정 사랑하는 부모라면 7, 8세 이전에 사회생활의 규범과 법칙을 따르도록 훈련시켜야 마땅하다.

사소해 보이겠지만 빨간 신호등에서는 멈추고, 파란 신호등에서는 길을 건너고, 길을 걸을 때는 우측으로 걸으며, 대중교통을 이용할 때는 다른 사람들이 내린 후에 타고, 여러 사람이 기다릴 때는 줄서기를 하는 등의 습관은 이때 가르쳐야 한다. 이를 어겼을 경우에는 혼란이 초래된다는 것을 알려주고, 체벌로써 올바른 습관을 가지도록 하는 것이 올바른 어른의 역할이다.

선조들은 7, 8세 이전의 아이를 데리고 외출하는 것을 삼갔다. 그리고 타인에게 피해를 주는 행동을 저질렀을 경우에는 현장에서 엄히 체벌을 해 같은 일이 반복되지 않도록 가르쳤다. 7, 8세 이전의 아이들은 스스로 잘잘못을 가릴 분별력이 아직 확립되지 않았다고 판단했기 때문이다.

이러한 원리는 애완견에게 배변습관을 훈련시키는 것과 매우 흡사하다. 강아지가 아무 곳에나 배변을 한다면 바로 꾸짖어야 한다. 3일 뒤에 꾸짖어봤자 그 습관을 절대 고칠 수 없다. 그래서 옛 어른들은 7, 8세 이전의 아이들이 본능에 따라 행동을 한다고 인지해 체벌로써 다스렸던 것이다.

"세 살 버릇이 여든까지 간다"라는 말은 선조들이 7, 8세 이전에 형성되는 습관의 무서움을 강조한 지혜의 가르침이다. 습관은 성공하는 자의 노예이며, 실패한 자의 주인이다. 대부분의 습관은 7, 8세 이전에 형성된다. 뜻 있는 어른들이 가정교육의 중요성을 강조하는 이유는 이 시기의 습관이 평생을 좌우한다는 것을 꿰뚫고 있기 때문이다.

영어, 수학, 컴퓨터, 골프, 수영, 축구 등의 기술이나 방법을 가르치고 배우는 것은 교육이라고 하지 않는다. 이것들은 전문지식이나 기술이라고 하며, 이를 가르치는 사람을 강사, 가르치는 곳을 강습소라 한다. 반면에 올바른 인간으로 안내하는 사람을 교육자, 그들이 가르치는 곳을 학교라고 한다.

제1사춘기는 진정한 어른을 만드는 가장 중요한 기초가 된다. 따라서 7, 8살 이전에는 가정, 어린이집, 유치원에서 부모님과 선생님이 혼

연일체가 되어 올바른 모습을 보여주고, 비뚤어진 행동을 바로잡아 주어야 한다.

2_ 제2사춘기 : 이팔청춘

어린이가 자라 여자 14세, 남자 16세가 되면, 제2사춘기 또는 이팔청춘이라 한다. 이팔청춘이란 본래 16세 남자를 부르던 말로, 생식능력이 시작되는 시기를 나타낸다. 일반적으로 제2사춘기는 이때부터 시작해 여자 28세, 남자 32세까지를 말한다.

7, 8세 이전에 배운 행동 요령을 학교에서 선생님께 '왜 이렇게 해야 합니까?'라고 질문해 그 배경지식을 배우고 이치를 확장시키는 시기라 하여 이때를 '학문기간'이라 한다. 계절로 보면 만물이 왕성하게 성장하는 여름에 해당된다. 교육자의 위대함이 빛을 발하는 시기가 바로 이때이다. 이 시기에 아이들이 학교에 가야 하는 이유는 아이들의 궁금증을 해결해주고, 보다 전문적인 지식에 대해 답을 해주는 선생님이 계시기 때문이다.

제1사춘기가 본능의 지배를 받아 아무런 제약이 없는 낭만적 자유기간이라면, 제2사춘기는 제한적 자유기간으로 엄격한 통제하에 규율과 규정을 지키며 자신을 갈고닦는 수련기간이라 할 수 있다. 이때 학교는 배움을 얻는 곳이자 어른으로 성장하는 데 필요한 정신세계와 행동세계의 틀을 잡는 곳이다.

이 시기에 자신을 일정한 틀에 넣어 연마하는 과정을 상징하는 것이 교복이다. 교복은 일정한 형식 속에서 자신을 다스리는 의지를 나타낸다. 7, 8세 이전에는 잘못을 하면 어른이 체벌로 다스렸지만, 이성이 생긴 제2사춘기에는 자신이 스스로를 다스린다는 상징적인 의미로 교복을 입는 것이다. 최근 많은 중·고등학교에서 교복을 입는 현상은 그런 면에서 본다면 매우 다행스런 일이다.

이 시기의 후반부에 해당하는 고등학교를 마친 후부터 여자 나이28세, 남자 나이 32세까지는 일생을 살아가는 데 있어 2가지 면에서 아주 중요한 때이다.

첫째, 사회생활의 기본 원칙을 정확히 알고 몸에 익히는 시기이다. 이때 우리는 조직의 구성원으로서 갖춰야 할 정신적 체계와 기본 행동을 자신의 것으로 만들어야 한다. 축구 선수가 제대로 실력을 발휘하려면 경기 규칙을 정확히 익혀야 하는 것과 같다. 이 책은 사회라는 경기장에서 성공을 위해 필히 알아야 할 규칙을 7가지 범주로 구분해 인성의 틀을 제공하고 있다.

둘째, 배우자를 만나 결혼하는 시기이다. 결혼을 할 때 남녀의 나이 차가 서너 살이 좋다고 말하는 이유는 여자 나이 21세에서 28세, 남자 나이 24세부터 32세까지가 2세를 생산하기 위한 최적기이기 때문이다. 이때 남녀의 나이 차가 3, 4년이다.

우리는 통상적으로 "나이 차가 서너 살이면 궁합도 안 본다"라고 말한다. 이 말 속에는 정신적 성숙도에 있어 여자가 남자보다 3, 4년가량 앞선다는 것이 전제되어 있다. 이는 정신적 성숙도가 비슷해야 남녀가 조화를 이뤄 잘 살 수 있다는 선조들의 깊은 지혜에서 비롯된 것이다.

나이대별 인간의 변화(2)

1_ 제3사춘기 : 인생의 변곡점

제2사춘기를 지나 여자 나이 28세, 남자 나이 32세부터 여자 나이 49세, 남자 나이 56세까지는 사회에 진출해 사회의 주인공으로서 가장 왕성하게 활동을 하는 시기로, 다음의 3가지 변화를 맞닥뜨리게 된다.

첫째, 호칭이 바뀐다. 남자는 남성, 여자는 여성이 되며, 어린이나 학생이라는 호칭 대신 사회인이나 조직인으로 불린다.

둘째, 자신의 행동에 무한책임이 따른다. 어린이나 학생 때는 잘못을 저질러도 부모님이나 선생님이 책임을 지면 방면되었지만, 이때는 모든 책임을 본인이 진다.

셋째, 정신적·육체적 변화를 맞는다. 여자 나이 35세, 남자 나이 40세가 되면 육체적으로는 변곡점을 맞아 흔히 말하는 노화현상이 일어난다. 그래서 외형적으로는 신체에 흰 털이 나기 시작한다.

그리고 이때부터 인간은 물질적 만족보다 삶의 가치나 생존의 이유 등 형이상학적인 것에 관심을 보이며 정신적 성숙을 추구한다. 이런 현상은 여자 나이 49세, 남자 나이 56세 정도까지 꾸준히 상승한다. 인생에서 가장 활동이 왕성한 시기인 제3사춘기에 인간은 신체적으로는 쇠퇴의 길로 들어서지만, 정신적으로는 지혜의 완성단계로 접어드는 묘한 접점을 보인다.

이 시기에 인간은 자신이 어른性임을 안다知고 하여 지성인知性人으로 불린다. 지성인이란 화살矢이 과녁口을 향해 날아가는 것을 아는 것처럼 자신의 생활과 사회현상이 나아가야 할 방향을 아는 지혜를 갖춘 사람을 의미한다. 계절로 보면 모든 노력을 완성된 열매로 전환시키는 가을에 해당된다.

2_ 제4사춘기 : 인생의 도서관

여자 나이 49세, 남자 나이 56세가 되면 신체적으로 큰 변화를 겪는다. 편차는 있지만 여성은 생리를 멈추고, 여성 호르몬인 에스트로겐의 분비가 현저히 줄어드는 대신 남성 호르몬인 테스토스테론의 분비가 늘어난다. 이로 인해 남성화가 진행되어 활동성이 커지고, 근력도 강해진다.

반면 남성은 여성과 정반대의 변화를 겪는다. 남성 호르몬이 줄어들고 여성 호르몬의 분비가 늘어난다. 점차 활동성이 적어지고 근력도 약해지면서 여성화가 진행된다.

그러나 이러한 신체적 변화와는 달리 정신적으로는 남녀 모두 눈부신 발전을 이루는 시기이다. 50여 년간의 사회 경험과 내적 지혜의 발현으로 진정한 어른의 향기가 풍기는 시기이며, 맡은 분야에서 올바르게 사회생활을 해온 지성인의 경우 새로운 활동이 시작되는 단계이다.

아울러 이 시기에는 각자의 분야에서 터득한 생활의 일가견을 '다음 세대에게 어떻게 전달할 것인가?'라는 임무가 주어진다. 계절로 보면 가을에 만들어진 열매를 어떻게 보존하여 봄에 온전하게 싹을 틔울 것인가를 고민하는 겨울에 해당된다.

하지만 유감스럽게도 우리 사회는 그 시스템을 제대로 갖추지 못하고 있다. 시스템뿐만이 아니다. 교직생활, 군대생활, 직장생활을 수십 년간 해온 사람들조차도 자신의 경험과 지혜를 후대에 전할 이론적 틀을 갖추지 못한 것이 현실이다.

이들 개개인은 아주 큰 잠재력을 가진 도서관이다. 이들이 삶에 종지부를 찍으면 도서관 하나가 사라지는 것이다. 그럼에도 불구하고 물질만능주의로 인해 인간의 지혜가 날로 외면을 받고 있다. 더욱이 체계적으로 지혜를 담을 정신적 틀이 부족해 제4사춘기에 이른 수많은 도서관들이 소장한 책조차 정리하지 못해 문을 열지 못하고 있는 형국이다.

이 책은 자신의 경험을 이론화해 후대에 체계적으로 전할 기본 틀에 대해 설명하고 있다. 하루하루 자신의 생존력을 높이고, 그것을 후대에 전하며, 각자의 이름을 자신의 역사에 남기도록 하는 것이 이 책의 목적이다.

3장

人 性 工 夫

인성의 두 번째 틀 :
나를 알기

인성의 두 번째 틀 : 나를 알기

위대한 나를 찾아가는 길

1_ 인간은 자연의 일부이다

> 사람은 땅의 모든 성질을 따라 하며 [人法地]
> 땅은 하늘이 내려주는 조건대로 따라 하며 [地法天]
> 하늘은 우주의 움직임이 이르는 길을 따라 하며 [天法道]
> 우주의 움직임은 스스로 그러함의 원칙을 본받는다. [道法自然]
>
> 『도덕경』

앞에서 자연의 이치를 설명한 도덕경의 한 구절을 다시 거론한 이유는 관계 형성의 주체가 되는 나 자신의 되어 가는 꼴을 알아보기 위함이다. 나와 타인 사이에 빗장을 지르는 것을 관계라 한다면, 자신의 성격을 제대로 아는 것이야말로 가장 중요한 일이기 때문이다.

이 장에서는 모든 이들이 쉽게 공감할 수 있도록 개인의 성격을 계절의 변화에 빗대어 설명할 것이다. 4계절의 특장점을 차용하여 인간의 개성에 대해 설명하면 더욱 효과적일 것이라는 판단에 따른 것이다.

우선 4계절의 변화를 관찰해보자.

흙을 뚫고 새싹을 밀어올리는 봄의 생명력, 나뭇잎을 키우고 꽃을 피우는 여름의 추진력, 낙엽을 떨어뜨리고 열매를 추수하는 가을의 판단력, 추위와 혹독한 환경을 극복하고 씨앗을 지켜내는 겨울의 포용력, 이것을 춘하추동이라 하며 계절의 순환이라고 한다.

어디 그뿐인가. 물 한 방울에서도 자연의 순환은 그대로 드러난다. 다음에 설명할 우로상설雨露霜雪의 변화를 보면 그것을 알 수 있다.

- 우雨 : 봄을 알리는 촉촉한 봄비는 순수한 물의 모습이다.
- 로露 : 여름에 낮과 밤의 기온 차이는 물을 이슬로 안내한다.
- 상霜 : 가을의 냉철함은 이슬을 서리로 만든다.
- 설雪 : 겨울의 은근함과 끈기는 서리를 손에 잡히는 눈으로 만든다.

봄은 생명을 상징하는 나무로 표현할 수 있고, 여름은 왕성하게 일어났다 꺼지는 불로 대변할 수 있으며, 가을은 구체적인 모양새를 잡아가는 금의 성질로 설명이 가능하고, 겨울은 은근함 속에 무서움을 간직한 물로 나타낼 수 있다. 이것이 목화금수木火金水의 굴레이며, 이 중심에 흙土을 놓고, 태양日과 달月을 추가하면 선조들이 관찰을 통해 이론화한 음양오행의 근간이 된다.

자연현상을 이렇게 장황하게 설명한 이유는 인간 또한 자연의 일부이며, 동일한 움직임을 취하기 때문이다. 자연현상을 유심히 살펴보면 인간의 되어 가는 꼴을 알 수 있을 뿐만 아니라 일상생활에서 끊임없이 사용되어 온 단어의 의미와 이미지를 체득하여 그 지혜를 활용할 수 있다. 그리고 이러한 선행학습을 통해 누구나 쉽고 정확하게 개인의 성질을 판단하는 근거를 갖게 된다.

우리는 서양의 심리분석 이론들을 수없이 접해왔다. 그러나 염두에 두어야 할 것이 있다. 그 이론들이 만들어진 배경이나 만들어낸 사람들의 생활환경이 우리와는 전혀 다르다는 사실이다.

일례로 서양의 대표적 공포영화인 '드라큘라'를 보라. 드라큘라가 등장하는 날이면 반드시 보름달이 뜬다. 그러나 우리나라에서 보름달이 뜨면 풍요를 기원하는 축제가 벌어진다. 어떤가? 이런 수많은 사례들을 통해 우리는 그들과 전혀 다른 문화를 가지고 있음을 알 수 있다.

그럼에도 불구하고 우리는 서양의 이론들을 무분별하게 생활의 잣대로 사용하고 있다. 극단적으로 말하면, 서양에서 만들어진 드라큘라를 축제와 풍요의 상징인 보름달에 끼워 맞추는 격이다. 더 나아가 한가위 때 드라큘라와 함께 축제를 즐기는 것이 맞다고 주장하는 꼴이다.

옛 어른들은 이런 우매함을 경계하는 경구를 남겨놓았다. 각주구검刻舟求劍이 그것이다. 배 위에서 실수로 떨어뜨린 칼이 강에 빠지자 뱃머리에 표시를 해두었다가 배가 나루에 닿은 후 그 표지를 따라 물 속으로 뛰어들어가 칼을 찾는다는 뜻으로, 우매함을 나타낼 때 사용하는 말이다.

서양에도 비슷한 표현이 있다. '벤치마킹Bench Marking'이 그것이다.

이 단어가 생성된 배경 역시 각주구검과 비슷하다. 옛날 서양의 갑판 위에는 많은 의자Bench들이 놓여 있었다. 풍랑을 만나면 의자들이 이리저리 흩어져 제 자리를 찾는 데 어려움을 겪었다. 그래서 그 자리에 표시Mark를 해두었다. 이후에 이 단어는 '남의 것 베끼기', '따라서 하기'로 의미가 바뀌었다.

여기서 깊이 생각해볼 것이 있다. 우리 배와 그들의 배 모양이 다르고, 뱃길 역시 완전히 다르다는 사실이다. 따라서 무턱대고 따라 할 것이 아니라 생각의 틀을 먼저 갖추고 나서 받아들여야 그 효과가 배가 될 수 있다. 그렇지 않으면 남이 만든 옷에 우리 몸을 맞추는 격이다. 이 장에서 우리 고유의 언어와 현상을 통해 각자의 개성을 알아보는 가장 큰 이유가 여기에 있다.

2_ 나는 누구인가?

자신이 어떤 부분에서 강점을 가지고 있는지 알고 있는가? 그리고 관계를 형성하는 데 있어 상대방을 내 편으로 만드는 효과적인 접근방법을 가지고 있는가?

이를 알아보기 위해 〈나는 누구인가?〉라는 설문을 통해 자신의 진정한 내면을 들여다보자. 이것은 10개의 문항에 각각 4개의 소항목으로 구성되어 있다. 답변 요령은 4개의 소항목 중에서 나를 가장 잘 표현하고 있다고 생각되는 것 2개를 고른 다음, 더 적합하다고 판단되는 것에 2점, 나머지 것에 1점을 매겨 옆의 네모 빈칸에 기록한다.

나는 누구인가?

1. 나는?
   - 가. ☐ : 남들과 즐겁게 어울리고, 바람처럼 살고 싶다.
   - 나. ☐ : 모두에게 깊은 인상을 남기고, 다른 사람을 리드하고 싶다.
   - 다. ☐ : 나는 누구인가를 생각하고 고민하는 존재이다.
   - 라. ☐ : 누군가를 도와 무엇인가를 이루고 싶다.

2. 여행을 가고 싶다면?
   - 가. ☐ : 가장 먼저 떠오르는 곳을 생각하며 가방을 꾸린다.
   - 나. ☐ : 지금 당장 떠날 것처럼 무조건 앞장 서서 나선다.
   - 다. ☐ : 먼저 여행지에 대한 정보를 입수하고 정리한다.
   - 라. ☐ : 여행지에서 필요한 품목들을 팀원들 몫까지 챙긴다.

3. 내 마음을 표현하는 단어가 많이 모여 있는 항목은?
   - 가. ☐ : 사랑, 긍정, 봄, 사교, 시작, 꽃, 비
   - 나. ☐ : 용기, 우박, 여름, 리더, 성취감
   - 다. ☐ : 계산, 완벽, 가을, 열매, 정리정돈
   - 라. ☐ : 기다림, 인내, 겨울, 나눔, 마무리

4. 내가 추구하는 패션 스타일은?
   - 가. ☐ : 파스텔톤과 같이 밝고 화사한 느낌의 발랄함
   - 나. ☐ : 화려하고 강렬한 원색 중심의 건강함
   - 다. ☐ : 무채색 계통의 차분하고 규격화된 고급스러움
   - 라. ☐ : 검은색과 흰색을 선호하는 세련됨

5. 내가 좋아하는 단어들을 모아놓은 항목은?
   - 가. ☐ : 새싹, 사랑, 친절, 하이킹, 소풍
   - 나. ☐ : 숲, 오늘, 승리, 레프팅, 정상
   - 다. ☐ : 낙엽, 산책, 추수, 강변, 원칙
   - 라. ☐ : 눈, 등산, 배려, 믿음, 신앙

6. 나의 인생관은?

　　가. ☐ : 즐거운 것이 최고다. 골치 아픈 것은 싫다. 웃으면서 살자.

　　나. ☐ : 한번 시작했으면 끝장을 봐야지. 세운 뜻을 관철한다.

　　다. ☐ : 매사에 철두철미하게 계획하고, 차근차근 성취한다.

　　라. ☐ : 언젠가 내 세상이 오리라 믿으며, 꿈을 잃지 않는다.

7. 누군가 내 소원을 들어준다고 한다면?

　　가. ☐ : 갖고 싶었던 것을 달라고 한다.

　　나. ☐ : 명예나 지위를 택한다.

　　다. ☐ : 소원의 범위가 어디까지인지를 먼저 생각한다.

　　라. ☐ : 소원이 이뤄짐으로써 혜택받을 사람들을 떠올린다.

8. 내가 느끼는 나만의 힘은?

　　가. ☐ : 누구와도 빨리 사귀고, 친숙해지는 재치 만점의 사교력

　　나. ☐ : 열정으로 상대를 압도하면서 내 주장을 관철시키는 자신감

　　다. ☐ : 원칙에 따라 철저하게 계산하고 분명하게 밝혀내는 분석력

　　라. ☐ : 모든 일에는 다 합당한 이유가 있을 것이라고 믿는 포용력

9. 생의 마지막에 하고 싶은 일을 꼽으라면?

　　가. ☐ : 사랑하는 사람과 여행을 가고 싶다.

　　나. ☐ : 완성하지 못한 일을 마무리하고 싶다.

　　다. ☐ : 사이가 나쁜 사람들에게 용서를 구하고 싶다.

　　라. ☐ : 내 흔적들을 모두 지워버리고 싶다.

10. 아무도 모르는 나의 속마음은?

　　가. ☐ : 누구에게나 사랑받고 싶고, 누가 나를 챙겨주는 것이 좋다.

　　나. ☐ : 나를 무시하는 것을 참을 수 없고, 내 맘대로 휘두르고 싶다.

　　다. ☐ : 그 사람을 용서할 수도 없고, 그러는 내가 싫다.

　　라. ☐ : 미래를 걱정하며 항상 무엇인가를 준비하고 싶다.

구분	점수	비고
가		
나		
다		
라		

한 항목을 예로 들어보자.

---

1. 나는?

가. [1] : 남들과 즐겁게 어울리고, 바람처럼 살고 싶다.
나. [   ] : 모두에게 깊은 인상을 남기고, 다른 사람을 리드하고 싶다.
다. [2] : 나는 누구인가를 생각하고 고민하는 존재이다.
라. [   ] : 누군가를 도와 무엇인가를 이루고 싶다.

· 적합한 것에 1점
· 더 적합한 것에 2점

이와 같은 방식으로 10개의 문항에 답변을 한다. 이제 소항목 가, 나, 다, 라 옆의 네모 칸에 적은 점수를 합한다. 각 문항마다 3점이므로 총점은 30점이다. 답변 결과, 가 항목이 가장 높으면 봄형 인간, 나 항목이 가장 높으면 여름형 인간, 다 항목이 가장 높으면 가을형 인간, 라 항목이 가장 높으면 겨울형 인간이다.

같은 설문이지만, 결과는 각기 다르게 나타날 것이다. 어떤 사람은 봄형 인간, 어떤 사람은 여름형 인간, 어떤 사람은 가을형 인간, 어떤 사람은 겨울형 인간이 나올 수 있다. 그 이유는 사람마다 되어 가는 꼴이 다르기 때문이다. 이것을 성性이 각각 다르다고 하여 개성個性이라 한다.

나팔꽃과 선인장을 키운다고 가정해보자. 같은 화초라 여기고 매일 같은 양의 물을 준다면, 선인장은 머지않아 뿌리가 썩어버릴 것이다. 반면에 한 달에 한 번씩 물을 준다면, 이번에는 나팔꽃이 시들어버릴 것이다.

반려견을 키울 때도 마찬가지이다. 개의 품종에 따라 주는 먹이조차 다르다. 어디 그뿐인가. 먹이를 바꿀 때도 한 번에 바꾸지 않고, 기존의 먹이와 새로운 먹이를 섞어 천천히 입맛을 길들인다. 식물과 동물을 키우는 데에도 이처럼 세심한 관찰과 연구가 필요한데, 인간에 대해서는 두 말할 필요가 없을 것이다.

사회생활에서 성공하기 위해 타인과 관계를 형성하고 싶은가? 그럼에도 불구하고 상대방에 대한 공부도 하지 않고, 단순히 만나면 무엇인가 이루어지리라 생각하는가? 그것은 바보들이나 하는 생각이다.

개성은 어떻게 나타나는가?

1_ 4계절에 빗댄 인간의 특징

〈나는 누구인가?〉라는 설문을 통해 나타난 봄형 인간, 여름형 인간, 가을형 인간, 겨울형 인간은 각각 어떤 특징들을 가지고 있을까? 이것을 알면 나와 나의 가족, 친구, 동료, 상사, 고객 등 주변 사람을 파악하는 데에도 아주 유용할 뿐 아니라 그들에게 다가갈 수 있는 효과적인 접근법도 파악할 수 있어 더 좋은 인간관계를 구축할 수 있다.

곰곰히 생각해보라. 주변 사람의 개성을 알아보기 위해 당신은 노력을 기울인 적이 있는가? 했다면 얼마나 노력을 기울였는가? 인간관계를 형성하는 데 기본이 되는 것은 상대방에 대한 공부이며, 그 첫 번째는 상대방이 되어 가는 꼴을 알아보는 것이다.

본격적으로 인간의 개성을 4계절의 변화에 빗대어 각각의 항목별로 알아보자. 이를 종합적으로 요약하면, [표 3-1]과 같다.

[표 3-1] 4계절에 빗댄 인간의 개성 종합

	봄	여름	가을	겨울
자동차기능	시동	엑셀	브레이크	연료
하루 구성	아침	점심	저녁	밤
색깔	청색	적색	백색	흑색
물의 일생	비	이슬	서리	눈
직업군	운동선수, 연예인, 교육자, 여행가	사업가, 정치인, 군인, 경찰관	학자, 직장인, 법조인, 회계사	시인, 예술가, 봉사자, 도인
상징물	나무	불	금속	물,
자연현상	춘풍	태풍	추풍	삭풍
스트레스 받는 정도	가장 약함	약함	가장 심함	심함
성의 경향	남성 같은 여성	완전 남성	여성 같은 남성	완전 여성
대화법	열린 대화	직설 화법	폐쇄 대화	간접 화법
핵심 역량	사교적	주도적	분석력	지구력

[표 3-1-1] 자동차 기능

	자동차 기능	해설
봄	시동	차를 움직이는 결정적인 동기를 부여한다.
여름	엑셀	속도를 높여 돌파를 추진한다.
가을	브레이크	주변의 상황과 위기요소를 파악하고, 분석하여 안전을 우선시한다.
겨울	연료	지속적인 운행이 가능하도록 변함없이 안정적인 후원자 역할을 한다.

[표 3-1-2] 하루 구성

	하루 구성	해설
봄	아침	햇살을 받아 이슬은 증발하고, 땅은 온기를 더힘으로써 만물이 하루를 시작한다. 이 시기는 활기를 불어넣는 시기일 뿐만 아니라 새로운 일을 하기 위해 누군가에게 방향을 물어 지혜를 구하려는 의욕이 넘치는 때이다.
여름	점심	왕성한 활동으로 목표한 바를 향해 나아가는 기간이다. 이때 사람들의 표정은 대체로 약간 들뜨고 흥분된 상태이다.
가을	저녁	하루 일과를 정리하여 그 결과를 꼼꼼히 따져본다. 오늘 미진한 내용과 미해결 사항에 대해 스스로에게 묻고 답을 구하려고 노력을 하는 때를 말한다. 퇴근길 사람들의 표정에 대체로 이성적인 사람들이 내보이는 차분함과 고뇌하는 모습이 드러나는 이유가 여기에 있다.
겨울	밤	몸의 재충전과 내일을 위한 설계를 마음속에 그리며, 잠이라는 행위를 통해 평온함 속에서 에너지를 보충하는 기간이다.

[표 3-1-3] 색깔

	색깔	해설
봄	청색(靑)	청색은 파장이 가장 짧아 나머지 색깔을 되돌려 보내는 특성이 있다. 눈에 가장 잘 띄는 색이기 때문에 최근 들어서 주요 간판이나 비행기의 활주로 유도등이 청색으로 바뀌고 있다. 많은 것을 발산하는 역할을 한다.
여름	적색(朱)	불을 상징한다. 강하게 주도하는 추진력과 좋고, 나쁨이 극명하게 드러나는 명확한 면을 가지고 있다.
가을	백색(白)	모든 빛을 합치면 백색이 되듯이 백색은 원래의 성질을 가장 많이 포함하는 색깔이다. 장례식에서 입는 소복(素服)은 본래의 흰 바탕으로 돌아갔음을 의미한다. 참고로 조선시대에는 왕이 승하하면 모든 신하들이 흰 옷을 입었다. 벌의 세계에서도 여왕벌이 죽으면 모든 일벌들의 목둘레에 흰 줄기가 생기는 자연현상에서도 흰색의 의미를 찾을 수 있다.
겨울	흑색(玄)	모든 색을 합치면 검은색이 되듯이 포용을 의미한다. 현(玄)은 '가물현'으로, 흰 말 한 마리가 달려가는 모습으로 이를 설명해 보자. 이 단어는 눈앞에서는 매우 크고 눈부신 하얀 털을 자랑하지만, 그 말이 힘차게 달려 나가 멀어지면 멀어질수록 가물가물해지면서 결국은 검은 점으로 보이게 되는 현상을 표현한 것이다. 현해탄도 마찬가지이다. 바닷물은 손바닥에 올려놓으면 투명하지만, 깊은 바다는 그 깊이를 알 수 없이 검어 가물가물하다는 느낌을 그렇게 표현한 것이다.

[표 3-1-4] 물의 일생

	물의 일생	해설
봄	비(雨)	하늘의 구름이 변한 모습이다. 땅의 지배를 받는 인간과 만물에게 생명을 불어넣는 역할을 한다.
여름	이슬(露)	만물이 성장하는 데 필수조건인 낮과 밤의 기온차이로 형성되는 이슬과 같이 한 가지 목적을 위해 우여곡절을 겪는 과정을 상징적으로 '비우(雨)'와 '길 로(路)'를 결합하여 만든 것이다.
가을	서리(霜)	우여곡절과 심사숙고 끝에 선택한 가장 강한 결과물을 다음 세대를 위해서 모양새나 틀을 잡아가는 과정이다. 비(雨)와 그것을 형상화시킨 '모습 상(相)'을 결합함으로써 구체적인 물의 열매라 해석하면 되겠다.
겨울	눈(雪)	많은 과정 끝에 만들어진 열매를 주위의 환경으로부터 보호하고, 관리하기 위해 손으로 잡기 쉬운 모습으로 바꾼 형상이다. '비 우(雨)'와 손의 모습을 본 딴 'ヨ'자를 결합한 것으로, 눈은 겨울 산을 덮어 땅속의 씨앗이 얼지 않도록 보호하는 역할을 한다.

[표 3-1-5] 직업군

	직업군	해설
봄	운동 선수, 연예인, 교육자, 여행가	봄에 무수히 돋아나는 새싹과 그것을 돕기 위해 구름을 몰고 와비를 뿌리는 바람처럼, 역동적인 직업과 어울리는 성격이다.
여름	사업가, 정치인, 경찰관	수많은 새싹 중에서 서로에게 방해가 되는 것을 솎아내야 건강한 숲을 이루듯, 목표를 위해 규정을 만들고 이를 따르는 성격이다.
가을	학자, 판검사, 회계사, 의사	자료를 수집하고 분석하여 결론을 내리고, 시시비비를 가리는 데 뛰어난 능력이 있다.
겨울	시인, 예술가, 봉사자, 도인	모든 것을 포용하고, 타인의 입장에서 그를 이해하고 배려하는 푸근한 성격을 가지고 있다.

[표 3-1-6] 상징물

	상징물	해설
봄	나무 (木) 새, 바람	봄에 나오는 새싹이다. 많은 싹이 나와 그중 일부가 성장하는 현상에서 볼 수 있듯이 일을 벌이는 경향이 있으며, 행동이 우선한다.
여름	불 (火) 태양, 허공	확 타오르는 성냥의 이미지다. 급하게 결정하고, 행동으로 옮기며, 관심이 유지되는 기간이 비교적 짧다.
가을	금속 (金) 산, 바위, 보석	뾰족하고 틀을 갖춘 철제도구를 연상하면 된다. 많은 부분을 고려하여 결정한 후 틀을 만들지만, 일단 틀이 형성되면 잘 변하지 않는다.
겨울	물 (水) 비, 강물, 바다	모든 것을 포용한다. 어느 곳으로든 스며드는 물의 성질을 닮아 타인에 대한 배려가 몸에 배어 있다.

[표 3-1-7] 자연현상

	자연 현상	해설
봄	춘풍	모든 것에 따뜻한 기운으로 생명을 불어넣듯 주변 분위기를 밝게 만드는 역할을 한다.
여름	태풍	바닷물을 뒤집고, 대류를 강하게 순환시켜 건강한 환경을 주도적으로 만드는 추진력이 강하다.
가을	추풍	꽃을 열매로 변환시키듯 세심한 판단으로 일정한 틀을 만드는 데 강점이 있다. 낙엽은 주어진 환경에서 열매를 맺기 위해 스스로를 잘라내는 전환 과정이다.
겨울	삭풍	만들어진 열매를 포용하여, 주변 환경으로부터 지켜내는 은근함과 끈기가 매우 큰 강점이다.

[표 3-1-8] 스트레스 받는 정도

	스트레스	해설
봄	가장 약함	나무나 바람처럼 다가오는 스트레스를 별다른 저항 없이 받아들인 후 흘려보내거나 곧 잊어버린다. (木의 성질 참조)
여름	약함	스트레스를 받으면 어떤 형태로든 즉시 아랫사람이나 사물을 통해 해소하며, 오래 기억하지 않는다. (火의 성질 참조)
가을	가장 심함	스트레스를 받으면 즉시 반응하지 않고 그 원인과 과정을 분석하기 위해 자료를 수집한다. 그 기간 중에도 상대방에게 내색은 하지 않지만, 결코 잊은 것은 아니다. 자료가 정리되면 그것을 제시하고 해명을 요구하는 동시에 대가를 치르게 한다.(金의 성질 참조)
겨울	심함	스트레스를 받으면 일정한 단계까지는 참기 때문에 상대방이 잘 모르는 경우가 많다. 그러나 한계를 넘어가면 상대방이 예측하지 못할 정도로 폭발적인 반응을 보인다.(水의 성질 참조)

[표 3-1-9] 성의 경향

	성 구분	해설
봄	남성 같은 여성 [덜렁거리는 여성]	적극적으로 움직이면서도 감성적으로 주위를 살피는 성격이다.
여름	완전 남성 [덜렁거리는 남성]	목표만을 향해 달려가기 때문에 주위를 고려하거나 배려하지 않고, 앞만 보는 성격이다.
가을	여성 같은 남성 [얌전한 남성]	목표를 향해 달려가지만, 전후좌우를 살펴 가장 합리적인 방법을 찾아내 접근하는 성격이다.
겨울	완전 여성 [얌전한 여성]	안정을 최우선으로 생각하고, 뒷일을 심각하게 고려하는 성격이다.

[표 3-1-10] 대화법

	화법	해설
봄	열린 대화	가능한 한 많은 정보를 털어놓고, 교환하려고 하면서도 상대방에게 상처를 주지 않으려고 노력한다.
여름	직접적 대화	목표한 바에 대한 정보를 얻기 위해 상황에 관계없이 단도직입적으로 질문한다.
가을	폐쇄 대화	말보다는 서류와 통계 등 자료를 중심으로 정보를 수집하고, 그것을 증거로 제시하려고 노력한다.
겨울	간접적 대화	하고 싶은 말이 있어도 참는다. 상대방이 알아줄 것이라 믿으며 속으로 삭힌다.

[표 3-1-11] 핵심 역량

	핵심 역량	해설
봄	사교력, 기획력, 표현력, 즐거움 지향	현상 전체를 꿰뚫어보고 나아갈 방향을 정하는 감각이 뛰어나고, 그것을 통해 상대방을 설득하는 능력이 탁월하다.
여름	주도력, 영향력, 리더십. 행동지향	정해진 목표를 향해 장애물을 제거하고 거침없이 나아가는 추진력이 강하다.
가을	분석력, 신중함, 합리적, 목표지향	상황 파악을 위한 정보 수집과 그것을 활용하여 문제를 해결하는 능력이 뛰어나다. 문제분석이나 해결방법에 구조적으로 접근하는 강점을 가지고 있다.
겨울	지구력, 포용력, 고객관리, 팀워크 지향	주변에서 자신에게 유리한 것을 찾아내어 체화시키는 능력이 뛰어나다. 타인에 대한 적극적인 배려로 관계를 개선하는 데 강점이 있다.

2_ 개성을 알아야 관계가 보인다

앞의 표들에 나온 인간의 개성 파악을 통해 얻어낸 지혜를 생활에 접목하기에 앞서 반드시 알아야 할 것이 있다.

첫째, 효과적으로 알아보기 위해 4가지로 구분했지만, 그 경계가 모호하다는 것이다. 절기가 봄, 여름, 가을, 겨울로 구분되지만, 그 경계가 모호한 것과 같다.

둘째, 모든 인간에게는 4가지 성질이 다 있다는 것이다. 1년에는 4계절이 있고, 하루 속에는 아침, 점심, 저녁, 밤이 있는 것과 같다. 어떤 기운이 강하다고 할지라도 그것은 상대적인 것에 불과하다. 언제라도 변할 수 있는 것 또한 인간이 가진 위대함이다.

셋째, 참고용이지 절대적이 아니라는 것이다. 이것들은 자신의 개성을 파악해 장점을 살리고, 상대방과 효과적인 관계를 맺기 위해 어떤 빗장을 사용할 것인지 도움을 주고자 정리해놓았을 뿐이다. 부모와 자녀간의 관계, 동료 간의 협조관계, 상사와의 상하관계, 고객과의 거래관계 등에서 참고자료로 사용할 수 있는 기본 틀에 불과하다. 어느 누가 소우주인 인간을 이러한 틀로 묶어 평가할 수 있으며, 어느 누가 이러한 잣대로 평가받는 것을 좋아하겠는가? 일방적으로 상대를 판단하는 기준으로 삼을 일이 아니다.

이상과 같이 11가지 항목으로 구분하여 분석한 인간 개성의 특장점을 하나의 그림으로 정리하면 [그림 3-1]과 같다. 이를 통해 어떠한 지혜를 얻을 수 있을까? 세상에는 주는 것 없이 공연히 미운 사람이 있는

[그림 3-1] 인간의 성격 종합분석

태풍: 꽃	火	사업가 군인 정치인	학자 선생님 직장인 판검사 회계사 의사	金	추풍: 열매
스트레스 3					스트레스 1
이슬(露)		액셀	브레이크		서리(霜)
주하(朱夏)	주도력 태양 여름		가을 소음	분석력	백추(白秋)
	사교력 소양 시동	봄	겨울 태음 기름	지구력	
청춘(靑春)					현동(玄冬)
봄비(雨)					눈(雪)
스트레스 4		여행가 연예인 운동선수	시인 예술가 도인 봉사자		스트레스 2
춘풍: 새싹	木			水	삭풍: 나이테

가 하면, 받는 것 없이도 괜시리 호감이 가는 사람이 있다. 그 이유는 무엇일까? 앞에서 설명한 타성과 활성의 뜻을 되새겨 보면 답을 얻을 수 있다.

봄형과 가을형 인간의 결합이나 여름형과 겨울형의 만남과 같이 대각선의 조합은 흔히 말하는 상극관계이다. 상극이란 상대방의 능력이나 활동을 의도적으로 저하시켜려 하지 않아도 분위기상 타성에 젖게 만드는 관계를 말한다.

반면에 상생이란 별도의 특별한 조치가 없어도 상대방을 만나면 자신의 능력이 최대한 발휘되는 활성의 분위기가 조성되는 관계이다. 봄과 여름형, 가을과 겨울형, 겨울과 봄형의 만남처럼 시계 방향의 조합이 상생관계가 될 가능성이 높다. 다만 여름형과 가을형의 조합은 실제 계절의 변화에서도 환절기를 형성하듯이 조심스러운 면이 있다. 부모와 자녀, 스승과 제자, 상사와 부하, 동료간의 팀 구성, 남녀의 사귐 등 모든 경우에 보다 효과적인 관계를 형성하기 위해 신중히 고려해야 할 사항이다.

4장

人性工夫

인성의 세 번째 틀 :
타인 알기

인성의 세 번째 틀 : 타인 알기

모든 고객, 모든 인간은
왕이다

1_ 서비스와 인간, 고객은 한통속이다

자신의 모습을 알아보았으니 어른의 일가견을 갖추는 세 번째 단계로 상대방에 대해 공부할 차례이다. 나의 성공과 행복은 상대방과의 관계형성이 큰 부분을 차지하기 때문에 상대방을 아는 것은 매우 중요하다. 상대방을 파악하는 데는 여러 가지 방법이 있다. 여기서는 일상생활에서 빈번히 사용되는 서비스와 고객이라는 개념을 통해 알아볼 것이다.

외래어란 외국에서 들어온 말이 우리말처럼 사용되는 것을 말한다. 외래어 중에서 자주 사용되는 단어 하나를 꼽으라고 한다면 '서비스 Service'가 결코 빠질 수 없다. 서비스란 무엇일까? 그 의미를 알아보기 위해 우리말을 영어로 옮겼을 때, 서비스라는 단어가 들어가는 사례를 먼저 살펴보자.

- 분만실 (Delivery Service Room)

- 학교 수업 (School Education Service)

- 예배 (Chapel Service, Temple Stay Service)

- 군복무 (Military Service)

- 고객전담센터 (Customer Service Center)

- 국세청 (Tax Service Center)

- 지역주민센터 (Community Service Center)

- 셀프 서비스 (Self Service)

- 애프 터서비스 (After Service)

- 금융 서비스 (Banking Service)

- 장례식 (Funeral Service)

우리 일상생활에서 서비스는 이처럼 많은 부분에서 사용되고 있다. 이것을 확대해서 해석하면, 사람이 태어나 분만실 죽을 때까지 장례식 겪는 모든 과정이 서비스라고 해도 과언이 아니다. 따라서 서비스는 '사람과 사람 사이에 벌어지는 모든 일', 즉 '사람 인人'+'사이 간間'의 또 다른 이름이라는 정의가 가능하다.

이 정의는 동식물을 키우는 것을 지칭하는 단어와의 대비를 통해서도 확인할 수 있다. 식물을 키우기 위해 물을 주는 등의 행위를 재배라 하고, 동물을 키우기 위해 사료를 주는 등의 행위를 사육이라 한다. 반면 인간에게 음식이나 편의 등 무언가를 제공하거나 안내하는 행위는 통상적으로 서비스라 한다. '서비스는 인간의 또 다른 이름이다'라고 하는 배경이다.

'공무원'을 영어로 'Civil Servant'라 한다. 이를 'Public Worker'라 하지 않는 이유는 왜일까? 분만실에서 장례식까지의 모든 과정이 서비스의 연속이며, 그 모든 행위가 법으로 제정되어 공무원에 의해 집행되기 때문이다. 이를 통해 공무원의 역할과 사명이 얼마나 중요한지 알 수 있다.

일반적으로 서비스의 대상을 고객이라 하고, 고객을 왕으로 섬긴다. 여기서 서비스와 고객의 개념을 종합하여 정의하면 '서비스는 인간 사이에 일어나는 모든 일이며, 그 대상을 고객이라 한다. 그러므로 고객이란 나를 포함한 모든 인간이다'라는 결론에 도달할 수 있다. 따라서 고객이 왕이라는 말은 모든 인간이 왕이라는 의미이다.

2_ 뇌를 알면 인간이 보인다

모든 인간과 고객은 서비스의 대상이며, 왕으로 불린다는 사실을 알았다. 따라서 왕이 어떤 성질을 가지고 있는지만 파악한다면 인간의 공통된 특성을 쉽게 파악할 수 있다. 이를 위해 신체기관 중에서 왕의 역할을 하는 뇌에 대해 알아볼 필요가 있다. 뇌의 기능과 특성을 통해 '인간=고객=왕'이 가지는 공통점을 알 수 있기 때문이다.

다음에서 설명하는 것은 무엇인가?

● 다세포 동물의 머릿속에 있는 중추신경계의 주요 부위

- 척추동물은 척수의 앞쪽에 이어져 막과 뼈로 둘러싸여 있음
- 약간 불그레한 회백색임
- 우리 몸에서 차지하는 무게는 대략 2%, 평균 1.5kg가량 됨
- 세 부분으로 구성되고, 가장 큰 부분이 전체의 7/8 정도를 차지함
- 의식활동을 하는데 중심역할을 함

그렇다. 뇌가 답이다. 뇌는 대뇌, 소뇌, 뇌간 또는 신피질, 고피질, 뇌간·척수로 구분되며, 인간의 고유 영역인 사고력은 대뇌 또는 신피질에 의해 통제된다.

"열 길 물속은 알아도 한 길 사람의 속은 모른다"라는 속담이 있듯이 인간의 마음을 일정한 틀에 넣어 파악한다는 것은 사실 어려운 일이다. 그러나 과학이나 의학을 통해 밝혀진 뇌의 특성을 파악해 인간의 심리를 가늠하는 기준으로 삼는다면, 인간들의 공통된 심리를 알 수 있다.

뇌와 인간의 공통된 특성

사람의 마음은 신체의 어느 부분에 있는 것일까? 체세포 복제와 같은 과학기술의 발달에도 불구하고 명확하게 규정하기는 어려우나 약 70조 개의 세포로 이루어진 육체를 통제하는 기관이 뇌라는 것이 지금까지의 대체적 견해이다. 따라서 뇌가 가지는 7가지 대표적인 특징을 공부하여 인간이 가지는 공통 심리를 알아보자.

1_ 이기적이고, 독선적이다

성형이 유행이다. 성형기술의 발달로 신체 어느 곳 하나 성형의 대상이 아닌 곳이 없다. 그럼에도 불구하고 성역으로 남은 곳이 있다. 바로 뇌이다. 뇌를 성형했다는 이야기를 들어본 적이 있는가?

우리 몸에 필요한 3대 영양소는 단백질, 탄수화물, 지방이다. 여기에 비타민, 무기질, 물을 추가하면 6대 영양소가 된다. 혈액은 이것을 온

몸에 전달하는 역할을 한다.

그런데 뇌에 혈액을 공급하는 뇌혈관 동맥은 다른 혈관과는 달리 특수한 구조와 기능을 지니고 있다. 탄수화물만 뇌로 전달하고, 나머지 영양소는 혈관 내부의 뇌혈관 장벽B. B. B, Blood Brain Barrier으로 차단한다. 뇌는 탄수화물 이외의 다른 영양소는 거들떠보지 않는다.

또한 뇌는 몸무게의 2% 정도에 불과함에도 불구하고 혈액과 산소, 영양분의 20%가량을 최우선적으로 사용한다. 그 후 나머지를 각 기관에 내려보낸다. 뇌는 이처럼 자신에게 필요한 것만을 최우선적으로 취하는 이기적이고, 독선적인 기관이다.

어디 이뿐인가. 뇌는 이기적이고, 독선적인 장치를 또 하나 가지고 있다. 누군가 자동차를 절실히 원한다고 가정해보자. 길을 걷던 책을 보든 다른 사람을 만나든 온통 자동차에 관심이 쏠린다. 만약 상사와의 갈등이 문제라면, 하루 종일 그 생각이 머릿속을 맴돈다. 이처럼 뇌는 관심을 가지고 있는 것에는 집착하지만, 그 이외의 것에는 아주 냉담한 반응을 보인다. 이러한 현상을 불러오는 장치를 의학적으로는 자동 목적달성 장치RAS, Reticular Activating System 또는 망상 활성화 시스템, 그물망 신경계라 한다.

뇌는 이와 같이 철저히 자신에게 유리한 것만 판단하고 행동하는 2중 장치를 가지고 있다. 따라서 대인관계의 빗장을 열기 위해 가장 먼저 알아야 할 것은 모든 사람은 이기적이고 독선적이라는 특성이다. 이것을 알면 어떤 상황에서든 효과적으로 대응할 수 있다. 하지만 이것을 모르면 마음의 상처를 입어 상대를 비방하거나 탓하기 쉽다.

인간 사이에는 왜 싸움이 일어날까? 대부분은 뇌의 2중적인 자기방어 본능 때문이다. 그래서 자신의 실수를 먼저 인정하는 사람을 찾아보기 힘든 것이다. 심지어는 자신의 실수를 인정했다 하더라도 시간이 지나거나 상대방의 태도가 자신의 의도와 다르게 나타나면 이를 합리화시킨다. 이기적으로 변하는 것이다. 시시비비가 분명한 재판에서 양측 견해가 완전히 상반되는 것도 이 때문이다.

앞 장에서 설명했던 인간의 계절적 성격을 보면 이 현상은 더욱 두드러진다. 가령 가을형 부모가 봄형 자녀의 성향을 이해하지 못하고 자신의 생각대로 키우려 한다면 극단적 대립이 불가피하다. 이것을 부부관계에 대입하면, 이 집안에 평화가 존재할 수 있겠는가.

환불이나 교환을 요구하는 불만고객의 경우, 이기적이고 독선적인 인간의 심리는 더욱 심하게 나타난다. 따라서 단순히 회사 매뉴얼에 따라 안된다고 하거나 이러저러한 이유로 규정상 불가능하다고 그들을 설득시키려 한다면, 치명적인 결과를 불러올 수 있다. 고객은 매뉴얼이나 규정에 관심이 없다. 그들이 원하는 것은 문제 해결이다.

그럼에도 불구하고 고객 서비스를 매뉴얼이나 규정에 따라 이행할 수밖에 없다고 고집한다면, 그 기업의 서비스 정책은 출발부터 잘못된 것이다. 매뉴얼에 '고객이 원하는 것은 조건 없이 받아들여 해결하라!'라고 표기하는 것이 최선의 방책이다. 조건없이 해결하려는 자세를 보이면, 고객도 분쟁을 사주하던 뇌의 이기심과 독선에서 벗어나 종업원의 설명을 이성적으로 받아들이고 판단해 합리적인 방법을 찾으려 노력할 것이다.

2_ 부평초이다

당신이 만나거나 관계를 맺는 모든 사람은 부평초이다. 부평초는 물 위에 떠 있는 식물로, 개구리밥으로도 불린다. 일반적으로는 자신의 주관을 가지지 않은 채 항상 유동적으로 옮겨 다니는 사람을 빗대어 표현할 때 주로 사용된다.

인간의 뇌도 부평초이다. 대뇌는 좌뇌와 우뇌, 이것을 연결하는 뇌 량으로 구성되며, 뇌 척수액으로 가득 찬 뇌수막으로 둘러싸여 있어 마치 부평초처럼 둥둥 떠 있다. 뇌수막의 외곽은 단단한 뼈로 둘러싸 여 있어 외부의 충격으로부터 뇌를 보호한다. 뇌의 구조를 자세히 거 론하는 이유는 인간의 생각 또한 뇌를 닮아 언제라도 움직인다는 것을 말하고자 함이다.

어제의 아군이 오늘의 적군이 되는 상황을 경험한 적이 있을 것이

[그림 4-1] 뇌의 구조

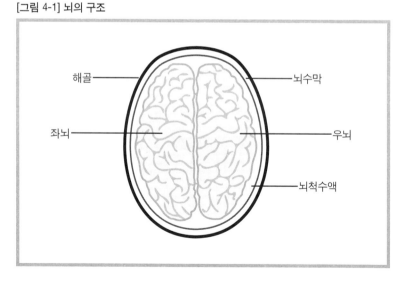

해골

뇌수막

좌뇌

우뇌

뇌척수액

다. 좋았던 관계가 각자의 상황이나 사고방식에 따라 전혀 다른 방향으로 진행될 수 있고, 어제까지의 단골이 옆 가게의 저가정책으로 발길을 돌릴 수도 있다. 이런 일이 일어나는 이유는 부평초와 같은 뇌의 특성 때문이다.

뇌뿐만이 아니다. 인간관계 역시 부평초이다. 남편과 아내, 부모와 자식, 상사와 부하 직원, 스승과 제자도 헤어지게 마련이다. 결국에는 죽음으로 모든 관계를 정리한다. 이것이 자연의 순리이다. 자연의 순리를 인식하면 서로에게 거는 기대도 줄어들고, 관계가 지속되지 않았을 때 받을 상처나 실망도 충분히 감내할 수 있다.

인간의 마음 또한 부평초이다. 새로운 것과 약간의 이익이나 말초적인 즐거움을 찾아 끝없이 옮겨가는 뇌의 특징을 본받은 것이 인간과 고객의 마음이다. 그래서일까? 주변을 한 번 둘러보라. 당신의 마음을 잡기 위해 벌이는 각종 유인책, 가령 마일리지 적립, 1+1, 특별할인, 묶어 팔기, 끼워 팔기, 경품, 장기고객 우대 등이 얼마나 많은가.

뇌와 인간, 인간의 마음이 부평초라는 것을 인식하고 행동한다면, 당신은 주변 사람과 변치 않는 관계를 형성할 수 있다. 북극성 주변을 다른 별이 회전하듯이 당신의 덕을 구심점으로 사람들이 모여들기 때문이다.

3_ 재생이 불가하다

인간의 몸은 약 70조 개의 세포로 이루어져 있다. 이들 대부분은 주기적으로 재생된다. 손톱, 발톱, 머리카락, 수염도 자르면 다시 자라고, 심지어는 뼈도 7년을 주기로 완전히 바뀐다. 그 외의 기관들도 마찬가지로 일정 주기가 지나면 새로운 것으로 교체된다.

단, 예외가 있다. 뇌세포이다. 인간의 뇌세포는 3살 때까지 왕성하게 분열하다가 일정 시간이 지나면 더 이상 분열을 하지 않고 오히려 매일 10만 개 정도씩 죽는다. 상대방에 대한 감정도 마찬가지이다. 한 번 틀어지면 돌이킬 수 없다. 감정에 앙금이 남기 때문이다.

상대방에게 감정을 표현하는 방법은 좋아한다, 사랑한다, 보고 싶다 등 여러 가지가 있다. 그런데 반대말을 찾아보면 재미있는 것을 발견할 수 있다. '좋아한다'의 반대말은 '싫어한다' 또는 '좋아하지 않는다', '사랑한다'의 반대말은 '미워한다' 또는 '사랑하지 않는다', '보고 싶다'의 반대말은 '보기 싫다' 또는 '보고 싶지 않다'이다.

그렇다면 '정들었다'의 반대말은 무엇일까? '정들지 않았다'가 아니라 '정 떨어졌다'이다. '정'은 어떻게 만들어지는 것일까? 정은 '좋다'나 '싫다'라는 감정과는 다른 개념이다. '미운 정', '고운 정'이라는 말에서도 알 수 있듯이 정에는 좋고, 나쁨이 동시에 존재한다.

고운 정은 상대방에 대한 호감과 흥미로부터 시작된다. 나와 상대방이 한곳을 바라본다는 기대감으로 시간과 노력, 경제적 부담이 따른다. 반면에 미운 정은 고운 정을 밟고 만들어지는데, 상대방에게 지녔던 기대감이 점차 무너지면서 관계가 부담이 되는 단계이다. 지금은 상대방이 자신의 생각대로 움직이지 않지만, 그래도 여전히 자신의 선택에 대한 믿음과 상대방에 대한 희망을 가진 상태이다.

그러나 어느 순간 자신의 판단이 잘못되었으며, 상대방이 바뀔 가능성이 없다고 판단되면 어떻게 될까? 마음을 접고 물러나게 된다. 상대방에 대해서 좋고, 나쁜 감정 자체가 사라진다. 이 단계로 접어들면 인간은 모든 기억을 지워 자신을 보호하려는 경향을 보인다.

누군가에게 정을 주었다는 것은 상대방을 내 몸의 세포 중 가장 귀한 뇌세포로 인정했다는 것을 의미한다. 반대로 누군가에게 정이 떨어졌다는 것은 상대방을 재생 불가능한 뇌세포로 인정했다는 것을 뜻한다. 그만큼 인간이 누군가에게 정을 준다는 것은 어렵고도 귀한 것이다.

한 번 떨어진 정을 다시 살리는 것은 죽은 세포를 살리는 것과 같이 어려운 일이다. 흘러간 물로는 물레방아를 돌릴 수 없으며, 흘러간 강물은 다시 돌아오지 못한다는 자연의 이치와 같다. 한 번 떨어져 나간 정이나 실수와 무관심으로 죽어버린 뇌세포는 재생이 불가하다. 재생이 되지 않는 뇌의 특성을 통해 우리는 인간관계의 어려움을 재삼 확인할 수 있다.

4_ 의심이 기본이다

뇌의 90%를 차지하는 대뇌는 외형상으로는 좌뇌와 우뇌로 구분되며, 기능상으로는 모든 동물들이 가진 원시본능뇌인 고피질과 인간만이 가지고 있는 지식뇌인 신피질, 이 모든 기능을 통제하는 뇌간으로 구성된다.

여기서 동물의 뇌라 불리는 고피질은 다가오는 위험을 본능적으로 느껴 자신을 보호하는 역할을 한다. 인도네시아와 일본에서 쓰나미가 발생했을 때나 아이티에서 지진이 발생했을 때, 이를 미리 알아채고 동물들이 높은 곳으로 도망을 가던 현상이나 큰 비가 오기 전에 개미들이 먼저 집을 옮기는 현상 등은 고피질이 작동한 결과이다. 반면에 지식뇌라 불리는 신피질은 인간만이 가진 것으로 사고력을 관장한다.

인간이나 동물은 기본적으로 자신을 보호하기 위해 경계를 한다. 경계하는 마음을 의심이라 하는데, 의심에는 크게 2가지 종류가 있다.

첫째, 주변 환경에 대한 의심이다.

모든 생물은 기본적으로 자기보호 본능을 가지고 있다. 반려견이나 야생동물에게 먹이를 주면 어떻게 반응하는가? 바로 먹지 않는다. 주위를 살피고 냄새를 맡으며 안전을 확인한 후 먹는다. 인간도 마찬가지이다. 어떤 일이 벌어지거나 무언가가 주어지면 본능적으로 의심을 한다.

상점에 들르면 물건을 바로 구입하는가? 물론 그런 경우도 있겠지만, 대개는 다른 곳에서 얻은 정보와 비교한 후 바가지를 쓰는 것은 아닌지, 품질은 괜찮은지 의심을 할 것이다. 그리고 몇 가지 과정을 거쳐 의심이 풀렸을 때에야 비로소 물건을 구입할 것이다.

인간관계도 이러한 과정을 거친다. 처음에는 의심을 한다. 자기보호 본능에 따른 당연한 수순이다. 따라서 이것을 인정하고 관계를 설정하는 것이 좋다. 상대방이 보내는 의심의 눈초리를 당연한 통과의례쯤으로 간주해야 한다. 그러면 관계를 편안하게 진행해 상대방의 신뢰를 얻을 수 있다.

모든 동물이 가진 위험감지 능력을 인간이 발휘하지 못하는 이유는 무엇일까? 모순처럼 들리겠지만, 인간을 만물의 영장으로 만든 뇌 때문이다.

인간의 지적능력과 사고능력을 관장하는 대뇌피질은 52개의 영역으로 구분되어 있다. 이것을 브로드만이라는 학자가 발견하여 브로드만 영역이라 한다. 브로드만 영역은 정해진 신체부위와 기관을 제각기 관장한다. 예를 들면 5번은 체감적 영역을 관장하고, 7번은 다중공간 영역을 관장하는 식이다. 이렇게 각각의 영역이 담당하는 신체기관이 다르다는 것은 인간이 만물을 지배하는 데는 원동력으로 작용하지만, 예지능력이나 숨겨진 초능력을 발휘하는 데는 걸림돌로 작용한다.

눈앞에 5m 너비의 도랑이 있다고 가정해보자. 평소에는 이 도랑을 절대 뛰어넘지 못한다. 그러나 누군가가 총을 쏘며 쫓아온다면 어떻게 될까? 이 도랑을 훌쩍 뛰어넘을 것이다. 왜 이런 현상이 일어날까?

모든 사람은 본래 5m 너비의 도랑을 뛰어넘을 능력을 지니고 있다. 하지만 한 번도 시도해본 적이 없거나 예전에 시도를 했지만 실패했던 경험, 즉 선행학습의 경험 때문에 자성을 잃어버려 타성에 젖어 있기 때문에 이 능력을 발휘하지 못하는 것이다. 앞에서 설명한 컵 속의 벼룩을 연상하라

뇌의 작동과정을 통해 이 현상의 진행과정을 알아보자.

평상시에 전운동과 보조운동을 관장하는 브로드만 영역 6번이 이 도랑을 넘자고 하면, 다른 영역들은 '그것은 불가능하다', '예전에 그렇게

해본 적이 없다'라고 저지한다. 당신은 결국 이런 속삭임으로 인해 그 도랑을 넘지 못하게 된다.

그러나 누군가가 총을 쏘며 쫓아오면 어떻게 될까? 이 도랑을 넘어야만 살 수 있다고 느낀 브로드만 영역 6번이 다른 영역들에게 이렇게 묻는다.

'지금 넘지 않으면 생명이 위험해. 넘을 수 있을까?'

평소 이를 저지하던 다른 영역들이 이런 위급한 상황에서는 자신의 생명도 달려 있기 때문에 아주 적극적으로 동의한다.

'그래, 얼른 너의 초능력을 발휘해 이 도랑을 넘어!'

'의견이 통일되었으니, 어서 초능력을 발휘해.'

의견이 통일되면, 뇌는 신체의 모든 기관에게 도랑을 넘으라고 명령한다. 그 결과, 당신은 숨은 괴력을 발휘해 도랑을 넘는다. 글로 설명하니까 오래 걸린 것처럼 느껴지지만, 실제로는 상상도 할 수 없는 찰나에 행동으로 이어진다. '정신일도 하사불성精神一到 何事不成'이라 하지 않던가. 정신을 한곳에 모으면 못 이룰 일이 없다.

이처럼 의심은 우리 몸을 지키는 열쇠도 되지만, 자신의 위대함을 짓누르는 자물쇠도 된다. 어쩌면 인간관계의 어려움도 이러한 뇌의 모순 때문인지 모른다.

5_ 인상적이지 않은 것은 망각한다

인간의 욕구 중에서 가장 원초적인 것은 무엇일까? 식욕과 성욕이다. 그래서 인간은 맛있게 먹었던 음식이나 연인과 나누었던 즐거운 경험을 아주 오래 기억한다. 이러한 경험이 얼마나 긴 생명력을 가지고 있는지 알아보자.

당신의 첫사랑은 누구인가? 언제, 어디서 처음으로 사랑을 고백했는가 또는 고백을 받았는가? 첫사랑과 처음 만났던 순간은 어떠했는가? 그때 당신은 무슨 말을 했는가? 아주 오래된 일이라 해도 그 순간을 생생히 기억할 것이다.

반면 3일 전에 먹었던 점심 메뉴를 기억해보라. 아마 기억나지 않을 것이다. 오래 전 첫사랑과의 만남은 어제 일처럼 또렷하게 기억하면서도 3일 전의 점심 메뉴는 왜 기억하지 못하는 것일까? 뇌의 망각기능 때문이다.

일반적으로 뇌는 일단 3일 전의 점심 메뉴를 좌뇌에 저장은 하지만, 중요하지 않다고 판단해 금방 지워 버린다. 중요치 않은 정보를 계속 저장하면 용량이 초과해 정작 중요한 정보를 저장할 수 없기 때문이다. 이것은 이기적이고, 독선적인 뇌의 첫 번째 특성과 맥을 같이 한다.

그러나 첫사랑이나 첫 키스, 첫 고백은 일생을 두고 보관할 가치가 있다고 판단해 이미지로 바꾸어 우뇌에 저장한다. 이것은 몇십 년이 지나도 재생버튼만 누르면 그대로 떠오른다. 처음 배운 운전기술이나 젓가락, 숟가락 잡는 법 등도 뇌에 저장된 이미지를 재생해 따라 하는 것이다. 우뇌의 중요성을 강조하는 이론적 배경이 여기에 있다.

우뇌에 정보를 저장하기 위해서는 반드시 거쳐야 할 과정이 있다. 좌뇌의 허락이다. 좌뇌는 상식을 뛰어넘는 정보만 우뇌로 보내 이미지로 보관하고 나머지는 버린다. 여기서 좌뇌가 정보를 버리는 행위를 망각이라 한다. 망각은 스스로를 보호하기 위한 뇌의 본능이며, 비워야만 새로운 것을 채울 수 있다는 자연의 섭리이기도 하다.

뇌의 망각기능을 역이용하는 사례를 실생활에서 찾아보자.

마음에 두었던 이성에게 처음으로 데이트를 신청하거나 사업 파트너에게 업무 협조를 요청할 때, 어떻게 접근하는가? 대부분은 "차 한 잔 하시죠?" 혹은 "식사 한번 같이 하시죠?"라고 할 것이다. 이 말에는 상대방의 뇌에 오랫동안 기억되려는 고도의 전략이 숨어 있다. 단순히 그 사람과 같이 시간을 보내려 했다면 다른 제안을 했을 것이다.

신체의 뒷목과 머리 쪽의 뇌를 통과하는 신경계는 크게 A, B, C군으로 나뉜다. 그중 A군에 있는 10번째 신경다발인 에이텐A10은 인간의 식욕과 성욕을 동시에 관장하는 역할을 한다. 음식을 먹으면 에이텐A10이 자극을 받는 동시에 성욕도 자극되어 약간 들뜬 상태가 된다.

그런 상태에서 데이트나 업무 상담을 하면 그렇지 않을 때보다 훨씬 효과적이라는 것은 너무나 자명하다. 인간이 가지는 가장 원초적이고 절대적인 욕구는 식욕과 성욕이라고 말했듯이 식사나 차를 하자고 제안하는 것은 식욕과 성욕을 자극해 의도한 바를 보다 쉽게 이루려는 뇌의 본능을 이용한 전략인 것이다.

이때 주의할 것이 있다. 식사 범절을 철저히 지켰을 때에만 효과를 본다는 것이다. 식사 범절을 제대로 익히지 못했다면, 상대방에게 거절의 빌미를 제공하는 셈이 되니 오히려 짚을 메고 불 속에 뛰어드는 격이다. 식사를 망치면 성욕을 감퇴시키는 것이 된다. 2가지의 기본 욕구를 동시에 망치고 인간관계나 거래관계에서 성공할 수 있겠는가.

따라서 부모님, 선생님, 사회 지도자, 이 나라의 어른들은 식사 범절의 중요성을 인식하고 아이들이 몸으로 익히도록 가르쳐야 한다. 그것이 지켜지지 않으면 아무리 훌륭한 전문지식도 좌뇌에 잠시 머물다 버려지는 3일 전의 점심 메뉴가 된다. 이에 관한 구체적인 방법과 사례는 7장의 '인성 행동'에서 자세히 다룰 것이다.

6_ 모든 정보의 본거지이다

일반적으로 인체를 오장육부라고 한다. 그런데 흥미로운 것이 있다. 모든 기관을 관장하는 뇌는 오장육부에 속하지 않는다는 것이다. 어쩌면 이는 인체의 모든 감각기관이 채집한 정보를 종합적으로 판단해 행동요령을 지시하는 뇌의 중요성을 역설적으로 강조한 것이 아닌가 싶다.

뇌는 어떻게 정보를 수집할까? 신체 각 부분의 감각기관을 통해 수집한다. 뇌는 그 정보를 판단하고 분석해 해당 기관에 행동요령을 지시한다. 이 과정은 서비스 제공, 인간관계 형성, 비즈니스 거래 등 모든 분야에서 결정적인 역할을 한다. 그렇게 본다면 모든 정보의 집합처이자 이를 분석하고 판단해 적절한 조치를 취하는 뇌가 오장육부에 포함되지 않는다는 것은 몸의 각 기관을 위에서 내려다보며 관찰하여 전체의 움직임을 관장하는 기관이라는 것을 의미한다.

인체를 관장하는 뇌의 정보 수집 방법에 대해 자세히 알아보자.

당신은 자신에 대해 얼마나 알고 있는가? 일반적으로 자신에 대해 알 기회는 많지 않다. 물고기가 물을 볼 수 없는 것과 같다. 모순된 이 야기처럼 들리겠지만, 물고기는 평소 물속에 살고 있기 때문에 오히려 물을 인식하지 못한다. 낚싯줄이나 그물에 잡혀 올라갈 때에야 비로소 자신이 몸담고 살던 물의 모습과 존재를 깨닫는다.

인간 역시 마찬가지이다. 자신이 사는 환경에 익숙해 의례적으로 그러려니 하며 산다. 그러니 자신을 둘러싼 환경이나 자신의 모습을 제대로 알 필요성을 느끼지 못한다. 그렇다면 자신을 제대로 볼 수 있는 방법은 없을까?

물고기의 경우처럼 나와 관계를 맺고 있는 상대방의 판단을 종합해 보면 알 수 있다. 그들은 제3자의 눈으로 나를 바라보기 때문이다. 따라서 많은 사람들이 나와는 다른 위치에서 객관적으로 당신을 지켜보고 있다는 사실을 명심해야 한다.

높은 곳으로 올라갈수록 더 멀리 볼 수 있다는 것은 누구나 아는 사실이다. 더 멀리 볼 수 있다는 것은 더 큰 그림을 그릴 수 있고, 더 객관적으로 판단할 수 있음을 의미한다. 조물주가 뇌를 신체의 가장 높은 곳에 둔 이유가 무엇이겠는가. 자신을 낮게 내려놓고 멀찍이서 살펴보라는 의미이다.

뇌가 정보를 수집하고, 대응책을 명령하는 과정에는 2가지 특징이 있다.

첫째, 모든 정보의 교류가 동시에 이루어진다는 것이다. 감각기관의 말초신경에서 뇌로 전달되는 정보, 즉 밑에서 위로 올라가는 정보를 보고라 하며, 뇌에서 하부기관으로 전달하는 정보를 지시라 한다. 우리 몸에서 지시와 보고는 동시에 이루어진다.

둘째, 순식간에 전파되는 비국소성의 원칙을 가진다. 신체 한 부분에 미미한 자극이 가해지면, 그 부분만 아프다고 느낀다. 그러나 일정 정도 이상의 자극이 가해지면 온몸으로 반응한다.

동시에 정보를 전파하고 온몸이 반응하게 하는 뇌의 특성은 자연현상과 사회현상에서도 나타난다. 대표적인 것이 SNSSocial Network Service 로, 지역적인 뉴스라도 흥미를 유발하면 순식간에 전 세계로 확산된다. 어디 그뿐인가. 동물들도 인간 못지않은 훌륭한 정보 전달 수단을 가지고 있다고 한다.

1950년 미국의 과학자인 라이언 왓슨은 일본 미야자키 현의 고지마라는 섬에서 원숭이 한 마리가 고구마를 물에 씻어먹는 장면을 목격했다. 더욱 놀라운 것은 주위의 원숭이들도 하나둘씩 따라 하더니 결국에는 고지마 섬의 모든 원숭이들이 고구마를 씻어먹었다는 것이다.

시간이 지나자 더 놀라운 사건이 일어났다. 주변의 다른 섬에 서식하던 원숭이들도 고구마를 물에 씻어 먹는 행동을 했던 것이다. 섬 사이에는 정작 어떤 교류도 없었는데 말이다.

이것이 『생명파동』을 통해 발표된 '백 번째 원숭이 이론'이다. 최근 이 이론은 어떤 행동유형이 임계치를 넘어서는 순간 급작스럽게 퍼지는 현상과 인간의 사고방식이나 사상이 널리 전파되는 현상 등을 설명하는 이론으로 자리 잡았다.

영국의 박새에게도 비슷한 현상이 발견된 적이 있었다. 20세기 초 영국의 우유 배달업자들은 트럭에 우유를 싣고 이른 새벽 각 가정의

문 앞에 우유를 놓아두는 배달 시스템을 가지고 있었다. 그 당시에는 우유병에 덮개가 없었기 때문에 박새는 집주인이 일어나 우유병을 가지고 가기 전에 우유의 크림을 걷어내어 마시는 방법을 터득했다.

그러다 제2차 세계대전 중에 영국의 우유업자들이 우유병에 알루미늄 덮개를 씌우자 새들은 더 이상 우유병의 크림을 먹지 못하는 듯 싶었다. 하지만 1950년대 초가 되자 놀랍게도 영국 전역에서 약 100만 마리에 달하는 박새들이 알루미늄 덮개를 부리로 찢고 크림을 먹어치웠다. 먹는 방법을 배운 것이다. 활동 범위가 15km를 넘지 않는 박새들이 어떻게 이 방법을 전파하고 공유할 수 있었을까?

1921년 샤우샘프턴에서 처음 보고된 이 현상에 대해 셀드레이크 박사는 1981년 '생명의 신과학A New Science of Life, J.P.Tarcher,1982'을 통해 '형태 형성장Morphic Field'이라는 개념을 발표했다. '형태 공명'이라고도 하는데, 한 번 장이 만들어지면 공간을 뛰어넘어 영향력을 행사하여 사람이나 물질이 같은 반응이나 행동을 반복한다는 것이다.

이 사례들은 동물에게도 문화적 유전자가 존재한다는 사실을 단적으로 보여준다. 영국의 진화생물학자인 리처드 도킨스는 이를 '밈Meme'이라 지칭했는데, 생물학적 유전자인 '진Gene'에 대칭되는 단어로 모방과 같이 비非유전적 수단을 통해 전달되는 문화요소를 의미한다.

사회·자연적인 현상은 일반적으로 일정 정도의 자극이나 개체 이전에는 부분적으로 전파된다. 그러나 임계치를 넘으면 순식간에 확산된다. 이러한 현상은 뇌와 상당히 닮았다. 그래서 최근에는 기업들도 이를 깨닫고 고객 응대에 관심을 기울이고 있다. 이는 뇌를 닮은 고객의 특성을 적극적으로 활용하려는 정책의 일환이다.

한 고객이 타사 제품과 서비스를 들먹이며 항의를 하고 있다고 가정해보자. 당신이라면 어떻게 받아들이겠는가? 고객에게 응대를 잘못하여 막대한 손해를 본 기업의 사례를 떠올린다면 신중에 신중을 기해야할 것이다. 그 고객은 매우 고마운 고객이다. 자사 제품의 단점과 서비스의 개선점, 타사 제품과 서비스의 장점을 알려주고 있기 때문이다. 당신에게 새로운 정보를 주기 위해 자신의 시간과 비용을 들여 찾아온 귀한 사람인 것이다.

그러나 대개는 이런 손님을 '진상'으로 취급한다. 사전에서 진상을 찾아보라. 첫 번째 의미는 최고의 농산물이나 토산물을 임금에게 바치는 행위이다. 두 번째 의미가 억지손님이다. 어떤가? 진상 손님이 곧 임금이요, 왕이라는 것을 이해하겠는가. 이렇게 등골이 오싹한 생활의 지혜가 어디에 있는가. 진상에 대한 재해석이 절실하다.

7_ 항상 최우선적인 보호 대상이다

뇌는 작은 충격에도 큰 상처를 입는다. 그래서 외부의 위험으로부터 뇌를 보호하기 위해 외부는 단단한 두개골 뼈가 둘러싸고 있고, 내부는 충격 흡수에 강한 섬유막질로 둘러싸여 있다. 이는 뇌가 어떤 상황이나 조건에서도 최우선적으로 보호되어야 하는 기관이라는 것을 증명한다.

인간관계도 마찬가지이다. 주변의 모든 사람을 항상 왕처럼 보호해야 하는 이유가 인간人間이라는 단어 속에 녹아 있다. 인간이란 '사람 인人'과 '사이 간間'이 합쳐진 단어이다. 사람과 사람 사이가 존재할 때, 인간이라는 단어는 비로소 의미를 가진다.

물에 빠진 사람이 구원을 요청할 때를 보라. "사람 살려!"라고 하지 "인간 살려!"라고 하지 않는다. 이는 무의식적으로 혼자임을 알리고 있는 것이다. 일반적으로 "사람이 있다", "사람이 다쳤다" 등에서는 사람 대신에 인간이라는 단어를 쓰지 않는다. 인간이란 상대방에 의해 그 가치가 인정되는 존재이기 때문이다.

이처럼 상대방이 없으면 나 자신도 인간으로 존재할 수 없다. 본인과 남편, 자식과 부모, 스승과 제자, 상사와 부하, 주인과 손님, 왕과 백성처럼 모든 관계는 상대방이 존재하기 때문에 가능하다. 우리 몸이 뇌를 최우선적으로 보호하듯이 모든 사람을 나의 존재를 확인해주는 생명의 은인으로 여기고, 최대한 보호해야 하는 이유가 여기에 있다.

人 性 工 夫

인성의 네 번째 틀 :
조직의 특성

인성의 네 번째 틀 : 조직의 특성

조직은 사람이다

1_ 조직은 살아 움직인다

조직의 사전적 정의는 '특정한 목적을 달성하기 위해 여러 개체나 요소를 모아 체계 있는 집단을 이루는 것'이다. 이것을 역으로 해석하면, 어떤 목적을 이루기 위해서는 혼자나 한 가지 요소보다는 여럿이나 여러 가지가 조화를 이루는 것이 효과적이라는 의미가 된다. 그러나 그것은 쉬운 일이 아니다.

포장마차를 예로 들어보자.

포장마차를 혼자 운영하는 사람은 자재 구입, 요리, 청소, 계산까지 직접 함으로써 외부의 간섭이나 압력에서 자유로울 수 있다. 그러나 매출이 늘어나 크기를 늘리고 사람을 고용하면 상황은 달라진다. 매출이나 수익은 늘어나겠지만, 생각지도 않았던 어려움이 발생하기도 한다. 가령 직원이 갑작스럽게 병에 걸렸다든가 개인 사정으로 업무에 차질이 빚어지는 경우이다. 이럴 때는 다른 해결 방법을 동원해야 한다. 혼자서 운영했을 때에는 피해가 자신에게만 미치지만, 조직의 경우에는 조직원 모두에게 악영향을 주기 때문이다.

기업의 경우, 창업 초기에는 몇 사람만 머리를 맞대면 대체로 모든 것이 해결된다. 그러나 규모가 커지고 조직원의 수가 늘면 노동조합이 만들어져 파업이 발생하기도 한다. 기업의 규모를 키우려고 고용했던 조직원들이 오히려 성장의 걸림돌이 되는 극단적인 사례이다.

이렇게 이질적인 요소와 사람이 모여 하나의 조직을 이룬다는 것은 양날의 검과 같다. 따라서 철저한 준비가 필요하다. 경영자는 조직원이 같은 방향을 바라볼 수 있도록 교육하는 것이 필요하며, 조직원은 조직을 움직이는 규정과 법칙을 파악하는 것이 필수이다.

조직의 3대 구성요소는 사람, 자본, 시스템이다. 그중에서 가장 중요한 것은 사람이다. 자본이나 시스템도 물론 중요하지만, 이것들은 사람을 통해 실현되는 부차적인 것에 불과하다. 그것이 바로 '조직은 사람이다'라는 문장에 함축적으로 담겨 있다.

사람을 유기체라고 한다. 물질이 유기적으로 구성되어 생활 기능을 가진 조직체라는 의미이다. '조직은 사람이다'라는 문장은 바로 이러한 유기체의 정의와 특성을 근거로 한다.

2_ 조직은 인조인간이다

인체를 연구하던 여러 분야의 과학자들과 경영 연구가들은 조직이 사람과 작동원리가 같다는 것을 발견해 사람을 따라 하는 법적인 인간이라는 의미에서 '법인法人'이라 이름 짓고, 주민등록번호처럼 법인등록번호를 부여해 법인세를 내도록 제도화했다. 조직과 기업을 하나의 인간으로 간주한 것이다.

신체의 최소 단위는 세포이다. 세포가 모여 조직이 되고, 조직이 모여 기관을 이루며, 기관이 모여 기관계를 형성하고, 기관계가 모여 하나의 개체, 즉 신체가 된다. 예를 들면 위 세포는 '위 세포조직 → 소화기관 → 소화계'라는 과정을 거쳐 신체를 구성하게 된다.

조직도 마찬가지이다. 개인인 직원이 모여 과課를 이루고, 과가 모여 부部로 확대되며, 부가 모여 본부本部가 되고, 본부가 모여 하나의 기업企業을 이룸으로써 최고 경영자의 통제를 받는다. 즉 '개인 → 과 → 부 → 본부 → 회사'라는 과정을 거쳐 조직을 구성하는 것이다.

그렇다면 인간과 조직은 어떤 유사점을 가지고 있을까?

[표 5-1] 조직과 인간의 유사점(생체 모방 전략)

	유기체(인간)	조직
최초 구성 인자	난자+정자(cell)	이질적인 개인(individual)
명칭	유기체(organ)	조직(co-operation)
기본 성장의 힘	유전자(gene)	밈(meme)
직접 운영 체계	신경(nerve)	조직(matrix)
간접 운영 체계	호르몬(hormone)	조직 분위기(culture)
성장 수단	유전자 복사, 전달 작용	조직 확대
발전 수단	유전자 진화(역전사)	문화적 진화 : 지식경영(CI)
발전 동기	유전자 성질 향상 (환경 변화 적응)	교육을 통한 개인 역량 확대

이를 정리하면 [표 5-1]과 같다. 그러나 차이점도 있다. 곤경에 처한 사람이 "사람 살려!"라고 외치면, 주변 사람들은 그를 구하기 위해 최선을 다한다. 이것은 사회적인 약속이다. 반면 기업이나 조직이 부도 위기를 맞으면 아무도 도와주지 않는다. 경쟁 상대인 다른 조직을 이겨야 한다는 생존경쟁의 논리 때문이다.

우리는 부모로부터 생명을 부여받아 최초의 조직인 가족의 일원이 된다. 그리고 성장하면서 학교, 사회, 국가의 일원으로 조직 속에서 평생을 살아간다. 조직은 우리의 평생 동반자인 것이다. 이처럼 평생을 조직의 일원으로 살아가야 하는 입장에서 조직의 작동원리와 특성을 파악해 실생활에 접목하는 것은 매우 중요하다. 이러한 공부는 평생을 스스로의 힘으로 날 수 있는 기본 동력을 제공할 뿐만 아니라 나이가 들수록 생존력을 갖춘 품격 있는 어른으로 발전하는 지름길이 되기 때문이다.

조직의 7가지 특성

사람과 작동원리가 같다고 하여 법적인 사람으로 인정한 법인의 특성은 [그림 5-1] 같이 크게 7가지로 대별된다.

인간으로 태어나는 순간부터 평생 동안 조직에 속하는 것은 피할 수

[그림 5-1] 조직의 7가지 특성

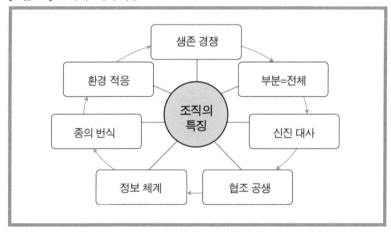

없는 운명이다. 따라서 조직에 올바로 적응하기 위해서는 조직의 특성을 철저히 몸에 익히는 것이 매우 중요하다. 특히 학생들의 인성을 책임진 교육자는 물론 대학의 입학사정관과 기업의 면접관에게는 이 부분이 인성을 판단하는 중요한 기준을 제공할 것이다.

본격적으로 7가지 항목으로 설명되는 조직, 기업, 법인의 특성에 대해 알아보자. '조직은 사람이다'라고 하여 법적인 사람으로 인정된 법인은 다음의 7가지 특성을 지닌다.

1_ 환경 변화에 적응한다

당신은 변태인가? 이런 도발적이고 생뚱맞은 질문을 받는다면 뭐라고 답하겠는가? 화를 내는 사람도 있고, 아니라고 하는 사람도 있을 것이다.

여기서 변태는 '동식물이 성장하는 과정에서 시기에 따라 본래의 형태가 변하거나 달라지는 현상'을 말한다. 개구리나 곤충의 성장과정에서 볼 수 있듯이 알, 유충, 번데기, 성충으로 형태가 변하는 것이 비로 변태이다.

인간도 변태를 한다. 태어나 학교를 졸업하고 사회인이 된다. 호칭도 어린이에서 학생, 사회인, 지성인으로 바뀐다. 그러나 인간과 동식물의 변태에는 큰 차이가 있다. 개구리나 곤충은 단순히 겉모양만 변하지만, 인간은 신체적 변화와 더불어 정신적 성숙을 동반한다.

여기서 개구리나 곤충처럼 외형만 변하는 것을 '거래적 변태', 인간처럼 신체적 변화와 정신적 변화가 동시에 동반되는 것을 '변형적 변태'라 한다. 참고로 부정적인 의미로 사용되는 변태, 즉 성에 대한 비정상적인 욕구도 변태라고 하지만, 이는 변태 성욕의 준말로 의학적 용어이다.

일가견을 갖춘 어른이 되려면 변형적 변태를 해야 한다. 이를 위한 모든 행위를 '적응'이라 한다. 적응이란 스스로 되어 가는 꼴을 완성하기 위해 내부에서 일어나는 자발적, 능동적인 변화를 말한다. 통상 적응과 대응을 혼동하는 경향이 있는데, '대응'이란 적응과 달리 외부의 자극에 대한 피동적이고, 수동적인 변화를 말한다. "환경 변화에 대응한다" 대신 "환경 변화에 적응한다"를 사용하듯이 적응이란 주어진 상황에서 스스로 완성된 모습을 갖추는 것이다.

애벌레가 변태를 거쳐 나비가 되었을 때 '아름답다'라고 말한다. 본래 이 단어는 성숙과정의 고통을 완벽하게 이겨냈음을 뜻하는 '나름답다'에서 파생되었다. 따라서 '아름답다'라는 말은 주어진 환경에 잘 적응해 스스로가 되어 가는 꼴을 완성했다는 의미를 지닌다.

환경 변화에 적응하는 동식물의 변태과정을 보라. 눈물 겨운 생존투쟁의 연속이다. 모든 씨앗은 딱딱한 껍질로 보호되고, 새싹은 그 껍질을 뚫고 나와야만 한다. 그것을 도와준다고 껍질을 벗기면 어떻게되는가? 곧바로 죽어버린다. 새싹과 마찬가지로 병아리는 스스로 껍질을 깨고 나와야 살 수 있고, 매미와 나비도 애벌레의 껍질을 스스로 뚫고 나와야 생존할 수 있다.

모든 것들은 이처럼 스스로 적응을 해야만 자신의 완성된 꼴을 찾을 수 있다. 벼가 빨리 자라기를 바라는 마음에 줄기를 잡아당기면 죽는 것과 같은 이치이다. 이렇게 순리에 어긋나는 행동을 통해 억지로 자라게 하는 것을 '조장'이라 한다.

그러나 인간의 욕심과 필요에 의해 조장을 해서 본래의 기능과 가치를 잃는 동식물이 대단히 많다. 밭에서 자란 상추만 해도 그렇다. 상추는 바람을 이기기 위해 단단한 줄기를 만들고, 벌레들을 쫓기 위해 하얀 즙을 배출한다. 락투세린과 락투신 성분으로 이루어진 이 하얀 즙은 진정효과가 있어 졸음을 몰고 온다.

반면 온실에서 자란 상추는 바람이나 벌레 같은 외부 환경의 자극이 없어 줄기가 연약할 뿐만 아니라 하얀 즙도 배출하지 않는다. 상추의 고유한 효능을 잃어버린 것이다. 온실에서 밤새 불을 밝힌 채 길러낸 깻잎에서도 깻잎 고유의 향기가 거의 나지 않는다.

복어는 바닷속에서 작은 새우나 물고기, 해초를 먹고 자라면서 자신을 보호하기 위해 고유의 독을 만들어낸다. 그러나 양식장에서 자란 복어는 독이 없다. 복어 본래의 되어 가는 꼴을 잃어버린 것이다.

인공 부화된 연어가 살아 돌아올 확률이 적은 이유도 마찬가지이다. 온갖 난관을 극복하고 수천 킬로미터를 헤엄쳐 태어난 곳을 찾아온 연어의 산란과정은 실로 결연하다. 오직 알을 낳기 위해 힘차게 물길을 거슬러 올라와 물살이 세지 않고, 영양이 풍부한 바닥을 골라 자신의 지느러미가 망가질 때까지 돌을 헤쳐 보금자리를 만드는 연어의 모습은 눈물겹기까지 하다.

암컷은 온 힘을 다하여 알을 낳고, 수컷은 거기에 정자를 뿌린 후 기진맥진한 상태로 죽음으로써 자신의 몸마저도 새끼들의 양분으로 제공하는 종족보호 본능을 보여준다. 인공 부화된 연어는 그런 과정을 겪지 않았기 때문에 생존율이 떨어지는 것은 너무 당연하다.

식물이 껍질과 땅을 밀어내고, 새싹을 틔우며, 건강한 꽃을 피우는 데는 잎의 활동을 필요로 한다. 그 활동이 끝나면 잎을 떨어뜨려 열매를 맺고, 표면적을 줄여 추운 날씨에 적응한다. 이처럼 모든 동식물은 자신의 완성된 꼴을 위해 환경에 적응하는 본능과 지혜를 가지고 있다.

인간은 어떠한가?

인간의 탄생과정 역시 동식물과 비슷하다. 여성은 태어날 때 난소에 약 200만 개의 원시 난포를 지니고 태어난다. 초경을 시작한 14세 때부터 매달 1개씩의 난포를 배란해 평생 400여 개의 난자를 생산한다. 이때 난자는 난포를 뚫고 나와야 비로소 제 기능을 하는 건강한 난자가 된다. 나비, 매미, 병아리 등이 껍질을 깨고 나오는 것과 흡사하다.

인간의 탄생과정은 동식물과 비슷하지만, 성장과정에서는 전혀 다른 변태를 한다. 만물의 영장으로서 갖춰야 할 정신세계의 변화가 그것이다. 2장에서도 설명했듯이 인간의 정신적 변화에는 반드시 고통이 따른다.

3세부터 7~8세까지는 본능의 지배를 받아 '낭만적인 자유'를 만끽하는 기간이다. 아직 자신의 생각 틀이 세워지지 않았기 때문에 주변 사람들의 행동을 무조건 따라 한다. 따라서 부모나 주변의 어른들이 보여준 본보기가 큰 영향을 미친다. 이때의 인간을 어린이라 부른다고 설명했다. 연어에 비유하면, 막 태어나 본능에 따라 넓은 바다로 나가는 것이 최대의 목표인 시기라 할 수 있다.

7~8세 이후부터 여자 나이 28세, 남자 나이 32세까지는 학교를 통해
사회인으로 나아가기 위해 규정과 규칙을 이론과 행동으로 익히며, 학
생이라는 이름으로 불린다. 이 기간 동안 인간은 엄격한 생활의 틀 속
에서 오직 '제한된 자유'만을 누린다. 사회적 약속을 몸소 배우고 행하
여 사회인이 되기 위해 철저한 준비를 하는 단계로 연어에 비유하면,
바다에 적응하기 위해 생존경쟁의 기술을 배우는 시기이다.

학교를 졸업한 후부터 여자 나이 49세, 남자 나이 56세까지는 사회
의 주인공으로서 자기가 활동하는 분야에서 제 몫을 다하며 자신만의
영역을 구축하는 단계로, 사회인 또는 지성인이라 불리며 사회와 법이
허용하는 범위 안에서 무제한의 자유를 누리는 '이성적 자유'의 시기이
다. 연어에 비유하면, 몸집을 불려 건강한 2세를 생산하기 위해 태어난
곳으로 돌아가는 긴 여정을 준비하는 시기이다.

50세 이후에는 사회의 어른으로 불리며, 살아온 동안에 얻은 지식과
지혜를 총동원하여 사회에 봉사하고, 후대에게 물려줄 정신적 자산을
정리하는 한편 북극성과 같은 덕을 발휘하여 타의 본보기가 되는 시기
이다. 연어에 비유하면, 온 힘을 다하여 알을 낳기 위한 보금자리를 만
들고 2세를 위해 자신을 희생하는 시기이다.

조직이 환경 변화에 적응하는 과정은 어떨까? 단기적 관점에서 보면
매출이 늘어났을 때에는 직원을 늘리고, 매출이 줄어들었을 때에는 직
원을 줄이는 것이 대표적인 예가 된다. 식물이 여름에는 잎을 키우고,
가을에는 낙엽을 떨어뜨리는 것이나 우리 신체가 더우면 땀을 흘리고,

추우면 닭살이 돋아 체온을 유지하는 것과 같다.

그러나 장기적 관점에서 보면 기업이 환경에 적응하는 과정은 대단히 역동적이다. 그 내용을 정리하면 [표 5-2]와 같다.

농경시대에는 자연에서 수렵과 채취를 중심으로 소량 생산, 소량 판매가 주류를 이루었다. 산업화시대 초기에는 대량 생산 체제를 기반

[표 5-2] 시대별 환경 변화 적응과정

시대	구분			
	농업	제조업	정보 전달 산업	시장변화
농경시대	자연수렵, 채취	가내수공업 소량 생산, 소량 판매	구전, 인쇄술	물물교환 시장
	경작			
산업시대	대규모 경작	대량 생산 →대량 판매 (생산자 중심)	Broad Casting	Quantity 시장
		품질 중심 → 판매형태 다변화 (소비자 중심)		Quality 시장
	품종 개발	기업 이미지 중심 → CI(MI, BI, VI) (소비자 절대 우위)	Narrow Casting	Co-op Image 시장
지식정보 산업시대	유전자 조작	고객만족 중심 → 고객이 생산에 참여	Point Casting	감성 시장
	맞춤 농업 (첨단 산업)	고객감동 위주 → 고객의 요구에 맞춤	Customer-made Casting	카테고리 Killed 시장
			DMB 시대	
탈정보 시대	식물 에너지	고객이 생산을 유도	SNS	Devox 시장
인성시대	6차가공산업	고객이 생산을 주도	1인 매체	꿈의 시장 문화 시장

으로 공급자 중심의 시장을 구축하였다가 차츰 소비자 중심의 시장을 거쳐 기업 이미지가 제품을 선택하는 주요 변수가 되는 시장으로 바뀌었다.

지식정보화시대에는 농업분야에서 유전자 조작과 첨단 농법이 개발되고, 공업분야에서 제품의 양과 질이 아니라 고객만족을 통해 구매가 이루어지면서 고객이 생산에 직접 참여하게 되었다. 이로써 기업들이 환경 변화에 적응하려는 노력은 극심한 도전을 받게 되었다.

탈정보화시대로 넘어와서는 식물 에너지가 개발되고, 생산에 대한 고객의 참여 요구가 이전보다 훨씬 강해졌다. 그 결과 기획단계에서부터 고객의 요구를 고려한 맞춤형 생산시대가 도래했다. 또한 제품의 기능이 주요 변수로 등장해 환경 변화 적응의 격변기를 맞이한 상태이다.

동식물, 인간, 조직은 이처럼 환경 변화에 적응해야 한다는 공통된 과제를 갖고 있다. 이것은 다음에 설명할 생존경쟁과 밀접한 관련을 가진다

2_ 생존경쟁을 한다

사회생활에서 심리적 압박감을 주는 단어를 꼽는다면, '생존경쟁'은 아주 높은 순위를 차지할 것이다. 현대사회가 생존경쟁을 부추기고, 누구라도 그 구조에서 자유로울 수 없기 때문이다.

이 단어가 주는 압박감에서 탈출하는 방법은 간단하다. 생존生存이라는 단어의 고정관념을 확보하면 된다. 고정관념을 가지고 있으면 해

결책이 나오게 마련이다. 생존이란 사전적으로 '살아서 존재하거나 살아남음'을 뜻한다.

"강한 놈이 살아남는 것이 아니라, 살아남는 놈이 강한 것이다"라는 말을 들어보았을 것이다. 살아남는다는 것은 자신이 존재하기 위해 다른 것으로부터 자신을 보호하는 것에서 출발한다. 태양계는 자신을 보호하기 위해 태양풍으로 외벽을 쌓고, 지구는 자신을 보호하기 위해 방어벽인 자기장을 가지고 있다.

인간은 외부의 위험으로부터 자신을 보호하기 위해 강한 피부를 두르고 있으며, 세포 역시 다른 세포와 섞이는 것을 방지하고 자신을 보호하기 위해 세포막을 형성하고 있다. 이런 현상에서 알 수 있듯이 생존은 독립적이며, 스스로 서는 것이다. 인간은 태어나면서 육체적으로 독립을 한다. 하지만 진정한 독립은 정신체계의 확립과 조화를 이루어야 가능하다.

"당신은 버러지보다 나은 존재인가?"라는 질문을 받는다면, 어떻게 답하겠는가? 아마 대부분은 그렇다고 할 것이다. 이 질문의 의미를 알아보기 위해 당신의 자녀나 동료, 상사나 학생에게 다음과 같이 물어보라.

- 가장 살기 좋은 나라는 어디인가?
- 대한민국에서 제일 좋은 직장은 어디인가?
- 세계 최고의 대학은 어디인가?
- 가장 행복한 가정은 어디인가?

어떤가. 선진국이나 국내 굴지의 대기업, 미국의 대학 이름이 많이 나오지 않았는가. 만약 그렇다면 이 나라에 어른이 있는지, 올바른 교육을 하고 있는지 생각해볼 필요가 있다. 기업의 경영자라면 구성원의 선발과 교육과정을 다시 한 번 짚어봐야 할 것이다.

위의 질문에서 말한 버러지란 일반적으로 벌레나 하등동물을 지칭한다. 우리가 정말 그들보다 나은 존재인지 불개미를 예로 들어보자. 다음은 베르나르 베르베르의 『절대적이며 상대적인 지식의 백과사전』 중의 일부를 발췌한 것이다.

불개미의 생존을 책임지는 여왕개미는 다수의 수개미와 혼인 비행을 한 후 땅속으로 들어가 약 15년 동안 알을 낳는다. 땅속에 틀어박혀 홀로 알을 낳아야만 하는 여왕개미는 먹이를 구할 수가 없게 되면 쓸모 없어진 자신의 날개를 먹어 치우며 알을 낳는다.

그마저도 떨어지면 당장 목숨을 부지하기 위해 제가 낳은 알을 먹으면서 알을 낳는 일을 되풀이한다. 알 하나를 낳은 후 당장 목숨을 부지하고 또 다른 알을 낳기 위해 그 알을 먹는다.

이때부터 여왕개미의 으스스한 산술이 시작된다. 여왕개미는 3개의 알을 낳아 그중 2개의 알을 먹고 하나를 키운다. 하지만 나중에는 그것마저 먹고 다시 3개의 알을 낳는다. 그중 세 번째 알은 좀 더 오랫동안 남겨둔다.

그러기를 몇 차례 되풀이하고 나면, 마침내 개미 한 마리가 알을 깨고 나온다. 이 개미를 무녀리 개미라 하는데 영양이 부실한 탓에 가냘프고 허약하지만, 구멍을 빠져나가 외부에서 여왕개미에게 먹이를 가져다주는 역할을 한다. 이때부터 여왕개미는 신선하고 풍족한 먹이를 먹고 마침내 크고 튼튼한 알을 낳기 시작한다.

이 우수한 품종의 1세대 알에서 깨어난 불개미들이 첫 번째 수행하는 미션은 여왕개미를 먹여 살린 무녀리 개미를 죽이는 일이다. 무녀리 개미는 허약해서 무리를 지킬 수 없을 뿐만 아니라 먹을 것이 없어서 여왕개미가 자신의 알을 먹었다는 슬픈 역사를 알고 있기에 이를 남겨서는 안 된다는 종족보호 본능 때문이다.

불개미조차도 자신이 속한 조직의 강건함을 지키기 위해 이렇게 노력을 한다. 그에 반해 우리는 어떠한가? 앞서 도발적으로 던진 질문의 답변들과 이 내용을 비교해보라. 무엇이 느껴지는가?

답변을 한 사람들은 대한민국과 조국이라는 이름으로 인연을 맺은 지 수십 년이 지난 사람들이다. 그들은 우리 정부가 투자를 유치하고, 관광객을 끌어모으기 위해 전 세계를 상대로 천문학적인 홍보비를 집행한다는 것을 알고 있을 것이다. 그럼에도 불구하고 가장 살기 좋은 나라를 물었더니 어떤 대답이 나왔는가. 과연 그들은 버러지보다 나은 존재인가.

우리는 수십 년 동안 교육을 받았지만, 적과 아군조차 구분하지 못한다. 지식은 배웠으나, 어디에 어떻게 사용해야 할지 배운 적이 없다. 총 쏘는 법은 배웠으나, 총구를 어디에 겨눠야 하는지는 모르는 것이다. 축구 경기에서 자책골을 넣고도 무슨 짓을 했는지 모른다면 이를 어떻게 해석할 것인가.

좋은 직장, 최고의 대학, 가장 행복한 가정을 물었던 질문의 답변 역시 이와 크게 다르지 않을 것이다. 공동의 목표를 달성하기 위해 직원들이 자부심을 가지고 한마음 한뜻으로 전력투구를 해도 생존을 장담할 수 없는 불확실성의 시대를 우리는 살고 있다. 이런 상황에서 조직원들이 다른 회사를 최고의 직장이라고 생각하고 있다면 얼마나 기가 막힌 일이겠는가.

대학들이 치열한 선두 다툼을 하는 상황에서 정작 재학생들은 미국에 있는 A대학이 최고라고 생각하며 모교를 경시하고 있다. 어디 그뿐인가? 어려운 여건 속에서도 자녀에게만큼은 새로운 인생을 펼쳐주고 싶어 부모가 온갖 노력을 기울이고 있건만, 정작 자녀들은 다른 집을 부러워하며 자신의 부모를 부끄럽게 여기고 있다.

이런 우매한 행동을 하고도 부끄러워하지 않는 이유는 무엇일까? 생존경쟁에 대한 고정관념을 가지지 않았기 때문이다. 이것은 정작 교육 안에 교육이 없다는 방증이며, 교육을 단순히 지식의 전달이라고 생각하는 이 사회의 바보 같은 애늙은이들이 저지른 폐해이다.

생존경쟁의 논리를 몸에 익혀야 한다. 그렇지 않으면 마차를 말 앞에 매어 놓은 꼴이 된다. 마차를 몸 앞에 매어 놓은 말이 어떻게 달릴 수 있겠는가. 다른 말이 달리는 모습만 바라보며 평생 패잔병으로 살아갈 수밖에 없다. 생존경쟁의 논리를 아는 것은 이렇게 중요하다.

최근 많은 대학의 취업 캠프에서 인성교육을 해달라고 요청을 받는다. 강연을 하고 난 후 캠프의 가상면접을 지켜보노라면 대학생들이 "뽑아만 주신다면 목숨 바쳐 일하겠습니다", "뽑아 주시면 회사를 위해 제 모든 것을 걸겠습니다"라는 말을 남발하는 것을 볼 수 있다. 현실을 직시하지 못한 면접교육 때문이다.

한 번은 H라는 대기업 인사 담당자와 대화를 하다가 놀라지 않을 수 없었다. 인사 담당자가 신입 사원 면접에서 "가장 좋은 회사가 어디입니까"라고 질문을 했다고 한다. 그랬더니 그 대답이 가관이었다. 대부분이 S사, L사 등의 기업들을 꼽았던 것이다.

가장 좋은 회사라고 여기지 않는데 그 기업에 입사한들 얼마나 열심히 일을 하겠는가. 인사 담당자는 눈물을 머금고 대부분을 탈락시켰다고 한다. 인간과 조직의 생존경쟁 논리를 알지 못해 취업현장에서 자신이 수년 동안 쌓아온 실력을 내보이지도 못하고 고배를 마신 대표적 사례이다.

종족의 생존을 위해 불개미가 희생을 감수하는 것과 우리가 빈번히 저지르는 자기비하와 상대를 우러러보는 것을 비교해보라. 그것이 왜 위험하며, 조직의 특성에서 생존경쟁이 왜 큰 비중을 차지하는지 알 수 있을 것이다.

앞에서 레몬이라는 말만 해도 우리 몸이 순식간에 화학공장으로 변해 입속에 침이 고이는 것을 확인한 바 있다. 이것을 자성예언이라 했다. 하지만 일상생활에서 자성예언의 위대함을 스스로 무너뜨리는 경우를 너무나 쉽게 발견할 수 있다.

가령 식당에서 김치찌개를 주문해놓고 이렇게 말하는 사람이 있다. "○○에 가면, 김치찌개 잘 하는 집이 있는데, 죽여줘. 며칠 전에 다녀왔거든"이라거나 "지난번에 오색약수터 근처의 김치찌개 집을 갔는데,

약수로 만들어서 그런지 맛이 예술이더라"라고 하면서 다른 식당 음식이 최고라고 하는 사람 말이다.

그러면 이 사람의 몸은 어떻게 반응할까? 그 말을 하는 순간 주문한 김치찌개를 맛 없는 것으로 인식한다. 이런 사람은 우리 몸의 오묘함을 알지 못하는 사람이다. 스스로 음식을 맛 없는 것으로 만들어 놓고 시간과 돈을 허비하는 우매함을 내보이고 있는 사람이다.

식사 한 끼에서 보여주는 우매한 행동은 그나마 자신의 건강을 해치는 데 그치지만, 생존경쟁의 기본 틀을 갖추지 못한 조직원은 조직 전체를 위험에 빠뜨리고 나아가 조직의 파멸을 초래한다. 옛 어른들이 '버러지만도 못한 놈'이라고 꾸짖는 이유를 알겠는가?

내가 사는 나라, 내가 속한 조직, 내가 다니는 학교, 나와 사는 가족의 가치와 중요성을 인식하지 않거나 우선시하지 않는 것은 내 조직을 형편없이 만드는 것이다. 그뿐만이 아니다. 나 자신 역시 쓸모없는 존재라는 것을 알리는 창피한 행동이자 자신을 하찮은 조직의 일원으로 만드는 어리석은 행동이다.

꽃집에 있으면 꽃향기가 온몸에 스미게 마련이다. 반면 쓰레기 더미 속에 있으면 쓰레기 냄새가 온몸에서 진동하는 것은 당연하다. 자신이 속한 조직을 하찮은 조직으로 만든 사람이 그 안에서 자신의 능력을 인정받고, 귀한 인물로 대접받기를 기대할 수 있겠는가?

인성교육의 부재로 이런 일이 종종 벌어지는 것을 본다. 창피한 일이 아닐 수 없다. 창피하다는 말은 외형적으로는 의관을 제대로 갖추지 않은 것을 뜻하며, 정신적으로는 옳고 그름, 적과 아군조차 구분하지 못하는 것을 의미한다. 죄수복에는 허리띠가 없다. 의관을 마무리 짓는 허리띠가 없는 이유는 창피함을 느끼라는 것이다.

모든 동식물이 움직이는 기본 원리는 생존경쟁에 따른 것이다. 생존 경쟁은 자신의 가치를 스스로 먼저 세우고, 적과 아군을 구분하는 것에서 출발한다. 이 말은 상대방을 적대시하라는 것이 아니다. 자신이 속한 조직에 대한 소속감을 확실히 가져야 한다는 의미이다.

그러나 적과 아군을 구분하지 못하는 경우가 의외로 많다. 해외 경기의 중계권을 따기 위해 국내 방송사들끼리 벌이는 제 살 깎기 경쟁, 해외 영화 수입업자들끼리 서로 가격을 올리는 부끄러운 집안싸움, 해외 브랜드의 판매권을 따기 위해 국내 대행사들끼리 벌이는 로열티 인상 경쟁 등이 대표적이다.

어디 그뿐인가? 국내 기업들은 판매 부진에 허덕이는데 유명 연예인이 걸친 외국 제품이 큰 뉴스라도 되는 것처럼 호들갑을 떠는 우리 언론의 모습은 또 어떤가? 친절하게 브랜드명과 가격까지 알려줘 엄청난 홍보효과를 가져다주고 있지 않은가? 이런 현상을 비판 없이 받아들이는 대중들은 또 어떤가? 악순환의 연속이라고 해도 과언이 아니다. 과연 어디서부터 엉킨 매듭을 풀어야 할 것인가?

집안에서 천대받는 아이는 밖에서도 푸대접을 받게 마련이다. 따라서 어떤 경우라도 세상에서 가장 살기 좋은 나라는 대한민국이어야 하고, 선망의 대상인 직장은 내가 다니는 회사여야 한다. 마찬가지로 제일 좋은 집은 우리 집이어야 하고, 제일 멋진 배우자는 내 배우자여야 한다. 또한 제일 좋은 명품은 국내 기업 제품이어야 한다. 그래야 위대한 조국, 좋은 직장, 좋은 가정, 세계적인 명품 브랜드가 탄생하고, 자성예언에 의해 최고가 될 수 있다.

자신의 가치를 스스로 높이려는 마음을 '자존심自尊心'이라 하고, 자신의 능력을 믿고 자랑스러워 하는 마음을 '자긍심自矜心'이라 한다. 이를 바탕으로 다른 조직, 다른 국가와 비교했을 때 경제적·환경적으로는 약간 부족한 부분이 있어 다소 부담이 되더라도 스스로 짊어지고 자신의 가치가 최고라고 확신하는 마음을 '자부심自負心'이라 한다.

인간을 만물의 영장으로 만들고, 어떤 고통이나 불편한 환경 속에서도 뜻을 세워 자신을 빛나게 할 수 있었던 가장 큰 원동력은 자부심에 있다. 자부심은 기업과 사회에서 요구하는 인재의 첫 번째 조건이자 부모님, 선생님, 조직의 장, 이 사회의 어른들이 정확히 알고 전파해야 할 생존경쟁의 또 다른 이름이다.

자부심을 가진 조직원들은 자신이 속한 학교, 회사, 국가에 대해 자신만이 행사할 수 있는 고유 권한이 있다. 일반적으로는 월급을 받고, 자기를 계발해 자아실현을 하는 것 등을 생각하지만, 이는 지극히 소극적인 권리에 지나지 않는다.

조직원이 가지는 최고의 고유 권한은 사표Resignation이다. 사표란 조직원이 자신의 조직과 고용계약 때 했던 사인sign을 다시Re 철회하는 것을 말한다. 따라서 사표를 행사하기 전까지는 어떠한 경우라도 자신이 속한 조직에 대해 자부심을 가지고 행동하는 것이 생존경쟁을 올바르게 이해한 지성인의 기본 자세이다.

3_ 부분과 전체가 일치한다

인체와 동일하게 작동하는 조직의 특성을 설명하면서 인체의 기본은 세포이며, 조직의 기본은 개인이라고 설명했다. 의학분야에서는 세포 하나에 인체의 모든 비밀이 숨어 있을 뿐만 아니라 땀 한 방울, 머리카락 한 올, 손톱 하나, 피 한 방울을 통해 모든 것을 알 수 있다고 한다.

이러한 논리로 조직원 한 사람이 전체를 대변하는 원리에 대해 알아보자. 먼저 질문을 하나 던진다.

"사람의 눈은 왜 두 개이고, 얼굴 윗부분에 위치하는가?"

어떻게 답하겠는가? 그 이유는 DNA 때문이다. 길을 걷다보면 할아버지를 닮은 손자, 아버지를 닮은 아들을 볼 수 있다. 비슷한 외모는 유전자 정보를 지닌 DNA디옥시리보 핵산에 의해 만들어진다. DNA는 심부름꾼 역할을 하는 RNA리보핵산를 시켜 Cell세포을 합성케 함으로써 몸을 완성한다.

DNA가 자신의 몸을 복사하여 RNA에 전달하고, RNA가 자신을 복사하여 세포를 만드는 것을 '복사하여 전달한다'고 하여 '전사작용'이라고 한다. 즉 DNA → RNA → Cell로 이어지는 전사작용을 통해 아주 작은 수정란 하나가 인간의 모습으로 탄생하는 것이다.

이 과정에서 아주 특이한 현상이 발생한다. DNA가 RNA를 시켜 세포를 합성하였으나, 그 세포가 또다시 DNA를 만들어내는 경이로운 반복이 그것이다. 모든 정보의 집합체인 DNA가 그의 자식뻘인 세포를 합성했으나, 그 자식이 다시 부모를 생산하는 오묘한 일이 우리 몸에서 일어나는 것이다. 현대의학에서 머리카락 한 올, 피 한 방울, 손톱 한

[그림 5-2] 개체와 계통의 순환도

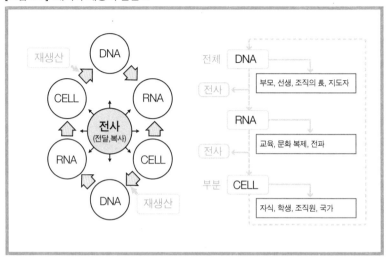

조각으로 그 사람의 모든 정보를 알아낼 수 있는 이유가 여기에 있다.

이런 현상을 '부분이 전체를 대표한다'라고 표현하며, 학술적으로는 '개체가 계통의 진화를 반복한다'라고 한다. [그림 5-2]를 보면 부분과 전체가 연결되는 과정을 쉽게 이해할 수 있다.

실생활에서 이런 현상의 예를 찾아보자. 가정에서 자녀가 올바르게 성장하면, 엄마 친구의 아이라는 의미로 '엄친아'라 불리게 된다. 그 부모님도 부러움과 존경의 대상이 된다. 그러나 자녀가 잘못을 저지르면 어떻게 되는가? 개차반이라는 소리를 듣는다. 개차반이란 개똥을 우아하게 표현한 것이다. 자식이 똥이 되면 부모는 무엇이 되는가. 자녀 교육의 책무를 무겁게 새겨야 하는 대목이다.

조직에서도 마찬가지이다. 조직원 한 명이 좋은 일을 하면 회사도 좋은 기업으로 인정받는다. 반면에 조직원 한 명이 불법행위를 저지르면 기업 이미지도 추락한다. 흰 쌀밥에 콩 3알이 들어가는 순간 콩밥이라고 분류되는 이치이다. 어느 누구도 흰 쌀밥에 콩 3알이 실수로 들어갔다고 헤아려주지 않는다. 콩 3알 때문에 콩밥이라는 이름표를 달게 된다. 조직원에 대한 교육과 기업문화를 통한 올바른 인성함양이 왜 중요한지 말해주는 대목이다.

"어물전 망신은 꼴뚜기가 시킨다", "하나를 보면 열을 안다"라는 속담이 있다. 우리는 제한된 정보로 상대방을 파악하고, 판단한다. 이것은 부분과 전체가 일치한다는 가정하에 이루어진다. 상대방을 완전히 파악하려면 엄청난 시간과 비용이 들기 때문이다. 대표적인 경우가 서비스 만족도 평가이다.

고객들에게 "A항공사의 서비스가 어땠습니까?"라고 물으면 "좋다", "보통이다"와 같이 답한다. 그 근거는 무엇일까? 보다 정확하게 평가하려면 예약, 발권, 탑승 수속, 기내 서비스, 운항 등 약 10가지 과정을 모두 체험한 뒤 종합적으로 판단해야 마땅하다.

그러나 고객들은 서비스를 제공한 몇 명의 직원을 근거로 전체 서비스를 평가한다. 특히 항공 서비스의 꽃인 기내 서비스 부문은 수천 명의 승무원들이 제공하는 모든 서비스를 받아보아야 정확한 판단을 할 수 있지만, 실제로는 자신이 탔던 비행기에서 서비스를 제공했던 승무원의 태도를 보고 좋다, 나쁘다라는 평가를 내린다.

고객들은 단지 전화 예약을 받고, 발권을 도와주고, 탑승 수속과 기내 서비스를 제공한 각각의 직원을 보고 전체를 평가한다. 100명의 직원이 잘했다고 해도 1명의 직원이 실수를 저지르면 무용지물이 된다.

고객에게는 실수를 저지른 1명의 직원이 회사 전체이기 때문이다. 이것은 교육과 조직문화를 통해 조직원을 훈련시키는 것이 얼마나 중요한지를 단적으로 보여주는 예이다.

한국인이 해외 관광지에서 추태를 저지른 사건이 언론에 자주 등장한다. 여기에도 부분이 전체를 대표한다는 조직의 논리가 적용된다. 한두 명의 한국인이 잘못된 행동을 저지르면, 현지인들 사이에서는 한국 관광객 전체에 대한 안 좋은 이미지가 퍼지게 마련이다.

상대방에게 흥미를 느끼거나 긴밀한 관계를 맺고자 할 때, 다음과 같은 질문을 통해 정보를 수집한다.

- 어느 집안 출신인가?
- 어느 학교를 졸업했는가?
- 누구를 스승으로 모셨는가?
- 어디에서 근무했는가?
- 누구의 추천인가?

이런 질문을 하는 이유는 그 사람이 속한 조직을 알아내 그곳 분위기와 그곳 출신의 사회적 평판을 참고하여 그 사람을 평가하려는 데 그 목적이 있다. 일부 정보를 통해 전체를 파악하려는 것이다. 조직생활을 하다 보면 은연중 자신이 속한 조직의 문화에 젖어 행동하기 때문이다. 따라서 부모님, 선생님은 물론 조직을 운영하는 사람이라면 이것을 염두에 두고 반복해서 교육을 해야 한다. 그래야 부분으로 인해 전체가 손해보는 일을 막을 수 있다.

본보기를 보이는 것도 대단히 중요하다. 자신의 본보기가 후학이나 후대, 직원들에게 그대로 전해진다는 것을 감안해 책임감을 느껴야 한다. 어른의 본보기를 잘 수행했는가에 대한 엄중한 반성이 필요하다는 뜻이다. 선조들이 "아이들 앞에서는 찬물도 함부로 마시지 마라"라고 했던 말의 무거움을 알아야 한다.

4_ 신진대사를 한다

신진대사는 생물학적으로는 몸이 새 성분을 만들고 노폐물을 배설하는 생리작용, 영양분으로 몸의 성분을 만드는 합성과정, 물질을 분해하거나 에너지를 생산하는 분해과정을 포함한다. 음식을 이빨로 잘게 부수는 이화작용, 위胃에서 그것을 받아들이는 동화작용, 찌꺼기를 내보내는 배설작용의 전 과정이 신진대사인 것이다.

인체와 조직의 작동원리가 일치하는 것을 함축적으로 표현한 것이 "조직은 사람이다"라고 했다. 그런 의미에서 법인이라는 단어는 새겨볼수록 오묘하고 깊은 뜻을 가진다.

신진대사는 일반적으로 묵은 것이 없어지고, 새것이 생기는 현상을 말한다. 손톱이나 머리카락은 잘라도 계속 자란다. 노화된 피부각질도 떨어져 나가면 새것이 돋는다. 몸안의 장기도 일정 기간을 두고 새로이 바뀐다. 심지어는 인체의 뼈도 7년마다 완전히 새로운 것으로 바뀐다.

그런데 태어난 후의 신진대사보다 더 놀라운 것은 태어나기 전의 신진대사이다. 조직의 세 번째 특성인 '부분과 전체가 일치한다'를 떠올려보라. DNA가 RNA를 시켜 세포를 합성한다는 것을 사실은 이미 설명한 바 있다. DNA의 역할을 좀 더 자세히 살펴보자.

한 손에는 5개의 손가락이 있다. 그러나 태아가 만들어질 때부터 5개는 아니었다. 임신 3개월까지는 그저 둥그런 세포 덩어리에 지나지 않는다. 그후 DNA가 80%의 세포를 차례차례 제거하고 20%의 세포를 활용하여 5개의 손가락을 만든다. '프로그램된 세포의 죽음programmed cell death', 또는 '세포예정사'라고 하는 것으로, DNA가 불필요한 80%를 버리고, 나머지 20%를 활용해 정상적인 신체를 만드는 과정을 말한다.

어디 손가락만 그러한가? 인체에 있는 모든 기관이 이 과정을 거친다. 인체가 완벽하게 만들어지고 제 기능을 발휘하려면 80%를 버리고, 20%를 취하는 선택과정을 반드시 거쳐야 한다. 조직도 동일한 과정을 거치는데, 이를 '조직의 쓴맛'이라고 표현할 수 있다.

천리마가 시장에서 주인을 기다리고 있다고 가정해보자. 장군이 선택하면 그 말은 전쟁터를 누비며 자신의 능력을 발휘해 '적토마'라는 이름으로 역사에 남을 것이다. 그러나 소금장수가 선택해 소금마차를 끌게 하면 하룻밤에 천 리를 달리는 능력은 아무 소용도 없게 된다. 아무리 뛰어난 말이라도 결국 그 능력을 살려주는 것은 말의 주인이다.

사람도 마찬가지이다. 좋은 자격증과 스펙을 가졌다 해도 용처를 결정하는 것은 그를 관찰하고 평가하는 상사이다. 문제는 상사의 평가기준이다. 조직을 운영하면서 경험한 수많은 시행착오를 바탕으로 만들어 놓은 정답이 있다.

조직에서 상사들이 사람을 선택할 때 가장 중요시하는 기준은 예의범절을 갖추었느냐는 것이다. 여기서 '예의'란 사회생활을 위해 기본적으로 갖춰야 할 정신체계를 의미하며, '범절'이란 예의를 겉으로 표현하는 행동체계를 말한다. '예절'이란 예의범절의 준말로서, 예절을 갖추었다는 것은 인간의 도리를 알고 조직이나 사회 구성원으로서 기본적인 자격을 갖추었다는 의미이다.

예의범절이 이처럼 가장 중요한 덕목으로 꼽히는 이유는 무엇일까? 아래의 질문에서 답을 찾아보자.

- 질문1_ 도둑과 도둑질의 관계: 도둑이라 훔쳤는가, 훔쳤기 때문에 도둑인가?
- 질문2_ 나무와 열매의 관계: 좋은 나무라서 열매가 열렸는가, 좋은 열매가 열려서 좋은 나무인가?
- 질문3_ 인간의 올바른 행동 관계: 올바른 인성을 갖추었기에 바른 행동을 하는가, 바른 행동을 하기 때문에 인성을 갖추었다고 말하는가?

일반적으로 질문1에는 도둑질을 했으므로 도둑이라는 답이 나올 것이다. 질문2와 질문3에는 좋은 나무와 올바른 인성 때문에 좋은 열매와 올바른 행동이 뒤따른다는 답이 나올 것이다. 무엇이 잘못된 것인가?

1번의 답이 틀린 것이다. 도둑의 기질이 숨겨져 있었기 때문에 도둑질을 한 것이다. 기질은 언젠가는 겉으로 드러나게 되어 있다. 우리 사회가 입을 모아 인성을 강조하는 이유가 여기에 있다. 예의범절을 갖추는 것은 인성 구축의 기본이다.

사회생활이나 조직에서 예의를 갖추지 않았을 경우 어떤 일이 벌어질까? 영어를 잘하고 컴퓨터 사용능력도 뛰어난 '컴돌이'의 예를 통해 알아보자.

'컴돌이'는 자신의 실력이 출중하다는 것을 믿고, 주변 사람을 무시하거나 다른 사람에게 회사에 대한 불만을 거리낌 없이 떠들고 다닌다. 당신이 회사 대표라면 어떻게 하겠는가? 처음에는 '컴돌이'를 잘 가르쳐서 올바른 직원으로 만들려고 할지도 모른다.

하지만 그런 노력에도 불구하고 반성의 기미가 없거나 같은 행동을 반복하면 당장 해고하려고 할 것이다. DNA가 정상적인 손가락을 만들기 위해 불필요한 80%의 세포를 잘라냈듯이 말이다. 그렇지 않으면 '컴돌이'로 인해 조직 전체가 피해를 볼 수 있기 때문이다.

그러나 업무 공백이 우려되기 때문에 당장은 자르지 않고 대체 인력을 찾을 것이다. 실력은 좀 떨어지지만 인성을 갖춘 '인돌이'로 하여금 일정 기간 동안 '컴돌이'의 업무를 배우게 하거나 '인돌이' 하나로 부족할 것 같으면 '삼돌이'까지 붙여서 업무를 익히게 할 것이다.

시간이 지나 '인돌이'와 '삼돌이'가 '컴돌이'의 업무를 대체할 능력이 생기면 곧바로 '컴돌이'를 해고하고, 두 사람을 그 자리에 투입할 것이다. 그 후 '인돌이' 혼자 업무를 담당할 능력이 생기면 '삼돌이'를 원래 자리로 복귀시켜 완전한 직무 교체를 이룰 것이다.

실제로 이런 일은 많은 조직에서 빈번히 이루어지고 있다. 박사학위 소지자나 전문기술 보유자, 명문대 출신의 수재들 중에서 예의를 갖추지 못한 까닭에 자신의 실력을 제대로 발휘하지 못하고 도태되는 경우가 얼마나 많은가.

이처럼 능력이 뛰어나도 예절을 갖추지 않으면 도태될 수밖에 없는 현상, 이것을 '조직의 쓴맛'이라 한다. 흔히 이 말을 불순한 폭력조직에서 배신을 했을 때 당하는 보복쯤으로 알고 있지만, 실제로는 조직이 지닌 아주 근본적이고도 절실한 생리를 나타내는 표현이다.

여기서 무엇보다 중요한 것이 상사의 역할이다. 상사인 당신은 '컴돌이' 때문에 조직이 위험하다고 판단해 '인돌이'와 '삼돌이'를 투입했다. DNA가 80%의 불필요한 세포를 죽여 제대로 된 신체기능을 유지하는 것과 매우 흡사하다. 상사를 조직의 DNA라 부르며, 중요성을 강조하는 이유도 바로 여기에 있다. DNA가 90%의 세포를 제거하면 손가락이 부족한 손이 되고, 60%만 제거하면 합지증이나 다지증이 발생하듯 조직이 순기능을 하도록 제거 대상을 선정해 과감하게 잘라내는 것이 상사의 의무이자 책임이다.

한편 범절을 갖추지 않았을 경우에는 어떤 문제가 발생할까? 범절은 행동체계이다. '행동이 잘못 되었다고 해서 설마 심각한 문제가 발생할까?'라고 안이하게 생각한다면, 잘못된 식사 습관 때문에 자신의 미래를 망친 '김 과장'의 예를 통해 반면교사를 하기 바란다.

'김 과장'은 대학을 졸업한 후 고속 승진을 거듭한 끝에 실무 책임자의 자리에 올랐다. 어느 날 경영자를 모시고 업무차 거래처 담당자와 식사를 하게 되었다. 하지만 그날 이후 '김 과장'은 경영자의 외부 업무에 동행할 수 없었다. 잘못된 식사 범절 때문이었다.

'김 과장'은 후루룩 소리를 내며 음식을 먹는 습관이 있었다. 이 소리는 상대방에게 불쾌감을 주기에 충분했다. 이로 인해 거래처와의 업무 협상이 순조롭지 않았다. 부분이 전체를 대표한다는 논리에 의거해 거래처 담당자는 '김 과장'과 경영자를 똑같은 수준으로 평가해 기업에 신뢰를 보내지 않았다. '김 과장'의 잘못된 식사 습관으로 회사 이미지가 추락한 것은 물론이다. 이후 경영자는 '김 과장'을 귀하게 쓰고 싶어도 회사를 대표해 외부에 내보내지 않았다.

당신이 경영자라면 어떻게 하겠는가? 식사 범절조차 갖추지 못한 사람에게 회사의 중책을 맡길 수 있겠는가? 결국 '김 과장'을 대신할 사람을 찾을 것이다. 그렇게 하지 않는다면, 당신 회사는 위험한 회사이다. 사소한 식사 습관 하나가 개인은 물론 조직에 엄청난 결과를 초래할 수 있기 때문이다.

올바른 식사 습관은 하루아침에 만들어지는 것이 아니다. 어린 시절 밥상머리에서 어른들의 매섭고도 철저한 훈육 아래 몸으로 익혀야 실생활에서 행동으로 나타난다. 올바른 식사자세야말로 가정에서 기본적으로 해야 할 인성교육의 시작이다.

많은 사람들이 인성이 중요하다고 말을 하면서도 정작 인성에 접근하는 구체적인 방법은 외면하고 있다. 인성은 추상적인 것이 아니라 정확한 공식이 있다. 기본적으로 한글을 깨우치기 위해서는 자음과 모음을 알아야 하고, 수학을 공부하기 위해서는 구구단을 외워야 하는 것과 같다. 인간이 직접 관여할 수도 없는 별들의 움직임조차도 오랜 세월 동안 관찰을 통해서 법칙을 알아낸 인간의 지혜가 아닌가.

인성도 기본 원칙이 있으며, 인간이 속한 자연의 작동 원리를 바탕으로 구성되었다는 것만 인식한다면 생활 속에서 인성교육은 자연스레 이루어질 수 있다. 식사 범절뿐 아니라 인성을 갖춘 사회 구성원으로서 마땅히 지켜야 할 행동의 기본 원칙은 무수히 많다. 이에 대한 내용은 제7장 '인성 행동'에서 자세히 설명할 것이다.

예의범절을 중시하고, 조직의 규칙을 지키는 것은 기본 중의 기본이다. 신진대사를 한다는 조직의 특성은 조직의 성공 여부가 구성원의 학식이나 기술이 아니라 예의범절에 있음을 말하고 있다. 지혜로운 이들이 인성의 중요성을 강조하는 것도 이와 같은 맥락이다.

5_ 협조하며 공생한다

우리 몸은 12개의 기관계로 구성되어 있다. 피부계통, 뇌와 신경계통, 감각계통, 골격계통, 근육계통, 내분비계통, 심혈관계통, 면역계통, 호흡계통, 소화계통, 비뇨계통, 생식계통이 그것이다. 어느 것 하나 필요치 않은 것이 없다. 이것들은 제각기 맡은 바 역할이 있으며, 서로 유기적으로 연결되어 있다. 각 기관끼리 조화를 이루어야 우리 몸은 비로소 정상적인 작동을 한다.

단, 전제조건이 있다. 기관별 독립이 그것이다. 독립이 없는 협조와 공생은 불가능하다. 독립을 하지 못하면 상호간에 협조를 통해 공생을 하는 것이 아니라 일방적인 지원을 통해 기생할 수밖에 없다.

'생존경쟁을 한다'에서도 설명했듯이 세포는 세포막으로 자신을 보호한다. 각각의 세포가 살아가는 데 필요한 에너지는 세포 속의 발전

소인 미토콘드리아에서 만들어진다. 세포는 이 에너지의 6~70%를 외부의 침입을 막거나 밀어내는 데 사용한다. 세포는 자신을 우선 독립시킨 후 나머지 에너지 30%를 가지고 다른 세포와 협조하여 공생한다.

한 세포가 주변 세포와 서로 팽팽한 긴장상태를 유지하는 것은 생존본능의 발로이다. 한쪽 세포가 제 기능을 발휘하지 못하면 전체가 균형을 잃는다. 대표적인 예가 구안와사라는 얼굴 근육이 한쪽으로 쏠리는 안면마비 현상이다. 오른쪽으로 쏠린 구안와사로 한의원을 찾아가면 왼쪽을 치료한다. 왼쪽 세포가 외부의 침입에 팽팽한 긴장상태를 유지하지 못하고 오른쪽 세포에 흡수되었기 때문이다.

인간이든 조직이든 모든 것은 이렇게 서로 연결되어 있다. 세포 하나하나가 중요하듯이 조직원 한 명 한 명을 소중히 여기고, 잠재능력을 발휘하도록 해야 하는 이유가 여기에 있다. 그리고 조직원 자신도 자기계발을 통해 스스로 독립을 유지해야 한다. 그래야 경쟁력을 갖춰 조직 내에서 생존할 수 있다.

2장에서 한 인간이 태어나기 위해서 온 우주가 움직였다는 것을 배웠다. 그러나 이 사회의 애늙은이들은 우주의 기운으로 만들어진 개개인의 잠재능력을 억누르는 실수를 빈번하게 저지른다. 대표적인 것이 다음과 같은 말들이다.

- 원대한 꿈을 가져라.
- 이 세상에 이루지 못할 것은 없다.
- 칭찬은 OO도 춤추게 한다.

- 남을 배려하면 성공할 수 있다.

많은 사람들은 이 문장들이 잠재능력을 키워주는 격려의 말이라고 생각할 것이다. 하지만 오히려 반대현상을 불러오는 말이자, 잠재능력과 가능성을 위축시키는 치명적인 말임을 알아야 한다. 부모님, 선생님, 사회의 지도층이 다음과 같은 말을 입버릇처럼 하는 것을 당신은 들어왔을 것이다.

- 훌륭한 사람이 되어라.
- 성공한 사람이 되어라.
- 기둥이 되어라.
- 주인공이 되어라.
- 스타가 되어라.
- 착한 어린이가 되어라.

이런 말들이 듣는 사람에게 독이 되고, 깊은 상처를 준다고 생각해본 적이 있는가? 이런 말을 습관적으로 들어온 어린이, 학생, 조직원은 훌륭한 사람, 성공한 조직인, 사회의 기둥이 되어야 한다는 강박관념에 시달리게 된다. 그리고 그것을 성취하지 못하면 실패한 인생이라는 자괴감에 빠지게 된다.

앞에서 되어 가는 꼴인 성의 개념을 설명하면서 자연현상을 거슬러 새싹의 껍질을 벗겨버림으로써 그것들을 죽음으로 몰아가는 조장의 무서움에 대해 언급했다. 이 사회의 철없는 어른들이 이러한 말로 젊은이들의 미래를 조장하고 있다. 이제부터라도 스스로가 자신의 위대함과 가능성을 깨우치도록 지원을 해야 한다.

당신의 집을 보라. 기둥이 몇 개인가? 일반적인 집은 4개면 충분하다. 기둥 외에도 바닥, 벽, 창문, 지붕 등이 있어야 집 모양이 갖춰지고 제 기능을 발휘한다. 철없는 어른들은 기둥으로만 이루어진 집을 지으려 한다. 기둥만 수백 개인 집을 상상해보라. 뜻 있는 사람들이 학교에서 우열반을 나누거나 회사에서 핵심인재를 별도로 육성하는 것에 대해 우려를 나타내는 이유가 여기에 있다.

우리 사회는 흙이 되어 바닥을 지키는 능력이 출중한 아이들에게까지 이러한 말들을 통해 기둥이 되라고 강요한다. 자존감도 형성되지 않은 아이들에게 사회의 기초적 역할을 무시하라고 가르치고 있는 것이다. 그러니 어떤 일이 벌어지는가. 기둥이 될 자질이 부족하다고 스스로를 열등한 존재로 여겨 자신의 장점마저 포기한다.

조직에서도 마찬가지이다. 핵심인재 육성 프로젝트가 대표적인 예이다. 몇 명의 핵심인재를 육성한다고 천명하면, 나머지는 스스로 언저리 인재라고 생각함과 동시에 저항심리가 발동해 방관자적 자세를 취하거나 자포자기해 그저 시간만 때우고 월급날만 기다리는 조직원으로 전락한다. 이로 인해 조직의 경쟁력과 생산성이 떨어지는 것은 당연하다.

도대체 무엇이 이렇게 만들고 있는 것일까? 인간과 조직의 기본적인 특성조차 제대로 인식하지 못한 잘못된 경영정책이 그 원인이다. 이렇게 확신하는 배경에도 인체의 오묘한 작동원리가 있다.

말은 자성효과를 불러오는 대표적인 도구이다. "훌륭한 사람이 되어라", "성공한 사람이 되어라", "기둥이 되어라"라는 말의 기저에는 '아직 훌륭하지 않다', '아직 성공하지 않았다', '아직 보잘 것 없다'라는 의미가 깔려 있다. 부족한 상태를 미리 인식시킨 뒤 그곳에서 벗어나라는 것이 과연 격려인가? 과연 이것이 생각있는 어른의 올바른 언행인가?

레몬이라고 말만 해도 입안에 침이 고인다는 자성효과에 대해 배웠다. 그 이유는 레몬을 먹었을 때 경험했던 신맛이 뇌에 저장되어 있기 때문이다. 레몬을 먹어보지 않은 사람은 레몬이라는 말을 아무리 해도 입안에 침이 고이지 않는다. 신맛에 대한 기억이 뇌에 저장되지 않았기 때문이다.

우리 몸이 행동하는 데 기본이 되는 생각을 '뿌리생각'이라 한다. 기둥이나 훌륭한 사람, 핵심인재가 되라는 말의 '뿌리생각'은 현재 그렇지 못하다는 것이다. 이미 부정을 해놓고 무엇을 기대하는가. '뿌리생각'이 올바로 갖춰져야 다음에 오는 동작도 올바르다. 현명치 못한 어른들의 잘못된 격려는 '뿌리생각'을 근본적으로 왜곡시킨다.

올바른 인성을 가진 글로벌 리더를 키운다고 대외적으로 자랑하는 학교들이 내세우는 것을 보라. 명문대에 몇 명을 입학시켰고, 취업률이 몇 퍼센트라고 자랑한다. 이 사회의 미래를 책임지고, 협조하며 공생하는 조직의 특성을 이해시켜 지성인을 양성해야 할 국내 교육기관들이 보여주는 이러한 행태를 어떻게 받아들여야 하는가? 적어도 다음과 같은 철학과 자부심을 가지고 운영하는 것이 교육기관의 기본 임무가 아닐까?

"지난 몇십 년간 교육을 통해 올바른 인성을 갖추고, 맡은 바 자기 몫을 다하는 수만 명의 건전한 사회인을 배출한 것이 우리 학교의 자랑입니다."

고양이는 호랑이와 자신을 비교하지 않으며, 생쥐는 코끼리와 크기를 비교하지 않는다. 숲 속의 작은 식물조차도 큰 나무와 비교하거나 우열을 가리지 않는다. 다만 존재할 뿐이며, 주어진 환경에 적응하려고 노력할 뿐이다. 어떠한 경우든 상대평가가 아니라 스스로 절대평가를 해야 하는 이유이다.

사회에 진출하는 이들에게 기둥이 되라고 말한다. 하지만 현실은 어떤가. 모두가 기둥이 되지도 못할 뿐더러 되어서도 안 된다. 기둥만 있는 집은 존재 자체가 성립되지 않기 때문이다.

그러다 보니 기둥이 되지 못한 이들이 기둥서방이 되는 편법을 연구한다. 배우자에게 과다하게 혼숫감을 요구하는 현상이나 잘 나가는 사람에게 기생해 어부지리를 취하는 처세술이 만연하는 현상이 그 방증이다. 한때 달리는 말의 궁둥이에 똥파리처럼 달라붙기만 해도 무언가를 얻을 수 있다는 소위 '똥파리론'이 젊은이들 사이에 회자되었던 것도 이 때문이다.

그런데 정말 안타까운 것은 자식을 대하는 부모들의 태도도 이와 크게 다르지 않다는 데 있다. 100점을 받아온 자녀와 이런 대화를 나누지는 않았는가?

엄마 : 어머, 100점 받았네? 잘했구나. 다른 애들은 몇 점 받았니?

아이 : 거의 다 100점을 받았어요.

엄마 : 그래? (그럼 별거 아니구나.)

아이와 이런 대화를 나누었다면, 반성을 해야 한다. 다른 아이들의 성적보다는 정작 자신의 아이가 최선을 다했는지가 더 중요하다. 최선을 다했음에도 70점을 받았다면, 그것으로 만족해야 한다. 참새가 독수리와 비교하는 것을 보았는가.

자신의 자녀, 학생, 조직원뿐 아니라 주변의 모든 생명체는 절대 가치를 지닌 위대한 존재이다. 그들을 평가할 수 있는 존재는 오직 자신뿐이다. 나의 잣대로 상대를 평가하는 것은 매우 위험하다. 자신을 독립시키는 데 에너지의 70%를 사용해야 한다. 조직 역시 마찬가지이다.

6 _ 정보체계가 완벽하다

정보라는 단어가 가장 요긴하게 사용되는 곳으로 군대를 꼽을 수 있다. 정보란 적정보고의 준말로 '전쟁을 수행하기 위해 수집, 해석, 평가, 분석한 적의 상황 또는 그에 대한 보고'를 말한다. 전쟁을 수행한다는 것 자체가 생존과 독립을 위한 것이고, 그것을 위한 중요한 방편 하나가 정보임을 감안하면 정보는 생존의 또 다른 이름이다.

인간은 생존을 위해 오감을 최대한 활용해 정보를 수집한다. 이것들을 통해 얻어진 정보를 뇌로 전달하면, 뇌는 그 정보를 순식간에 해석, 평가, 분석하여 상황에 적응 또는 대응하기 위한 조치를 해당 기관에 내려보낸다. 이렇게 오감을 통해 뇌로 전달되는 정보를 '보고'라 하고, 뇌에서 해당 기관에 내려보내는 정보를 '지시'라 한다.

인체에서 이루어지는 보고와 지시에는 큰 특징이 있다. 정보 전달이 동시에 이루어진다는 것이다. 가령 손가락을 베여 피가 난다고 가정해 보자. 피가 나오는 것을 보면 곧바로 지혈제를 찾아서 바르거나 밴드를 찾아서 상처 부위를 감쌀 것이다. 필요한 조치를 한꺼번에 취하는 것이다.

이처럼 일사불란하게 작동하는 인체와는 달리 사회생활에서는 비효율적으로 정보를 전달하는 경우가 많다. 다음은 일상생활에서 진행되는 정보의 전달과정을 부모와 자녀의 대화에 빗댄 것이다.

자녀 : 엄마, 잠깐만 나갔다 오겠습니다.

엄마 : 그래? 어디 가니?

자녀 : 진수네 가요.

엄마 : 왜? 무엇하러 가니?

자녀 : 공부하러 가요.

엄마 : 누구랑 가니?

자녀 : 성수랑 가요.

엄마 : 어떻게 가니?

자녀 : 버스 타고 갈 거예요.

엄마 : 언제 오는데?

자녀 : 저녁 10시쯤에요.

이보다 효과적인 대화를 하려면 어떻게 해야 할까? 한꺼번에 정보를 주고받는 훈련을 시켜야 한다. 가령 "얘야, 누구랑 어디 가서 무엇을 하다가 언제까지 돌아오겠으니 허락해달라고 엄마가 궁금해할 사항을 한꺼번에 말하렴"처럼 말이다. 이것은 자녀가 성장해 사회생활을 하는 데 필수이다. 따라서 가정에서 미리 부모님의 지도하에 습관을 들일 필요가 있다.

다음은 일반 사람들이 전화 통화를 할 때의 내용이다.

철수 : 여보세요?

영희 : 네, 여보세요? OOO씨죠?

철수 : 네. 그런데요?

영희 : OOO씨 계십니까?

철수 : 실례지만 누구십니까?

영희 : 실례인 줄 알면서 왜 물어보세요?

이처럼 여러 차례의 대화가 오간 후에야 본론으로 들어가는 것이 보통이다. 여기서 잘못된 것은 무엇일까? 정보를 한꺼번에 주고받지 않았다는 것이다. 일반 전화건 핸드폰이건 전화를 받을 때는 "여보세요?"라는 단어 대신에 자신을 먼저 밝히는 것이 가장 효과적인 접근이다.

전화를 받으면, 곧바로 "네, OOO입니다"라고 하거나 "안녕하십니까? OO회사 OO부 OOO입니다. 무엇을 도와드릴까요?"라고 하는 것이 올바른 전화 응대이다. 어떤 상황에서든 "여보세요?"는 시간 낭비만 불러올 뿐이다.

잘못된 정보 전달 습관은 조직이나 개인에게 치명적이다. 기업은 입사 지원자가 가정이나 학교에서 정보 전달 능력을 이미 체득했다고 판단하고 채용한다. 하지만 이런 능력이 전혀 갖춰지지 않았다는 것을 알면 인력, 장비, 시간, 경비를 투입해 훈련을 시킬 수밖에 없다. 업무 차질은 물론 생산원가 상승을 초래해 제품의 경쟁력이 떨어지는 것은 당연하다. 정보 전달 능력은 이처럼 생존과 직결된다.

1997년 외환위기 당시 국제통화기금IMF은 한국에 자금을 지원하면서 여러 가지를 검토했다고 한다. 이때 한국의 선진국 진입에 의문을 가진 가장 큰 이유가 바로 각 기관과 기업체의 비효율적이고, 체계적이지 못한 정보 전달 능력이었다고 한다. 사소해 보이는 습관 하나가 개인은 물론 국가 경쟁력까지도 약화시키는 요인이 된다는 것을 말해주는 대목이다.

인간과 조직은 정보체계 측면에서도 많은 공통점을 가지고 있다. 그러나 차이점도 존재한다. 인간의 뇌는 따로 알려주지 않아도 태어날 때부터 본능적으로 각 신체기관의 기능을 완벽하게 인지하고 있다. 그래서 필요할 때마다 해당 기관에 즉각 어떤 조치를 취하라고 명령한다.

반면 조직의 상사나 지도부는 조직원들의 특성을 잘 모른다. 그들의 잠재능력을 육성해 적재적소에 배치하는 것이 상사나 지도부의 임무라고는 하지만, 현실적으로 어려운 이유가 여기에 있다. 따라서 조직원은 자신의 능력을 수시로 상사에게 알려야 한다. 그래야 상사가 그 능력을 파악해 적재적소에 활용할 수 있다.

조직의 생존과 독립을 유지하는 데 절대적인 정보의 이동과정과 그에 따른 조직원의 역할 변화를 전쟁에 빗대어 한 번 알아보자. 재래전에서는 전선이 형성되어 있어 지휘관이 후방에서 적군과 아군의 상황을 살피고, 분석한 후 작전 명령을 내렸다. 그러나 현대전은 유격전의 형태로 진행되기 때문에 적군의 위치조차 파악하는 것이 쉽지 않다. 따라서 현장에 있는 아군의 보고에 의존할 수밖에 없다. 지휘관의 임무는 축소된 반면, 현장 요원들의 정보 수집 능력과 보고의 비중이 매우 높아진 이유가 여기에 있다.

　조직도 마찬가지이다. [그림 5-3]에서 보듯 과거의 경영은 정보가 일방적으로 위에서 아래로 내려가는 톱다운Top-down 방식이었다. 하지만 현대의 경영은 아래로부터 위로 올라오는 바텀업Bottom-up 방식으로 바뀌었다. 유격전에서처럼 현장 요원의 정보 수집 능력과 보고의 중요성이 극대화된 것이다. 따라서 이때 정보를 수집해 보고하는 현장 요원은 다음의 3가지 요건을 반드시 갖춰야만 한다.

[그림 5-3] 정보의 흐름

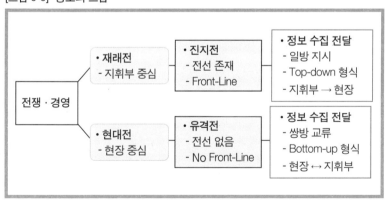

첫째, 보고받는 사람의 입장에서 한꺼번에 알려줘야 한다. 기본적으로 우리 몸이 정보를 전달하는 방법, 즉 지시와 보고를 한꺼번에 주고받는 방식을 취하는 것을 말한다.

둘째, 자신의 판단에 따라 중요도를 결정하면 안 된다. 아무리 하찮은 정보라도 수집한 것은 일단 보고하는 것이 원칙이다. 상사나 수뇌부가 여러 곳에서 입수한 정보를 취합해 분석하면 큰 그림을 그릴 수 있기 때문이다.

셋째, 수시로 알려야 한다. 작은 변화라도 있으면 있는대로, 없으면 없는대로 기회가 될 때마다 보고해야 한다. 상사는 모든 정보를 종합하여 판단하는 위치에 있으며, 제대로 된 판단을 내리기 위해서는 정보가 지속적으로 필요하기 때문이다.

이처럼 정보는 개인과 조직의 생존과 독립을 위한 울타리이다. 그리고 올바른 정보를 습득하고 제대로 보고하는 것은 울타리를 세우는 기둥이 된다.

7_ 종을 번식한다

사람이나 조직이 자신의 임무에 최선을 다하는 이유는 무엇일까? 궁극적으로는 종을 번식하기 위함이다. 다음의 행위들을 들여다보자.

- 수천 킬로미터를 거슬러 자신이 태어난 곳에 알을 낳는 연어의 귀소본능
- 2세를 낳기 위해 일부러 구렁이에게 잡아먹히는 두꺼비의 모성본능

- 자신의 몸을 미끼로 암거미와 교미를 하는 수거미의 본성
- 출산의 고통을 거쳐 어머니가 되는 순간부터 보여주는 강인한 모성

이러한 행위에는 엄청난 고통이 따른다. 그 뒤에 오는 희열이나 기쁨이 없다면, 이런 행동을 반복할 이유가 없다. 싫은 일을 맹목적으로 반복하는 생명체는 이 세상 어디에도 없다. 고통보다 더 큰 희열을 주는 종의 번식이 있기에 고통을 감내하는 것이다. 조직도 마찬가지이다.

그러나 종의 번식에 있어 인간과 조직은 유사점과 차이점을 동시에 가지고 있다. 인간은 2세를 생산함에 있어 기본적으로 '임신 → 출생 → 성장 → 번식'이라는 과정을 거치지만, 조직은 '출생(채용) → 성장 → 번식'이라는 과정을 거친다. 인간과 달리 조직은 이미 성장한 성인을 조직원으로 받아들이기 때문에 임신과정이 생략된다.

조직에서 임신과정이 생략되었다는 것은 부모의 성향과 성장과정을 파악할 수 없음을 의미한다. 그로 인해 입사자들이 가정과 학교에서 수련과정을 통해 고통을 스스로 이겨내는 능력, 즉 인성을 갖추었는가를 확인할 방법이 없다. 어쩌면 모든 조직이 인성을 강조하는 이유는 이 때문인지도 모른다.

이 책의 목적은 인성교육이 추상적인 것이 아니라 구체적인 접근 방법이 있다는 것을 알려 사회적 손실을 예방하고, 기업의 경쟁력, 더 나아가 국가의 경쟁력과 국격을 높이는 데 있다. 이를 위해 조직과 기업이 조직원에게 반드시 제공해야 할 것이 있다. 동물이나 인간이 번식을 마친 후에 느끼는 희열, 즉 지속 가능성이다.

그러기 위해서는 구성원 스스로 어른이 되어야 한다. 오랫동안 조직에 몸담았다가 은퇴한 사람조차 어른이라는 자부심을 가지지 못한다면, 우리 사회는 종의 번식이라는 자연의 순리와 그에 따른 희열을 느끼지 못할 수밖에 없다. 어른의 소명이란 자신의 지혜로움을 다음 세대에 체계적으로 전하는 계승자의 역할이기 때문이다.

그럼에도 불구하고 이 사회의 조직원들은 왜 스스로 어른임을 인식하지 못하고, 참된 어른이 되지 못하는 것일까? 2가지로 설명할 수 있다.

첫째, 어른에 대한 고정관념이 없다.

어른이 무엇인지 모르니 될 수가 없는 것이며, 가야 할 곳을 모르니 나아갈 수 없지 않겠는가. 고정관념을 깨라고 귀에 못이 박이게 들었으나 막상 고정관념이 없는 형국이다.

일반적인 상식이 간과하는 커다란 오류를 살펴보자.

[   ], 고정관념을 깨라.

[   ], 패러다임을 바꿔라.

[   ], 오리발 내민다.

빈칸에 알맞은 문구를 넣어 문장을 완성시켜 보라.

'고정관념을 깨라' 앞에는 '고정관념을 가지고 잘해왔지만, 더 잘하려면'이, '패러다임을 바꿔라' 앞에는 '패러다임이 작동되어 잘되고 있으나, 더 잘하려면'이, '오리발 내민다' 앞에는 '닭 잡아먹고'라는 전제가 있어야 전체 문장이 완성된다.

'어른이 되어라'라는 말 앞에는 '남들이 따라 보고 배울 정신과 행동의 본보기를 익혀'라는 문장이 생략된 것이다. 고정관념이나 패러다임은 생활 속 본보기의 또다른 이름이다. 이미 설명한 어른과 일가견의 의미를 다시 떠올려 보기 바란다.

둘째, 리더에 대한 올바른 해석이 필요하다.

수많은 외래어 중에서 '리더'만큼 심리적 압박감을 주는 단어도 흔치 않다. 사회생활을 하면서 다음과 같은 말을 수없이 들었을 것이다.

- 리더가 되라.
- 훌륭한 리더십을 갖추어라.
- 리더십을 지닌 인재를 육성하라.

리더가 심리적 압박감을 주는 이유는 조직에서 한두 명밖에 될 수 없는 제한된 위치라는 인식과 그 단어가 객관적인 성공을 의미한다는 왜곡된 사고체계 때문이다. 어리석고, 부끄러운 일이 아닐 수 없다. 자신이 정해놓은 생각의 틀로 스스로에게 심리적 압박감을 주는 존재는 인간밖에 없다. 리더라는 단어 역시 인간 스스로 정해놓은 덫에 불과하다.

신입 사원부터 중간 간부, 임원진, 경영자는 물론 이제 막 부임한 새내기 선생님부터 교장 선생님에 이르기까지 사회의 각 직군에 종사하는 사람들에게 이런 질문을 하곤 한다.

"당신은 리더입니까?"

안타깝게도 99% 이상이 자신은 리더가 아니라고 답한다. 자기보다 높은 직급의 상사가 있어 자신은 리더가 아니라는 것이다. 그러면 다시 묻는다.

질문 : 아침에 화장실에 가서 변을 보셨습니까?

답변 : 네.

질문 : 그때 힘을 주셨나요?

답변 : 네.

질문 : 누가 힘을 주라고 했나요?

답변 : 제가요.

질문 : 그럼 이 강의장까지 어떻게 오셨습니까?

답변 : 저 스스로 왔습니다.

여기서도 볼 수 있듯이 우리는 자신의 의지대로 몸을 움직이고, 일을 한다. 그런데 왜 리더라고 생각지 않는 것일까? 리더십에 대한 강의를 수없이 듣거나 수많은 책을 읽었다 해도 리더라는 개념조차 세우지 못했다면 무슨 소용이란 말인가? 자성예언 효과에서 배웠듯이 스스로를 리더라고 생각하면 우리 몸은 자연스레 리더가 될 정보와 자료를 구하고 움직이게 마련이다.

리더에 대해 좀 더 깊이 알아보기 위해 실제로 일어날 수 있는 일을 예로 들어보자.

박 부장이 신입 사원인 홍길동에게 A안을 주며 대학생을 대상으로 한

마케팅 전략을 실행하라고 지시했다. 홍길동은 상사의 지시에 따르는 것이 도리지만, A안이 대학생들의 감성과는 동떨어진 느낌이 들었다. 그래서 몇몇 후배들과 논의를 한 후 A안을 보완해서 B안을 만들었다.

며칠 뒤 홍길동은 박 부장에게 A안의 경과를 보고하며 넌지시 B안을 제시했다. 박 부장은 B안을 살펴본 후 A안보다 더 효과적이라고 판단해 B안을 채택했다.

제대로 된 조직이라면 이런 경우는 흔한 일이다. 신진대사가 제대로 이루어지는 조직이라 할 수 있다. 여기서 대학생을 대상으로 한 마케팅 전략을 누가 리드하였는가? 신입 사원 홍길동이 박 부장을 리드한 것이다.

이렇게 부하 직원이 상사를 리드하는 경우를 무엇이라고 할까? 공무원, 군인, 교육자 등을 비롯해 다양한 직종의 사람들에게 이 질문을 던졌더니 어이없게도 90% 이상이 '하극상下剋上'이라고 답했다. 소위 어른이라는 사람들이 행한 잘못된 교육의 결과이다.

하극상이 무엇인가? 어떤 조직에서 계급이나 신분이 아래인 사람이 부당한 방법으로 윗사람을 꺾어 누르거나 윗사람의 자리를 차지하는 것을 말한다. 홍길동이 한 행동이 과연 부당한 방법인가? 홍길동은 부장의 체면을 지켜주면서도 회사의 발전을 위해 제안을 한 것이다. 박 부장은 스스로 홍길동의 제안을 받아들여 B안을 선택했을 뿐이다.

조직에서 홍길동과 같은 부하 직원이 상사를 리드하여 효과적인 결과를 만들어내는 것을 '보좌補佐'라 한다. 기업들이 젊은 피라는 이름으로 신입 사원을 채용하는 궁극적인 이유는 그들이 가진 참신한 생각과 방법을 동원해 자신의 상사를 보좌하고 리드하라는 데 있다. 일반적인 조직체계의 서열에 매몰되어 스스로 리더임을 인식하지 못하는 조직원에게 보좌라는 이름으로 훌륭한 리더임을 일깨워주는 것이 자성 리더십이며, 이것이야말로 조직이 종을 번식하는 최선의 방법이다.

조직에서 오래 근무한 직원이 퇴직을 하고, 후배 직원이 그 자리를 물려받는 것은 종을 번식하기 위함이다. 이것은 생명체와 조직이 지닌 본능이다. 2세를 생산하는 것이 생물학적인 종의 번식방법이라면, 모든 이들이 스스로 리더임을 자각한 후 무한한 가능성을 현실화시키려고 노력하는 것은 적극적인 종의 번식방법이라 할 수 있다.

모든 구성원들에게 리더라는 것을 인식시키는 것이야말로 리더가 해야 할 최고의 임무이다. 수천 킬로미터를 거슬러 올라와 알을 낳는 연어에게 종족보존의 희열이 있다면, 2세와 후배에게 리더라는 존재감을 심어주는 것은 그 무엇보다도 보람 있는 작업으로서 모든 부모, 선생님, 조직의 장, 사회의 어른들이 최고의 가치로 삼아야 할 과제이다. 이것을 가능하게 하는 유일한 방법이 교육이며, 그 전리품은 진정한 리더십이다.

6장

人 性 工 夫

인성의 다섯 번째 틀 :
조직문화

■ 인성의 다섯 번째 틀 : 조직문화

문화, 모든 것을 지배하는
절대자

1_ 문화란 무엇인가?

1장부터 5장까지 조직의 주인공인 인간의 일생과 계절의 특성을 통해 각 개인의 되어 가는 꼴인 개성에 대해 공부했다. 또한 모든 인간이 가지는 공통된 감정의 얼개를 7가지로 구분하여 알아보았다. 그리고 나와 타인이 관계를 맺어 만들어진 조직의 특성을 인체와 비교한 후 7가지 항목으로 세분화하여 꼼꼼히 짚어보았다.

지금까지의 내용은 어른으로서 갖춰야 할 일가견의 기본 틀 중에서 인성 구축의 외형적인 울타리에 대한 것이었다. 세포로 말하면 에너지의 70%를 사용하여 외부의 침략을 막아냄으로써 스스로 생존하고 독립하기 위한 방법에 대한 것이다. 이제부터는 인성의 울타리 안에서 정신과 행동을 통일시켜 다른 세포들과 협조하고 공생하며 자신의 몸을 꾸려나가는 데 필요한 내적 지혜에 대해 공부할 것이다.

집을 짓는 데 가장 중요한 것이 무엇이라고 생각하는가? 기둥이라고 생각하는가? 아니다. 기둥을 떠받치는 돌_{조석}과 그 하중을 견뎌내는 흙이다. 마찬가지로 조직을 지휘하는 가장 중요한 열쇠는 눈에 보이지는 않지만, 조직을 지배하는 문화이다.

우선 문화의 개념부터 파악해보자. 개념을 정립하는 것은 상황을 올바르게 이해하기 위한 기초 작업이다. 호흡과 혈액순환이 제대로 되지 않으면 건강을 유지할 수 없듯이 단어에 대한 개념이 올바로 서지 않으면, 체계를 세우기란 불가능하다. 개념이란 여러 관념 속에서 공통된 요소를 뽑아 종합해낸 하나의 보편적인 생각체계이다. 조직을 지배하는 문화의 개념을 이해하는 것은 그래서 중요하다.

문화란 사전적으로는 '인간이 자연상태에서 벗어나 일정한 목적 또는 생활적 이상을 실현하려는 활동과정 및 그 과정에서 이루어낸 물질적, 정신적 소득의 총칭. 특히 학문, 예술, 도덕 등 인간의 내적 정신활동의 소산'을 말한다. 여기서 주의 깊게 보아야 할 것이 '인간이 자연상태에서 벗어나'라는 구절이다.

앞에서 7세 이전에는 무제한적인 자유를, 학생이 되면 일정한 규정에 따른 제한적 자유를, 그 이후에는 이성적 자유를 누린다고 배웠다. 이성적 자유를 누린다는 것은 인간이 자연상태에서 벗어났다는 것을 뜻한다. 따라서 문화란 이성적 자유를 누리는 이들에 의해 인위적으로 만들어지는 모든 노력의 총칭이라 할 수 있다.

조직문화, 교통문화, 음주문화, 오락문화 등 수많은 분야에서 회자되는 문화란 바로 이것을 뜻한다. 문화란 누군가의 인위적인 노력에 의해 정해진 행동습관이나 제도가 널리 퍼져 사람들이 그것을 따라 함으로써 만들어진 분위기이다.

종합하면 문화란 인간의 사고, 행동, 생활양식을 지배하고 결정하는 정신적·물질적 기제 중에서 유전적인 요소를 뺀 것을 말한다. 있어도 좋고, 없어도 좋은 것이 아니라 사람과 조직을 죽일 수도 있고 살릴 수도 있는 무서운 힘, 그것이 바로 문화인 것이다.

인간과 작동원리가 같은 조직에게 문화란 어떤 존재일까? 문화가 인간의 유전적 요소를 뺀 모든 것이라 했지만, 조직은 유전적 요소조차 가지고 있지 않다. 따라서 문화는 조직의 전부이다.

문화文化를 단순히 '글 문文'과 '될 화化'의 조합으로 해석하면 오류를 범할 수 있다. '궐월闕越 문文'과 '될 화化'로 풀이하는 것이 개념을 이해하는 데 훨씬 용이하다. '궐闕'이란 대궐, 궁궐같이 일종의 폐쇄된 공간 내에서 특별한 집단을 이루고 사는 사람들을 위한 울타리의 개념이며, '월越'이란 월장, 월담과 같이 울타리를 뛰어넘는 것을 의미한다. 올바른 해석을 위해 문화와 궁궐의 연결고리를 찾아보자.

옛날 임금님이 살던 궁궐에는 고유의 사고방식과 규범이 있었다. 고관대작들은 낮에 궁중의 엄격한 언어와 법도를 준수하여 나랏일을 보다가 밤에 퇴궐하여 집으로 돌아오면, 궁궐에서 보고 배운 법도들을 자연스레 자신의 식구들에게 전달했다.

그리고 그 집에 드나드는 평민들도 고관대작들의 사고방식과 규범을 자연스레 따라 하며 자식들에게 전하게 되었다. 이 과정을 통해 궁궐 안의 품위 있는 사고방식과 규범이 궁궐 밖의 일반인들에게까지 전파되어 모든 이들이 따라 함으로써 비슷한 행동과 사고방식을 가지게 되었다. 여기서 '화化'란 어떤 사고방식과 규범을 많은 사람들이 따라 함으로써 생활 속에 정착되는 과정을 말하는 것으로, 사람이 안정된 자세로 앉아 있는 모습을 형상화한 글자이다.

그렇게 보았을 때 문화는 특정 집단에 의해 생성된 사고방식과 규범이 주변에 전파되어 전체가 비슷한 생각과 행동을 하도록 유도하는 현상을 뜻한다. 이런 분위기를 만드는 것을 문화형성의 기본 과정이라 한다. 이 때문에 '문화에 빠진다', '문화에 젖는다'라는 표현이 설득력을 가진다.

2_ 절대적이고 강력한 문화의 힘

'문화에 빠진다'라는 말처럼 어떤 현상이나 기류가 문화로 형성되어 굳어지면 사람들은 이성적 판단을 하지 않고 그것에 빠져든다. 기성세대가 정한 수많은 관습을 후대의 사회 구성원들이 따라 하는 것을 보라. 문화는 이처럼 강력하고, 절대적이다. 앞에서 장황하게 문화의 개념을 설명한 것도 문화의 절대성을 강조하기 위함이다.

문화의 특성을 좀 더 들여다보자.

첫째, 문화는 보이지 않는 절대자이다.

태어난 후 몇 년 동안을 늑대들과 함께 지냈던 늑대 소년의 이야기를 들어보았을 것이다. 인간의 DNA를 가졌음에도 불구하고 발견 당시 그 소년은 늑대의 울음소리를 내고 네 발로 기어다녔다고 한다. 인간세계로 돌아온 후에도 인간의 언어와 생활방식을 익히는 데 상당한 시간이 걸렸다고 한다.

모든 동식물은 늑대 소년처럼 주변 환경의 지배를 받는다. 강화도의 특산물인 순무를 바다 건너 김포에 심으면 어떻게 될까? 순무 고유의 모습이 사라지고 전혀 다른 형태로 자란다. 앞에서 보았던 도덕경의 문장에서 땅이 식물을 지배하는 것처럼 문화는 인간의 생활방식을 지배한다. 문화가 인간의 유전적 요소를 뺀 모든 것이라고 했듯이 문화는 인간의 모든 것을 지배한다.

두 번째, 문화는 상호 연결되어 있다.

문화는 분만실에서 태어나 장례식을 치르는 인간사의 모든 과정을 연결하는 고리이다. 신체 한 부분이 썩으면 온몸이 영향을 받듯 문화도 부분과 전체가 일치한다. 그래서 한 부서가 무너지면 조직 전체가 영향을 받는다.

세 번째, 문화는 간섭을 싫어한다.

문화는 권력의 속성이 그러하듯 외부의 간섭을 허용하지 않는다. 그래서 모든 문화는 자신의 번영을 위해 배타적이며, 타문화를 종속시키려는 경향을 지닌다. 세포가 자신이 만든 에너지의 70%를 생존경쟁을 위해 사용하고 있음을 배운 바 있다. 여기서 배타적이라는 말은 독립과 생존경쟁의 또 다른 이름이다.

네 번째, 문화는 종을 번식한다.

문화는 종을 번식하려는 인간과 조직의 특성처럼 자신을 확장시키기 위해 끊임없이 다른 영역에 침투하려는 속성을 지닌다. 수많은 외래문화가 국내에 급속히 퍼지는 것이나 한류가 빠른 속도로 전 세계로 퍼져나가는 배경도 생식하고 세습하려는 문화의 특성 때문이다.

다섯 번째, 문화는 낮은 곳으로 임한다.

문화의 추종자인 인간은 쾌락을 추구하는 본성을 가지고 있다. 문화도 마찬가지이다. 접근과 습득이 쉬운 저질형태를 쉽게 받아들이는 경향을 지니고 있다. 음란 비디오 같은 것들이 유행하는 현상이나 악화가 양화를 구축하는 현상 역시 이러한 문화의 특성 때문이다.

여섯 번째, 문화는 이성적이지 않다.

문화는 특정 소수집단의 사고방식과 규범, 생활양식을 주변 사람들이 모방함으로써 형성되는 분위기이다. 특정 소수집단에 한정되고 외부에 전파되지 않는다면 문화로서의 가치를 가질 수 없다.

문화는 또 다른 누군가에 의한 되새김 작용을 통해 그 생명력을 지속적으로 확장한다. 이때 문화를 받아들이는 사람은 이성적인 판단을 하는 것이 아니라 무조건적이고, 맹목적이다. 대표적인 사례가 바로 군중심리이다. 최초로 문화를 창시하는 사람이 기본 틀을 잘 만들어야 하는 이유가 여기에 있다.

일곱 번째, 문화는 강한 것에 약하다.

"강한 자가 살아남는 것이 아니라, 살아남는 자가 강한 것이다."

이는 생존경쟁에 대해 말할 때, 자주 인용되는 문구이다. 살아남으려는 본능은 강한 것을 따라 하려는 욕구를 동반하게 마련이다. 이때 주의해야 할 것이 '모강慕強'과 '사대事大'의 차이를 정확히 이해하고 행동하는 것이다.

모강은 자기 자신이 지닌 고유의 정체성이나 생각의 기본 틀이 없는 상태에서 강한 문화를 무조건적으로 받아들이는 것이고, 사대는 자신의 기본 틀을 확고히 한 상태에서 강한 문화의 강점을 취사선택하여 받아들이는 것을 말한다. 문화의 위력이 절대적인 만큼 모강의 위험 또한 매우 크다 하겠다.

문화의 개념과 특성을 알아보았다. 인간은 물론 최초의 조직인 가정에서부터 학교, 사회, 기업, 단체를 비롯해 가장 큰 조직인 국가까지도 문화라는 우산 속에서 성장을 한다. 문화가 절대적이며, 강력한 힘을 가진 존재라는 것을 다시 한 번 명심하기 바란다.

조직문화는
어떻게 작용하는가?

1_ 조직 이미지 통합 전략

눈에 보이지 않으면서도 강력한 힘을 발휘하는 조직문화는 어떻게 구성되는지 알아볼 차례이다. 이 문제를 푸는 실마리 역시 인간과 조직이 동일한 원리에 의해 움직인다는 것에서 찾아볼 수 있다.

손으로 컵을 집는 과정을 상상해보자. 제일 먼저 눈으로 컵이 있다는 것을 확인한 후 그 컵을 집는 동작들을 하나하나 머릿속에 이미지로 형성한 후 그 이미지에 따라 행동한다. 물론 이 과정은 아주 짧은 시간에 이루어지기 때문에 사람은 그 과정을 별개의 것으로 인지하지 못한다.

인간이 취하는 모든 행동은 이러한 과정을 밟는다. 먼저 이미지를 떠올린 후 그것에 따라 행동한다. 성공학을 강의하는 사람들이 "머릿속에 성공 그림을 그려라", "꿈을 그려라"라고 말하는 이유이다. 이미지는 모든 행동의 안내자 역할을 한다. 이 원칙은 인조인간인 법인에서도 마찬가지이다. 따라서 조직 역시 무엇보다 이미지를 형성하는 것이 중요하다.

그러나 인간과 조직 사이에는 차이점도 있다. 인간은 한 가지 이미지를 생각하면 하나의 몸속에서 모든 세포가 동시에 작동하지만, 조직은 여러 사람으로 구성되어 있어서 동시에 작동하려면 모두가 이해할 수 있는 공동 목표와 행동 지침이 필요하다. 이를 위해 조직을 한마음처럼 움직이도록 하는 방법을 조직 이미지 통합전략CI: Corporate Identity, 조직의 동질성이라 한다.

이미지라는 단어가 없음에도 불구하고 CI가 조직 이미지 통합전략이라고 불리는 이유는 무엇일까? 법인이라는 단어 속에 답이 있다. 법인을 영어로는 Imaginary Person, 즉 이미지 속의 사람이라고도 표현한다.

[그림 6-1] 조직이미지 통합전략

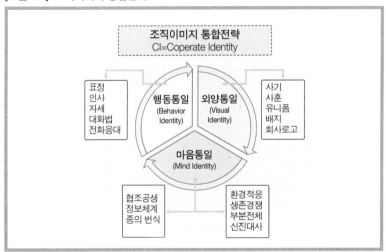

사람의 모든 행동을 이미지가 주도하듯이 조직도 이미지에 따라 움직인다는 의미로 조직 이미지 통합 전략이라는 단어를 사용하는 것이다.

조직 이미지 통합전략은 [그림 6-1]과 같이 3가지로 구성된다. 이것을 파악하면 자연스레 조직의 문화가 어떻게 구성되는지도 파악할 수 있다. 세부적으로 알아보자.

첫 번째, 외양통일Vi, Visual Identity이다.

외양통일은 모든 조직원이 같은 유니폼을 입고, 회사 배지를 달고, 사훈을 익히고, 사가를 부름으로써 외부 사람들이 그들을 독립적인 조직으로 인식하게 하려는 생존경쟁의 논리 때문이다. 이는 세포가 자신을 외부의 침입으로부터 보호하고, 독립체를 이루기 위해 세포막을 형성하는 것과 같다.

두 번째, 마음통일Mi, Mind Identity이다.

마음통일은 모든 것을 조직 중심으로 생각하는 정신체계로, 조직원이 조직의 7가지 특성을 익힌 후 이를 바탕으로 자신이 속한 조직을 바라보는 것을 말한다.

마음Mind이란 무엇일까? "인생에서 가장 중요한 것이 무엇이라고 생각하는가?"라는 질문을 받아보았을 것이다. '당신의 가치관은 무엇이냐?'라는 의미이다. "식민사관이 무엇인가?"라는 질문 역시 '식민지 역사 35.5년을 어떻게 보는가?'라는 말이다.

이처럼 사물이나 대상을 자신의 고유한 판단 근거에 입각해 인식하는 것을 관觀 혹은 마인드라 한다. 그리고 조직원의 마음통일에 있어 가장 중요한 것은 모두가 한마음으로 조직의 기본 특성을 숙지하는 것이다.

하지만 국내 기업들의 경우, CI를 구축함에 있어 마음통일을 간과하는 오류를 자주 범한다. 마음이 통일되지 않았다는 것은 통일된 이미지 형성이 불가능하다는 것을 의미한다. 이미지가 통일되지 않은 상태에서 과연 전 조직원이 일사불란하게 움직이는 것을 기대할 수 있겠는가.

마음통일은 세포막으로 둘러싸인 세포가 외부의 침입을 단호히 물리치겠다는 의지를 나타내는 것과 같다. 인간의 세포가 외부의 침입을 막는 데 70%의 에너지를 쏟아부어 독립을 유지하듯 마음통일은 막대한 에너지를 필요로 하는 작업이다.

세 번째, 행동통일BI, Behavior Identity이다.

외양통일과 마음통일 후 그 원칙에 따라 행동하는 것을 행동통일이라 한다. 마음통일을 외부의 침입을 결사적으로 막아내려는 뜻을 세우는 의지전략이라 한다면, 행동통일은 그것을 실행에 옮기는 실천전략이라 할 수 있다. 행동통일을 이루기 위해서는 인사 자세, 표정 관리, 언어 사용, 고객 응대 기법 등 세심한 부분까지 매뉴얼로 만들어 반복적으로 훈련을 해야 한다.

그러나 국내 기업들의 경우, 마음통일이 제대로 되지 않은 상태에서 외양통일과 행동통일에만 집착하는 오류를 자주 드러낸다. 마음이 통일되지 않으니 말이 통일될 리 없고, 말이 통일되지 않으니 행동이 통일될 리 없다. 따라서 행동을 통일시키려면 마음을 먼저 통일시켜야 한다. 올바른 직원교육이라면 마음통일, 외양통일, 행동통일을 바로잡는 교육 프로그램으로 구성되어야 할 것이다.

2_ 조직문화 형성의 3단계

문화는 누군가 혹은 어떤 조직에 의해 인위적으로 만들어져 여러 사람에게 퍼짐으로써 처음 접하는 사람조차도 아무런 이성적 판단 없이 맹목적으로 따라 하게 만든다.

가령 교통량이 늘어 신호등을 설치했다고 가정해보자. 이때 교통신호를 설계한 사람이 빨간불에 정지하고, 파란불에 나아가도록 정하면 많은 사람이 따라서 함으로써 교통문화로 자리잡는다. '교통신호기 설치 결정 → 신호체계 선정 → 현장 적용'이라는 과정을 거쳐 여러 사람들에게 전파되어 문화로 형성되는 것이다.

조직문화 역시 이와 비슷한 과정을 거친다. 조직문화가 형성되는 과정에는 여러 가지 견해가 있지만, 이 책에서는 '이념 설정 → 영웅화 →

[그림 6-2] 조직문화 형성 모형

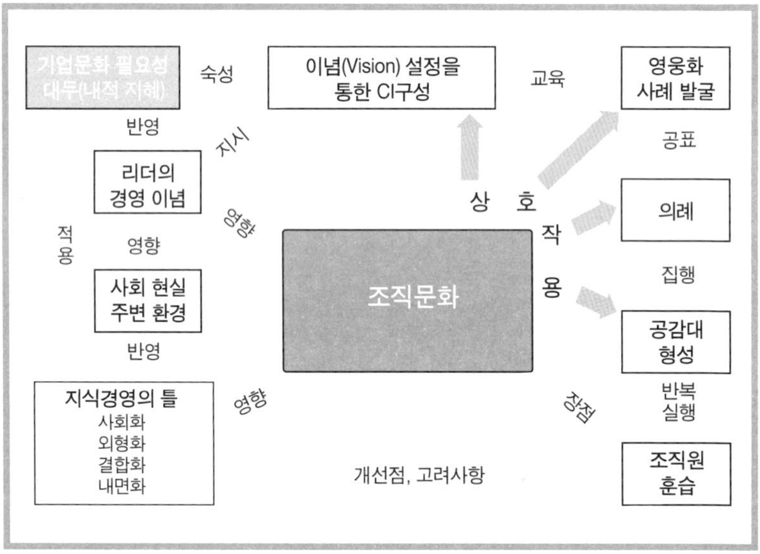

의례' 순으로 진행되는 것을 설명할 것이다. [그림 6-2]는 이 과정을 거쳐 전 조직원이 한 방향으로 나아가도록 하는 과정을 단계별로 보여준다.

1) 첫 번째 단계 : 이념설정

우리 몸이 머릿속에 그려진 이미지를 따라 움직인다면, 조직은 추구하는 이념에 따라 움직인다. 이념이란 무엇일까? 앞에서도 누누이 강조했듯이 조직의 생존열쇠인 독립을 위해서는 조직의 정신적 중심축이 되는 이념의 개념부터 정확히 알아야 한다.

이해를 돕기 위해 역사적 사건을 예로 들어보자.

1969년 7월20일 21시 17분(미국 휴스턴 시간)은 인류에게 역사적인 순간이다. 닐 암스트롱이 인류 최초로 달나라에 첫발을 내디뎠기 때문이다. 당시 미국의 케네디 대통령은 우주개발에 박차를 가해 소련보다 먼저 달나라에 가겠다는 야심찬 계획을 세웠다. 이것이 바로 아폴로 프로젝트이다.

많은 미국인들은 아폴로 프로젝트를 반대했다. 하지만 케네디 대통령은 이에 굴하지 않았다. 그 결과, 미국은 소련을 제치고 인류 최초의 달 착륙이라는 역사적인 순간을 맞이할 수 있었다. 그리고 이로 인해 우주개발 분야에서 눈부신 발전을 이루었을 뿐만 아니라 부산물로 형상기억합금과 컴퓨터의 발명이라는 덤까지 얻었다.

형상기억합금은 니켈과 티타늄의 합금으로, 인공위성에 안테나를 설치하는 방법을 고민하다가 만들어낸 발명품이다. 처음 만들어질 때의 온도를 기억해 전이온도 이하에서 변형을 하고, 전이온도 이상이 되면 다시 이전의 형상을 기억해 그 모습으로 돌아가는 기능을 지닌 금속인데, 이 성질을 그대로 단어화해 형상기억합금이 되었다.

조금 더 쉽게 설명해보자. 인공위성이 우주의 정보를 수집하는 지구 궤도상의 온도는 -41℃이다. 그래서 -41℃의 제작실에서 니켈과 티타늄의 합금으로 안테나를 만든다. 그것을 압축시켜 인공위성 몸체에 탑재해 발사한다. 인공위성이 궤도상에 자리를 잡으면 안테나를 노출한다. 그러면 형상기억합금은 만들어질 당시의 모습으로 돌아가 안테나의 모습으로 완벽하게 퍼진다. 이것이 형상기억합금의 오묘한 작동과정이다.

약 20년 후 일본에서 속옷을 제작하던 사업가가 이 형상기억합금과 브래지어를 결합해 새로운 상품을 개발했다. 브래지어 하단에 36.5℃에서 만들어진 형상기억합금 와이어를 집어넣어 여성의 우아한 곡선을 돋보이게 하는 기능성 속옷을 탄생시킨 것이다. 이 브래지어는 세탁으로 인해 형태가 변해도 몸에 걸치면 다시 본래의 상태로 돌아간다.

이 2가지 예에서 무엇을 느꼈는가? 같은 조건, 같은 물건, 같은 기능이라도 어떤 목표, 어떤 목적, 어떤 생각에 활용하느냐에 따라 결과가 완전히 달라진다. 똑같은 형상기억합금이라도 우주개발을 목표로 했던 사람은 인공위성 안테나를 만들었고, 여성의 미를 추구한 사람은 기능성 속옷을 만들었다. 바로 이러한 생각의 틀을 '이념', 영어로는 '비전Vision'이라고 한다.

이념은 가정에서는 가훈, 학교에서는 교훈, 회사에서는 사훈으로 불리며, 국가의 경우 국시國是라 하며 지도자의 정치철학으로 표현된다. 종교전쟁, 남북전쟁 등도 이념의 차이에서 비롯되지 않았던가. 이렇듯 이념은 개인과 조직, 국가의 미래를 결정하는 나침반 역할을 한다. 이념을 정하는 데 신중을 기해야만 하는 이유이다.

이처럼 중요한 역할을 하는 이념을 정하는 데 고려할 사항에는 3가지가 있다.

첫째, 구체적이어야 한다.

의견의 차이나 해석의 차이를 불러온다면 잘못된 이념이다. 가령 가훈이 "훌륭한 사람이 되자!"라면 훌륭함에 대한 해석이 분분할 수 있다. "정직한 사람이 되자!", "남의 험담을 하지 말자!", "항상 시간을 지키자!" 등과 같이 구체적인 것이 좋다.

기업의 경우 "세계 초일류 기업이 되자!", "글로벌 리더가 되자!", "업계를 선도하는 기업이 되자!"와 같은 사훈이 많다. 초일류, 글로벌 리더, 업계 선도는 업무나 시각에 따라 해석이 다를 수 있다. 이런 경우에는 "고객에게 항상 정직한 기업이 되자!"와 같이 구체적으로 바꿔야 할 것이다.

국가의 경우도 마찬가지이다. '다스린다'는 '다 살린다'에서 유래한 말이다. 다 살린다의 대상은 남녀노소, 배운 이, 못 배운 이, 부자, 가난한 사람, 장애인, 정상인 등 모든 국민을 의미한다. 따라서 국가의 통치이념이 전체를 포용하는 것인지 신중하게 판단해야 한다. 어느 일부 계층을 위한 이념이라면 다 살린다의 정의에 어긋나므로 피해야 할 것이다.

너무나 당연한 말 같지만, 그렇지 못한 경우가 의외로 많다. 주위의 이념들을 떠올려보라. 과연 실현가능한 것들인가.

"인성을 갖춘 글로벌 리더를 키운다!"

많은 대학들이 내세우는 교육이념이다. 이 대학들에게 묻는다.

"인성이 무엇인가? 어떻게 갖출 수 있는가? 글로벌 리더는 어떤 상태를 말하는가?"

아마 쉽게 답변하지 못할 것이다. "자기 분야에서 제 몫을 다하는 인재를 키운다!"가 오히려 실현 가능해 보인다. 세상의 어떤 꽃도 보이기 위해 꽃을 피우지 않는다. 유독 인간만이 보여주기 위해 거짓된 꽃을 피운다. 보여주기 위해 형식적으로 이념을 세우고 맹목적으로 좇아가는 것은 피해야 한다. 이것을 일깨우는 것이 교육의 목표이고, 교육기관의 역할이다.

서로를 배려하며 공생하는 관계를 윈윈win-win관계라고 한다. 하지만 여기에도 허점이 있다. 전체가 유기적으로 연결된 조직 속에서 나와 상대방만 좋으면 된다는 사고방식은 뜻밖의 부작용을 불러올 수 있다.

극단적인 예가 도둑과 장물아비의 관계이다. 둘은 분명히 서로에게 도움이 되는 관계이다. 그러나 둘 사이의 거래는 사회 전체에 독버섯이 된다. 따라서 조직이 이념을 설정하는 과정에서 나와 상대방은 물론 사회 전체에 도움이 되는 윈윈윈win-win-win의 관계인지 신중히 살펴야 한다.

2) 두 번째 단계 : 영웅화

모든 구성원이 한 방향을 바라보고 나아갈 수 있는 정신적 목표인 이념을 정해 선포한 뒤에는 이를 충실히 지켜 조직 전체에 모범이 되는 조직원을 발굴할 필요가 있다. 이 과정을 '영웅화 작업'이라 한다. 영웅을 발굴하여 전 조직원에게 알림으로써 타의 모범이 되게 하는 것이다. 마음통일의 가장 효과적인 방법 중 하나이다.

이 과정에서 필히 고려해야 할 사항이 있다. 시대의 변화에 따른 영웅이라는 개념의 재정립이다. 과거 농경시대나 산업화시대에는 용기를 가진 소수가 영웅이 되었다. 정보가 일부에 국한되어 그들의 활약상이 상대적으로 눈에 띄었기 때문이다.

최근에는 많은 사람이 동시에 정보를 접함으로써 창의력을 가진 불특정 다수도 영웅이 될 수 있게 되었다. 따라서 영웅의 개념과 선발 기준도 이제는 시대의 변화에 맞게 달라져야 한다.

3) 세 번째 단계 : 의례

영웅화 작업을 완료했다면, 선발된 영웅에게 포상을 하는 단계로 넘어가야 한다. 모든 이들에게 영웅의 활약상을 알리고, 그를 따라 하도록 분위기를 조성하는 것을 말한다.

의례 절차와 형식 역시 시대의 변화에 맞게 달라져야 한다. 예전에는 소수의 주인공을 위해 주변 사람들이 들러리로 참여하는 형식이었지만, 최근에는 파티형식으로 진행된다. 누구나 영웅이 될 수 있음을 알리고, 모두가 즐기는 이벤트로 운영되어야 효과를 발휘할 수 있다.

조직문화를 형성하는 3단계 과정을 숙지했다면 [그림 6-2]를 다시 한 번 살펴보라. 사회환경과 조직이 처한 위치에 따라 내·외부의 요구들을 수용하고 리더의 생각을 반영하여 조직문화를 구축하는 과정이 일목요연하게 나타나 있다. 조직의 규모에 상관없이 일정한 공식에 따라 움직이는 것을 알 수 있다. 조직의 창업과 발전에 관한 내용은 8장에서 설명하겠다.

조직문화를 형성할 때
고려사항

문화의 특성을 설명하면서 모강의 위험성을 지적한 바 있다. 자신의 정체성이 없이 맹목적으로 강한 것을 따라 하는 모강은 존재의 독립과 생존경쟁의 포기를 의미한다. 근본이 다름에도 불구하고 남의 것을 무조건 따라 하는 것은 문화의 개념과 위력을 모르는 어리석은 행위이다.

선조들은 '귤화위지橘化爲枳'라는 경구로 그 위험성을 지적했다. '귤이 회수淮水를 건너면 탱자가 된다'라는 의미로, 같은 사람이나 사물도 환경이나 조건에 따라 성질이 바뀐다는 것을 나타낸다. 이는 중국에서 회수라는 강을 사이에 두고 남쪽과 북쪽의 토양과 기후가 크게 달라 귤을 회수 이북에 심으면 잘 자라지 못하고 탱자처럼 조그맣고 딱딱해진다는 데서 유래했다.

강화의 특산물인 순무를 바다 건너 코앞에 있는 김포에 심으면 모습이 전혀 다른 것이 토양 때문이라면, 조직이 되어 가는 꼴이 다른 것은 조직문화 때문이다. 하지만 우리의 현실은 어떤가? 정신적·문화적 독립을 포기한 채 남의 것을 맹목적으로 따라 하는 우매함을 보이고 있다. 이러한 실수를 막고 효과적이고, 지속적인 조직문화를 형성하려면 다음의 3가지를 고려해야 한다.

첫째, 조직문화 형성절차를 숙지해야 한다.

계절이 봄, 여름, 가을, 겨울을 거치듯이 조직문화도 '문화 → 시스템 → 법'이라는 3단계 과정을 거친다.

1단계는 기초 문화 형성이다. 모든 구성원들의 욕구를 조직의 목적과 부합시켜 한 방향으로 나아가게 하려면 인위적으로 방법을 정해 따르도록 해야 한다. 그것을 상징조직이라 한다. 예를 들면 교통량이 적을 때에는 네거리에서 차량 충돌을 피하기 위해 일단 정지한 후 가장 먼저 도착한 차량부터 움직이도록 상호 약속을 정한다. 그 약속을 잘 지킨다면 혼돈없이 아름다운 교통문화가 정착될 것이다.

2단계는 시스템 구축이다. 초기 문화는 형성되었지만 교통량이 늘어나면 혼란이 야기되어 교통 시스템을 필요로 한다. 그래서 빨간 불에 서고, 파란 불에 진행한다는 시스템을 만들어 혼란을 피하고 효율적인 교통 흐름을 유지한다. 대책 없이 은행 창구에서 줄 서서 기다리던 고객들의 불편이 번호표 발급 시스템으로 일순간에 해소된 것을 떠올리면 될 것이다.

3단계는 법 체계의 확립과 집행이다. 시스템으로 질서를 유지하려고 했지만 그것이 지켜지지 않는 경우에는 법으로 처벌해 인위적으로 시스템과 문화의 범주에 들어오도록 한다.

둘째, 상징조작에 신중해야 한다.

기초 문화가 시스템으로 넘어갈 때 제일 먼저 요구되는 것이 상징 조작이다. 여기서 조작은 나쁜 의미가 아니라 전혀 없던 방법을 최초로 만든다는 의미이다.

그러나 잘못된 상징조작으로 엄청난 사회적 손실과 비용을 치르는 경우도 있다. 대표적인 것이 에스컬레이터 사용법이다. 초기에는 오른쪽은 서서 가고, 왼쪽은 걸어 올라가도록 상징을 조작하여 전파했다. 그 결과, 하중이 한쪽에 실려 기계가 자주 고장나자 양쪽 모두 서서 가도록 새롭게 계몽을 하고 있으나 잘 지켜지지 않는 것이 현실이다.

이러한 사례는 각 분야에 무수히 많다. 좌측통행에서 우측통행으로의 변경, 매년 바뀌는 입시제도, 소시민을 울리는 각종 법규의 잦은 개정 등 손꼽을 수 없을 정도이다. 최초에 설정한 상징조작이 잘못 되어 막대한 사회적 비용을 쏟아붓고 있는 것이다. 신중한 상징조작이 절대적으로 필요한 까닭이다.

신중하다는 것은 조심스러워 경솔하지 않는 것을 것을 말한다. 마음을 참되게 하기 위해 언행을 가벼이 하지 않는다는 의미가 내포되어 있으며, 자신만의 올바른 정신체계와 행동체계가 구축되어 있어 그것을 통해 되짚어보고, 도리에 맞는 것인지를 확인한다는 뜻이 담겨 있다. 수차례 강조했듯이 고정된 생각의 틀이 있어야만 신중을 기할 수 있으며, 그 틀을 어른의 일가견이라 한다. 그것을 갖추어야 불필요한 상징조작의 사회적 손실을 막을 수 있다.

셋째, 단기간에 강력히 추진해야 한다.

조직이 새로운 구성원을 맞으면 필히 해야 하는 것이 입사교육이다. 이들에게 조직이념과 그것을 실현하기 위한 상징조작을 빠르게 숙지시켜 진정한 가족으로 만들기 위함이다. 갓 태어난 아기가 냄새를 통해 엄마를 인식하는 기간이 일주일 남짓이듯이, 새로운 구성원이 조직문화를 익히려면 짧고 굵은 형태로 기업 이미지를 심어주는 작업이 필수이다. 기업교육의 중요성을 알 수 있는 대목이다.

위의 3가지는 가정, 학교, 국가에서도 동일하게 적용된다. 그러나 주변에서 벌어지고 있는 문화 형태와 진행 방향은 어떠한가. 올바른 정신체계를 갖추고, 자녀, 학생, 후배들에게 북극성 역할을 하는 어른이 이 사회에 얼마나 존재하는지 안타까운 마음이다.

일제 지배하의 35.5년간을 식민지 시대라 한다. 식민지란 우리나라를 통치하기 위해 일본인民을 심어놓았다는植 것이다. 비록 이 땅에서 그들이 물러가 식민의 역사는 벗어났으나 여전히 그들이 만들어놓은 정신세계의 틀에서 벗어나지 못하고 있는 것은 아닌지 냉정하게 돌아보아야 한다. 게다가 서양문물의 급작스런 유입과 무차별적인 수용으로 인해 문화를 옮겨 심어놓은 식문지植文地가 된 느낌이다.

이제 준비없이 맞이한 정신문화의 혼돈기에 우리 고유의 정신체계로 중심을 잡고 식문지에서 벗어나기 위해 온 힘을 기울여야 할 때이다. 누차 강조하지만 자신의 고유한 정신세계나 문화의 틀이 없는 상태에서 외국문화나 경영기법을 받아들이는 것은 각주구검의 우를 불러올 수 있으며, 그로 인한 사회적 손실은 이루 말할 수 없을 것이다.

다음의 표들은 동서양의 문화적 차이를 크게 7가지로 구분하여 정리한 것이다. 외양적인 차이를 극명하게 드러내는 신체조건, 생각을 다스리는 감정체계, 사물을 바라보는 정신체계, 생활 속의 일상 행태, 조직운영 방법, 교육과 양육의 주안점, 사물이나 현상을 평가하는 기준 등 흔히 겪어서 알고 있음에도 그 중요성이 소홀히 취급되었던 사항이다.

이런 동서양 문화의 차이점을 고려하여 서비스, 조직문화 형성, 고객 마케팅, 리더십, 커뮤니케이션 등의 분야에 접목하면 보다 실질적인 효과를 거둘 수 있을 것이다.

[표 6-1] 신체조건

	동양	서양
손가락	34215	32415
발가락	21345	12345
눈꺼풀	단꺼풀	쌍꺼풀
몸의 중심	허리	엉덩이
소화 기능	긴 대장	짧은 대장
평균 수명	길다	짧다
산후 처리	21일간, 아랫목	냉샤워, 쥬스
노령화	완만	급속

[표 6-2] 감정체계

	동양	서양
근성	정적	동적
감정	감성적, 체면	이성적, 실리
화를 푸는 법	축적 후 동시 탄탈로스	현장 일대 일 처리
표현 방법	달빛(은유)	태양(직설)

[표 6-3] 정신체계

	동양	서양
사고방식	공간적 사고	시간적 사고
	과거인연, 혈연, 지연	현재가 중요
	고향, 재산 중심	인격, 업적 중심
	만남 : 불신의 시작	만남 : 일의 시작
방어기제	다양 : 복잡한 구조	단일 종교 : 기독교
	학교 :서양식 장례 : 혼재 고향 : 삼강오륜 일상생활 : 굿, 점, 무당	단순집행 과정 기독교식 절차
자아개념	우리 중심(inclusive self) 우리 마누라, 우리 집	나 중심(indivisual self) my country, my life
자기인식	찐콩, 메주	날콩
역사관	윤회사관	발전사관

[표 6-4] 생활형태

	동양	서양
숫자 계산	빼기	더하기
주문	단체	개인별
계산서 처리	통째로	개인별
초대	즉흥 대처	철저한 예약
사고 체계	아날로그	디지털
싸움할 때	수비 위주	공격 우선
손가락 셈	보가 10	주먹이 10
부르는 손짓	손바닥 아래로	손바닥 위로
조문	장기 문상	단기 의례
요리	김치(숙성)	샐러드(즉석)
포장	보자기(유연성)	007가방(정형화)
다이어트	굶어서 빼기	먹어서 빼기
식사 사용 도구	숟가락, 젓가락	포크와 나이프
식사 형태	공유, 찌개	개별, 스프
종을 칠 때	밖에서 안으로	안에서 밖으로
치아 사용	앞니 동시 사용	어금니 위주

[표 6-5] 조직 속의 풍경

	동양	서양
회사 정리 순서	배당-비용-사람	사람-비용-배당
해고권	복잡한 절차	상사의 일방적 처리
고용권	대체 고용권 없음	대체 고용권 있음
공사 구분	혼합 형태	엄격 구분
대인 관계	온정주의	매정, 엄격

[표 6-6] 교육과 양육

	동양	서양
혼낼 때	밖으로 쫓아냄	방에 가둠
중점 사항	남과 같이	남과 다르게
	결과 중심	과정 중심
	외형 중점(모방 개념) Safety 정신	기초형성 중점(내실) (창조개념 접목) Venture 정신
보호 기간	30여 년	3달~3년

[표 6-7] 평가사항

	동양	서양
보름달	축제	음산
사건 발생 시	뿌리까지 확인	관련 사항 확인 후 해산
중점부분	남과 같이	남과 다르게
평가	상대 평가	절대 평가
종료 인식	왕복 개념 나들이, 출입구	편도 개념 출구 입구

항목별 차이를 살펴보면 알 수 있듯이 어느 부분은 극명하게 구분이 되며, 또 어떠한 부분은 이미 우리에게 생활화되어 그 뿌리를 혼돈할 가능성마저 있다. 이처럼 문화는 아침 안개를 걷어가는 햇살처럼 때로는 어둠을 몰고오는 석양처럼 인식하지 못하는 사이에 우리를 지배하

는 절대적인 힘을 가지고 있다.

그 힘을 효과적으로 활용하는 방법은 우리만의 굳건한 정신문화를 세워 그것을 바탕으로 판단하고 적용하는 데 있다. 이것이야말로 개인과 가정은 물론 학교, 사회, 조직, 국가 모두가 공통적으로 적용해야 할 생활법칙이며, 그 중심에 일가견을 갖춘 어른이 있다.

7장

人性工夫

인성의 여섯 번째 틀 :
인성 행동

인성의 여섯 번째 틀 : 인성 행동

생각은 말을,
말은 행동을 낳는다

1_ 관계를 형성하는 3가지 열쇠

생각은 말을 낳고 말은 행동을 낳는다. 인간이 가진 생각은 말과 행동으로 나타나며, 상대방은 이를 근거로 관계설정 여부를 결정한다. 그러나 말과 행동이 자신의 의도와 달리 상대방에게 전달되면 어떻게 될까? 둘 사이에 마찰이 생겨 관계가 틀어지거나 깨진다.

그 근본을 곰곰히 따져보면 관계라는 개념에 대한 이해의 부족에서 출발한다. '관계關係'란 대문을 열고 닫기 위해 양쪽을 가로지른 막대기인 빗장關를 연결하는 것係이다. 따라서 관계를 맺는다는 것은 양쪽의 사정을 정확히 알고, 그것을 연결하는 행위이다. 이때 필히 알아야 할 것이 양쪽 문의 생김새와 기능에 대한 정확한 정보이다.

인간관계를 결정짓는 빗장은 바로 생각과 말, 행동이다. 이것들은 인간관계를 창조하는 열쇠로 주문을 외우면 원하는 것이 이루어지는 마법의 힘을 지니고 있다. 아울러 여러 금속이 결합해 가장 강한 제3의 금속이 탄생하듯 생각과 말, 행동도 올바로 결합했을 때 가장 강한 힘을 발휘한다.

2_ 마법을 불러일으키는 3가지 언어

관계를 형성하는 3가지 열쇠는 지식과 지혜로 무장된 언어, 몸짓으로 표현되는 언어, 소리로 표현되는 언어를 통해 발현된다. 이것을 통해 상대방의 속마음을 읽어낼 수도 있고, 나의 속마음을 표현할 수도 있다. 어떻게 활용하느냐에 따라 결과는 천차만별로 달라진다.

[그림 7-1]은 관계를 창조하는 열쇠인 3가지 언어를 도식화한 것이다. 지식과 지혜 언어는 몸동작 언어와 소리 언어를 지휘한다. 몸동작 언어는 의식과 무의식을 넘나들며 자신의 생각을 은연중 상대방에게 전달하는 심부름꾼 역할을 한다. 소리 언어는 자신의 생각을 직접적으로 전달하는 최종 전달자의 역할을 맡는다.

[그림 7-1] 관계를 창조하는 열쇠의 구성

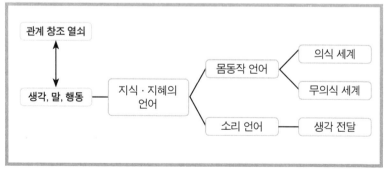

몸동작 언어는 자신과 상대방의 견해 차에 따라 해석이 달라질 수 있지만, 소리 언어는 그 여지가 매우 적다. 따라서 올바른 관계를 형성하기 위해서는 몸동작 언어와 소리 언어로 표현되는 인성 행동을 정리하여 숙지할 필요가 있다.

또 한 가지 중요한 것은 관계를 창조하는 열쇠인 생각과 말, 행동이 자물통과 제대로 결합할 수 있도록 안내하는 것이 습관이라는 사실이다. "아는 것과 행하는 것은 다르다", "습관은 성공한 자의 노예이며, 실패한 자의 주인이다", "알고도 행하지 않는다면, 애초에 모르는 것보다 못하다"라는 말을 들어보았을 것이다. 알고도 실행하지 않는다면 자신을 타성의 구렁텅이로 집어넣는 결과를 불러온다.

습관은 입는 것이다. 흔히 몸으로 익혔다고 표현하는 것들은 수많은 동작을 반복한 결과이다. 의관을 제대로 갖추려면 일정한 순서에 따라 입어야 하듯이 습관 또한 기초적인 것부터 차례대로 몸에 익혀야 품격 있는 향기가 난다. 생각, 말, 행동이 마법을 불러일으킨다면, 그것을 지휘하는 것은 습관이다.

대화 언어 편 :
향기 나는 약, 냄새 없는 독

생각이 소리라는 에너지로 바뀌어 타인에게 전달되는 것을 '언어'라 한다. 그렇다면 보다 효과적이고, 향기로운 언어를 구사하기 위해 지켜야 할 사항에는 어떤 것이 있을까?

첫째, 압존법을 지켜라.

만약 사장이 당신의 상사인 부장의 위치를 묻는다면 어떻게 답해야 할까?

1. 부장님은 지금 외출 중이십니다.
2. 부장은 지금 외출 중입니다.

답은 2번이다. 사장이 부장보다 직급상 서열이 높기 때문에 부장님 이라는 존칭은 격에 맞지 않다. 이런 경우 존댓말을 누른다고 하여 '압존법'이라 한다. 조직은 직급상 서열이 존재하므로 직책을 사용하는 경우에는 압존법을 사용해야 한다.

둘째, 올바른 호칭을 써라.

시댁 어른에게 남편의 호칭은 '○○ 애비', '애기 아빠', '박 서방'이 맞다. 결혼 전에 '오빠'라고 하는 것은 상관없지만, 결혼 후에도 그렇게 부른다면 오해를 불러일으킬 수 있다. 친인척이 아닌 남녀 사이에서 '오빠'는 예전에 기생들이 재정적 지원을 해주던 기둥서방을 일컫던 말이었다. 사용에 주의를 기울여야 한다.

결혼을 했다면 '오빠'라는 호칭은 금해야 한다. '여보', '당신'이라고 부르는 것이 좋다. 만약 어색하다면 '○○ 씨'나 '○○ 아빠'라고 하는 것이 좋다. 남편을 그냥 '아빠'라고 부르는 경우가 있는데, '오빠'와 마찬가지로 기둥서방을 일컫는 호칭이다. '○○ 아빠'라고 반드시 아이의 이름을 넣어서 불러야 한다.

직장 내에서 친근감을 나타내는 의미로 형님, 동생이라고 하는 것은 절대 금물이다. 그러한 호칭을 사용하면 친한 분위기를 연출해 내부 결속은 강화될 수 있겠지만, 제3자에게는 넘을 수 없는 높은 장벽으로 여겨질 수 있다. 외부 세력의 에너지나 지혜를 받아들일 수 없을 정도로 호칭의 울타리가 높은 조직은 근친상간으로 기형아가 출현하는 것과 같은 결과를 초래할 수 있다. 따라서 직장 내에서는 가급적으로 직급이나 직책을 정확히 사용해야 한다.

셋째, 사물에 대한 존칭을 피하라.

"전화가 오셨습니다", "할인이 안 되십니다", "메모가 계십니다", "거스름돈이 여기 계십니다"와 같은 말은 잘못된 것이다. 존댓말은 사람을 대상으로 사용해야 한다. 상대를 받든다고 해서 사물에 존칭을 쓰는 것은 오히려 품격을 떨어뜨린다. 특히 고객을 직접 안내하는 현장 직원들은 이에 대한 철저한 교육과 감독이 필요하다.

넷째, 쓸데없는 단어의 중복을 피하라.

말을 하다 보면 췌언, 즉 군더더기 말을 무의식적으로 사용할 수 있다. 아무런 의미 없이 습관적으로 사용하는 '이제', '정말', '그러니까', '에~'와 같은 췌언은 대화의 집중력을 떨어뜨린다. 특히 '~인 것 같아요'와 같은 표현은 남의 힘을 빌려 생각하고, 판단하며, 행동한다는 느낌을 주기 쉽다. 자신이 무능력하고 나약한 존재라는 것을 상대방에게 인식시킬 수 있다.

'~하도록 하겠다'도 마찬가지이다. 여기서 '~하도록'이란 제3자를 시켜서 일을 하도록 만드는 사역동사이다. 방송에서 사회자나 출연자가 '~하도록 하겠습니다'를 남발하는데, 내가 나를 시킨다는 것은 순리에 맞지 않다. 잘못된 언어습관이 청소년들에게 미칠 영향을 생각하면 아찔하다. 이런 말들은 다음과 같이 바꾸어 사용해야 한다.

- "알아보도록 하겠습니다." → "알아보겠습니다."
- "넘어가도록 하겠습니다." → "넘어가겠습니다."
- "말씀드리도록 하겠습니다." → "말씀드리겠습니다."

언어는 사회적 약속이며, 자신의 품격이다. 모국어에 대한 애정과 올바른 사용은 최고의 경쟁력이다.

다섯째, 부정적인 말을 피하라.

앞에서 타성의 개념과 작동원리에 대해 배웠다. 그러나 이 사회의
부모님, 선생님, 조직의 장, 어른들의 말로 인해 수많은 2세들이 타성
에 젖어 있는 것이 현실이다. 대표적인 말이 바로 '~하지 마라', '~가지
마라', '~하면 안 된다'이다.

다음의 숫자 나열을 보라.

- 1, 2, 3, 4, 6

무엇이 보이는가? 대부분이 5가 없다는 것을 가장 먼저 발견할 것이
다. 1, 2, 3, 4, 6이 있다고 인식하는 경우는 아주 드물다.

우리는 습관으로 인해 타성에 빠지고, 스스로를 실패자로 만든다.
심지어 대화법을 강의하는 사람조차도 Yes맞습니다 다음에 But그러나을
사용해야 하다고 가르친다. 그러나 긍정을 한 뒤 '그게 아니고~'라고
하는 순간 우리 몸은 자성예언에 의해 상대방에게 거부의사가 있다는
것을 즉각적으로 알아챈다.

이런 경우 '맞습니다, 그러나yes, but' 대신 '맞습니다, 그런데 혹시yes, if'
가 맞다. 즉 "그것이 맞습니다, 그런데 만약에 이렇게 하면 어떻겠습니
까?"라는 형태로 긍정을 한 후에 상대방의 의사를 묻는 것이 대화할 때
의 올바른 접근법이다.

'그게 아니고~', '그건 안 되고~'와 같은 말을 사용하면 상대방은 금세

마음의 문을 닫아버린다. 무엇인가 뜻하는 바가 있어 시작한 대화에서 본론으로 들어가기도 전에 상대방이 문을 닫는 결과를 초래하는 것이다. 이 얼마나 손해인가.

따라서 부정적인 단어를 사용하지 않고 대화를 이어나가려면 세심한 관찰과 훈련이 필요하다. 훈련을 하고 나서 대화를 하면, 대화의 결과와 상대방의 평가가 크게 달라진다.

여섯째, 대화를 이어나가는 지혜를 익혀라.

대화란 상대방과 말을 주고받는 것이다. 따라서 지켜야 할 원칙과 도리가 있다. 대화를 통해 상대방을 이해하거나 상대방에게 원하는 것을 얻어내기 위해서는 화제를 자기 중심으로 끌어오는 것을 경계해야 한다. 특히 상대방이 말하는 도중에 자신의 경험과 연결시켜 말머리를 돌리는 것은 반드시 피해야 한다.

가령 상대방의 입에서 해외여행이라는 단어가 나오는 순간, 자신이 언제 그곳에 갔었다고 해보라. 대화가 끊기고, 상대방은 흥미를 잃게 된다. 이런 형태의 말꼬리 잡기, 말허리 자르기는 자신의 이미지와 품격을 떨어뜨려 훈련되지 않고, 세련되지 못한 사람으로 인식하도록 만든다. 그 결과, 상대방은 당신과의 대화를 차츰 피하게 된다.

일곱째, 끝까지 들어라.

인간은 생후 7개월 전까지는 말을 못하기 때문에 듣기만 한다. 그러나 7개월 이후 옹알이를 시작하면 들으려 하지 않는다. 당신이 차분하게 경청하기 어려운 이유도 여기에 있다.

'들을 청聽'이라는 글자는 耳+壬+悳의 구성으로 되어 있다. '耳귀 이'

는 귀를 의미하고, '壬북방 임'은 쫑긋 또는 불룩해진 상태, 즉 임산부의 배妊를 연상하면 된다. '悳클 덕'은 얻을 '득得'이 변해서 된 것이다. 그렇게 보면 경청이란 '귀를 쫑긋 세우고 득이 되는 말을 듣는다'라는 의미가 된다.

상대방과 관계를 맺으려면 우선 상대방에 대한 정보를 입수해야 한다. 그 첫 번째 단계가 듣는 것이다. "잘 듣는 것만으로도 대화는 성공이다"라는 이유이다. 여기서 '들을 청聽'이라는 단어가 덕이 되는 말을 귀를 쫑긋하고 듣는 것이라는 것은 시사하는 바가 매우 크다.

그러나 듣기만 잘 한다고 해서 좋은 관계가 성립되는 것은 아니다. 덕이 되는 말을 해줘야 상대방도 들을 명분이 생긴다. 배려한다는 이유로 쓸모없는 말을 계속 듣는다고 생각해보라. 관계를 더욱 악화킬 뿐이다. 대화를 하는 과정에서 차분하게 경청하는 분위기를 찾아볼 수 없는 이유는 쌍방 과실인 경우가 대부분이다.

인사 편 :
인사는 인상을 바꾸고 인생을 변화시킨다

인사人事는 '사람 인人'과 '섬길 사事'의 조합이다. 상대방에게 섬기는 마음과 존경하는 마음을 행동으로 전달하는 것이 인사인데, 이때 전달되는 것은 섬김과 존경의 에너지, 즉 기氣이다.

인사는 몸동작의 크기에 따라 보통 목례, 약례, 보통례, 정중례로 나뉜다. 몸동작의 크기에는 차이가 있더라도 전해지는 마음의 크기는 같아야 한다.

목례는 비좁은 장소나 화장실 같은 곳에서 눈으로 하는 인사이며, 약례 역시 일반적이지 않은 상황에서 15도 정도 허리를 굽혀 예를 표하는 것이다. 보통례는 약 30도, 정중례는 45도 정도 허리를 숙여 인사하는 것이다.

인사를 할 때 주의해야 할 것이 있다. 시선과 머리의 각도이다. 어떤 인사법이든 머리를 앞으로 꺾는 것은 항복을 의미하므로 실례이다. 허리, 등, 목, 머리 뒷부분을 일직선으로 유지한 채 상황에 맞게 허리를 굽혀 인사를 해야 한다. 특히 여자들의 경우, 머리카락이 앞으로 흘러내리는 것은 큰 결례이다. 활발하게 사회활동을 하는 여성들이 대부분 단발이거나 머리를 묶는 이유를 생각해보라.

인사는 눈으로 확인하는 출퇴근 도장이며, 한 푼도 들이지 않고 상대방을 자기편으로 만드는 최고의 무기이다. 사무실에 출퇴근을 할 때마다 모든 사람에게 정중히 인사를 해보라. 아마 처음에는 어색해할지 모르지만, 당신의 얼굴과 이름을 금세 알고 기억할 것이다.

그렇게 되면 조직 내에서 새로 인원을 선발하거나 새로운 팀을 구성할 때, 비록 소속된 부서가 달라 당신을 잘 모른다 해도 관심을 가지거나 최소한 부정적인 평을 보내지는 않을 것이다. 정중하게 인사를 하는 것만으로도 주변 사람들을 우군으로 만드는 계기가 된다.

인사를 할 때는 어떤 경우든 최대한 정중히 해야 한다. 인간의 눈이 확인할 수 있는 범위는 약 270도이다. 보이지 않는다고 생각해 허술하고, 무성의하게 인사를 하면 상대방도 쉽게 느낀다. 눈의 확인 범위가 생각보다 훨씬 넓다는 사실을 명심하라.

인사를 할 때는 분위기에 어울리는 인사말로 상대방의 주의를 끌고 시선을 맞춘 뒤 허리를 숙이는 것이 좋다. 시선은 상대방과의 거리가 1m 이상일 때는 상대방의 발끝을 보는 것이 좋고, 1m 이내일 때는 양복 상의의 V자 부분을 보는 것이 자연스럽다.

투우 경기를 본 적이 있는가? 투우는 여러 곳의 급소를 가지고 있다. 투우사가 투우를 죽이는데 사용되는 급소는 등 한가운데 있는 우표 크기만한 지점이다. 투우사가 이곳을 순식간에 칼로 찌르면 그 칼이 1m 가량 들어가 심장을 관통해 투우는 죽게 된다.

그러나 투우사가 잘못 찌르면 어떻게 될까? 성이 나 광폭하게 날뛰는 투우의 뿔에 받혀 큰 부상을 입거나 목숨을 잃게 된다. 투우사가 투우를 칼로 찔렀을 때가 바로 서로의 생사를 결정짓는 순간이다. 이 절체절명의 순간을 소설가 헤밍웨이는 '진실의 순간Moment of Truth'이라 표현했다. 이때야말로 서로의 삶과 죽음이 교차하는 순간인 것이다.

상대방에게 인사를 건넬 때, 자신을 투우사라고 생각해보라. 상대방을 진심으로 섬긴다는 마음가짐이 투우사의 칼이다. 이 순간 그를 내 편으로 만들지 못하면 죽는다는 생각으로 인사하는 습관을 길러보라. 진실의 순간을 즐기려고 노력해보라. 자성예언에 의해 투우사의 기품과 향기가 당신을 감쌀 것이다.

표정과 몸동작 언어 편 :
얼굴과 몸으로 그리는 마음의 지도

우리 몸에는 650여 개의 근육이 있고, 얼굴에는 약 80여 개의 근육이 있다. 이중에서 웃을 때는 몸 근육 231개, 얼굴 근육 15개가 사용된다. 찡그리거나 화를 낼 때는 얼굴 근육 72개가 사용된다.

어린아이는 하루 평균 300~600번 정도 웃지만, 일반 성인은 하루 평균 15번 정도 웃는다. 아이들은 온몸을 크게 흔들면서 유쾌하게 웃는 반면 어른들은 그저 "헛헛!" 하고 웃는다.

얼굴 근육은 많이 웃을수록 편안해진다. 웃는 사람과 찡그리는 사람의 얼굴을 비교해보면 쉽게 알 수 있다. 얼굴 근육은 살면서 만들어가는 것이다. 표정에 변화가 없다는 것은 얼굴 근육의 움직임이 줄어들었다는 것을 의미한다. 얼굴 근육이 움직이지 않으면 생명을 다한 것이다.

생각해보라. 당신도 움직이지 않는 것을 죽은 것으로 간주하고 있지 않은가.

1년이 4계절로 이루어져 있듯이 얼굴에도 4계절이 존재한다. 어떤 표정으로 살아가느냐는 당신의 몫이다. 2장에서 공부했듯이 봄, 여름은 물이 충분히 공급되는 시기이다. 가을과 겨울은 물이 줄어드는 시기이다. 자연계에서 물이 줄어든다는 것은 생명이 단축된다는 것을 의미한다.

우리 몸은 70% 이상이 수분으로 이루어져 있으며, 물이 없으면 근육을 움직이는 것이 불가능하다. 굳은 표정을 지어 근육을 최소한으로 움직이는 사람들은 그에 비례해 몸안에 물이 적다. 악순환의 고리처럼 몸안의 물을 사용하지 않으니 몸이 수분을 저장하지 않고, 근육이 움직이지 않으니 표정은 더 굳어갈 수밖에 없다. 우리 몸은 정교한 화학 공장임을 잊지 마라.

화를 내거나 찡그린 표정으로 미간에 내천 자川를 그리는 것이 좋지 않다고 말하는 것은 다음의 2가지 이유 때문이다.

첫째, 자신의 건강을 해친다.

미소를 짓는 것은 건강을 지키는 최고의 행위이다. 장수한 어른들의 얼굴을 보라. 그들의 얼굴에는 웃음이 있다.

얼굴 근육에는 움직임이 있고, 물이 있다. 어린아이가 침을 흘리고, 코를 훌쩍이는 것은 몸안에 물이 많기 때문이다. 따라서 자신을 진정한 리더의 모습으로 가꾸고 싶다면 얼굴에 봄, 여름 분위기를 그려야 한다. 수분이 부족한 가을, 겨울형의 표정은 주변 사람들이 당신을 멀리하기에 충분한 이유가 된다.

얼굴을 찡그리고 있다는 것은 상대방과 싸울 준비를 하고 있다는 뜻이다. 싸움에서의 주된 무기는 주먹과 다리이다. 화가 나면 얼굴이 울그락불그락해지거나 손이 부르르 떨리는 것을 느낄 것이다. 이런 현상이 일어나는 이유는 무엇일까?

혈액의 20%가량을 뇌가 사용하고 있다고 공부한 바 있다. 싸워서 살아남아야만 하는 위기상황에서는 뇌에 있던 피가 무기로 사용할 손발로 급속히 몰리게 된다. 얼굴에서 핏기가 사라지니 울그락불그락해지고, 한꺼번에 많은 피가 손발로 몰리니 부르르 떨 수밖에 없다. 어디 그뿐인가. 뇌 다음으로 많은 피를 사용하는 소화계통에서도 많은 피를 손발로 보내니 소화가 제대로 될 리 없다.

이렇듯 화를 낸다는 것은 이렇듯 건강을 스스로 해치는 가장 강력한 무기이다. 더욱 치명적인 것은 우리 몸이 외부의 공격에는 방어할 면역력을 만들어내지만, 화를 내면 면역력을 무력화시킬 뿐만 아니라 독을 만들어낸다. 이로 인해 이중, 삼중으로 자신의 몸을 망치게 된다.

둘째, 자신의 처지를 옹색하게 한다.

독을 가득 품은 뱀 주변에 다른 동물들이 모이겠는가? 독을 가지고 있다는 것을 모르면 그럴 수도 있겠지만, 많은 동물들은 본능적으로 그것을 알고 피한다.

인간의 경우도 마찬가지이다. 당신이 지금 독을 내뿜고 있다면 누가 다가오려 하겠는가? 화를 내며 쏟아붓는 인간의 침 속에서 여러 명을 동시에 죽일 만큼의 독이 추출되었다는 실험결과가 발표된 적이 있다. 조직에서 상사가 화를 내면 피하는 이유는 그가 독을 품고 있다는 것을 알고 자신을 보호하기 위해서이다.

뱀은 독을 가지고 있다는 것을 외부에 절대로 알리지 않는다. 먹이

사냥이 어려워지기 때문이다. 그러나 인간은 독을 품고 있다는 것을 고스란히 얼굴에 드러낸다. 더욱 심각한 것은 이런 현상이 반복되면 독이 있다는 표식을 미간과 눈초리, 입꼬리에 새긴다는 것이다.

이런 사람에게 어느 누가 관계를 맺기 위해 다가오겠는가? 다른 사람들이 다가오질 않으니 외톨이가 될 수밖에 없다. 그러면 점점 더 화를 내게 되고, 독을 상징하는 표식의 깊이가 점점 깊어져 악순환의 고리에 빠지게 된다.

그렇다면 얼굴 위에 어떤 그림을 그려야 할까? 웃는 모습을 그려야 겠다고 마음을 먹지만, 실제로는 어렵다고 느낄 수 있다. 이것은 습관의 주인인지 노예인지를 결정하는 싸움이다. 습관의 노예라면 껍질을 깨는 것조차 시도하지 않을 것이다. 자신의 목표인 찡그린 얼굴이 이미 그 안에 있기 때문이다.

화를 내고, 그것을 얼굴에 새기는 것이 건강을 해치고, 독으로 둘러싸인 껍질 속에 가두어 자신의 처지를 옹색하게 만든다는 사실을 인식했다면 어떤 표정을 지어야 하는지는 자명하다. 부드러운 표정을 만들려는 행동은 껍질을 깨야 한다는 목표와 용기를 필요로 한다.

어떻게 해야 웃는 표정을 만들 수 있을까? 그 방법은 간단하다. 우선 거울을 보라. 미소를 지으며, 흐뭇하게 바라보라. 처음에는 기가 막혀 웃음이 나올 것이다. 그 얼굴을 보면서 "물기가 차오르는 생기 있는 얼굴이군!"이라고 말을 걸어보라. 자성예언에 의해 얼굴이 곧 반응을 할 것이다.

지금까지 관계를 창조하는 열쇠 중 몸동작 언어를 인사와 표정으로

[표 7-1] 표정을 포함한 몸동작 언어의 종류와 일반적인 해석

몸동작 언어의 종류	해석
눈을 내리뜬다.	부정과 절망, 무관심하다.
눈을 찌푸린다.	짜증이 난다. 반발심이 일어난다.
눈꼬리가 움직인다.	마음이 편치 않다. 거짓말을 하고 있다.
입을 꽉 다물고 있다.	부정한다. 반발심이 일어난다.
고개를 갸우뚱한다.	다른 생각을 하거나 의심한다.
손을 이마에 댄다.	고민스럽다.
손으로 코를 만진다.	마음에 없는 말을 하는 중이다.
눈동자를 좌우로 움직인다.	싫증이 난다. 지루하다.
귓볼을 만진다.	주저하고 있다.
팔 다리를 떤다.	불안정하다.
팔짱을 낀다.	무관심하다. 소극적 방어를 하고 있다. 관망하고 있다.
몸을 뒤로 젖혀 앉는다.	적극적 방어를 하고 있다. 약점을 피하려 하고 있다.
뒷짐을 진다.	서열을 정하려는 의도이다. 권위를 찾기 위함이다.
두 손을 비빈다.	자신이 없다. 마음이 여리다. 허가를 요청하고 있다.
다리를 포개고 앉는다.	동등한 또는 일부 하대를 나타낸다.
몸을 앞으로 다가온다.	적극적인 관심을 보인다.
주변을 살핀다.	화제 전환이나 핑계 구실을 찾는다.

대별하여 알아보았다. 그 외의 것들을 간단히 정리하면 [표 7-1]과 같다. 이 표에는 표정과 함께 몸동작의 일반적인 해석이 담겨 있다. 몸동작 언어와 관련된 자세한 내용은 이어서 나올 '자세 편'에서 상세히 설명하겠다. 이를 토대로 자신의 의도와는 달리 오해를 불러일으켜 관계를 해치는 행동들은 고치려고 노력해야 할 것이다.

자세 편 :
나와 외부를 연결하는 빗장

6장 '조직문화'에서 CI를 통해 이미지의 중요성에 대해 공부한 바 있다. 다른 사람이 당신을 기억하는 것은 당신의 이미지가 상대방의 우뇌 속에 저장되어 있기 때문이다. 여기서 문제가 되는 것은 저장된 이미지가 상대방에게 어떤 평가를 받느냐는 것이다.

생각이 행동을 낳는 과정에서 몸동작은 상대방에게 또 다른 이미지를 제공한다. 사물이나 현상을 해석하여 자신만의 이미지로 전환하는 경로는 사람마다 다르다. 그러나 사람들에게 어떤 자세의 의미가 널리 알려져 있는 경우에 생각없이 그 자세를 취하면 자신의 의지와는 달리 왜곡된 모습으로 상대방에게 전달될 가능성이 높기 때문에 반드시 알아두어야 한다.

몸이 가지는 모양과 태도를 말하는 '자세姿勢'는 개개인의 독립이라는 의미와 깊은 관련을 가지고 있다. '맵시 자姿'는 '다음 차次'와 '계집

여女'의 결합으로, 여인의 첫 번째 덕목이 마음이라면 자태가 두 번째라는 의미로 사용되었다. '권세 세勢'는 '심을 예埶'와 '힘 력力'의 결합으로, 심었던 나무가 힘차게 자라는 모습을 뜻한다. 자세란 몸의 모양과 태도를 갖추어 스스로의 생각을 겉으로 드러내어 외부에 알리는 표식이다.

'머리를 끄덕이다', '머리를 조아리다', '굽실거리다', '발을 동동 구르다', '손을 비비다'와 같은 동작을 보면 어떤 생각이 드는가? 아마 별도의 설명 없이도 상대방의 의도를 읽을 수 있을 것이다. 자세를 통해 상대방이 어떤 마음인지, 어떤 의중을 가지고 있는지 파악할 수 있기 때문이다.

이와 같이 자신의 뜻과는 관계없이 상대방에게 부정적으로 비춰지는 몇 가지 자세에 대해 알아보자.

1_ 팔짱 끼기

상대방을 섬기겠다는 의지가 담긴 정중한 인사가 상대방을 내 편으로 만드는 최고의 방법이라면, 적대감이나 무시하려는 의도가 손톱만큼도 없는데 상대방에게 경계심을 일으키고 거리를 두게 만드는 대표적인 자세가 팔짱을 끼는 것이다. 팔짱을 낀다는 것은 일반적으로 "내가 당신을 찬찬히 뜯어보려고 하니 어디 한 번 얘기를 해보라"라는 의미로 전달될 수 있다.

상대가 자신을 샅샅이 살펴보려는 의도를 가지고 접근하는데 마음이 편할 리 있겠는가? 이런 사람에게 자신의 본심을 드러내고 싶겠는가? 본심을 감추는 관계에서 소통을 기대하기란 무리일 수밖에 없다.

'관계 맺기를 원치 않는다'라는 의미로 빗장을 단단히 걸어 잠그고 상대방을 강 건너 불 보듯 할 때 '수수방관袖手傍觀'이라는 표현을 쓴다. 수수방관은 양손을 반대편 소매에 넣고 제3자의 입장에서 바라보는 것을 말한다. 팔짱을 낀 행동이 상대방의 기분을 나쁘게 만들어 관계를 형성하는 데 방해가 될 수 있음을 알리는 경구이다.

당신이라면 팔짱을 낀 상대방과 두 손을 책상이나 무릎 위에 올려놓은 상대방 중 누구와 대화를 하고 싶겠는가? 중요한 협상 테이블이나 국가 간 주요 회의석상에서 팔짱을 낀 사람을 본 적이 없을 것이다. 부정적인 결과를 가져오리라는 것을 이미 알고 있기 때문이다.

그러나 팔짱을 끼는 행동이 항상 나쁜 것만은 아니다. 때로는 유효한 경우도 있다. 상대방이 싸움이나 시비를 걸었을 때 혹은 마음이 약해 싫은 소리를 하지 못하거나 말하는 것 자체가 부담스러울 때에는 팔짱을 끼는 것만으로도 충분히 좋은 효과를 거둘 수 있다.

2_ 다리 꼬고 앉기

'앉을 좌坐'라는 글자는 옛날에 땅의 중앙을 파고 마주 앉아 이야기를 나누던 모습을 본떠 만들어졌다. 일식당에서 좌식 테이블 밑에 다리를 뻗을 공간을 만들어 놓은 모습을 떠올리면 글자 모양과 비슷해서 쉽게 이해될 것이다.

마주 앉은 자리에서 두 다리를 꼬고 앉는다고 생각해보라. 다리를 꼬고 앉는 것은 팔짱 끼기와 마찬가지로 상대에게 관심이 없거나 상대의 말을 들으려는 마음을 접었다는 것으로 해석된다. 남성이 한복을 입고 다리를 꼰 채 의자에 앉아 있는 모습을 상상해보라. 어울리지 않는 그림이다.

서양문화가 들어와 의복과 생활양식이 아무리 바뀌었다 해도 사람의 정신상태나 사고방식은 쉽게 바뀌지 않는 법이다. 양복을 입었다고 해서 존경하는 사람 앞이나 신성한 의식을 거행하는 장소에서 다리를 포개고 앉아서는 안 되는 이유이다.

사람은 마음이 불안하면 다리를 오그리고 앉게 마련이다. 이 모습을 본떠 만든 것이 '기피하다'에 사용된 '꺼릴 기忌'라는 글자이다. 이것은 몸과 마음이 오그라든 상태를 표현한 것이다. 다리를 꼬고 앉는다는 것은 '내 마음이 불안하다', '기피하고 싶다'라는 생각을 행동으로 표현한 것으로, 관계를 형성하는데 매우 부정적인 결과를 가져오는 요인이 된다.

3_ 소리

모든 동물과 인간, 조직이 생존하기 위해서는 주변의 환경 변화와 상대방에 대한 정보 수집이 필수이다. 정보 수집은 오감을 통해 이루어지지만, 그중에서도 가장 광범위하고 직접적인 것이 소리이다.

가령 호랑이의 울음소리는 자신의 존재를 드러내는 도구이고, 돌고

래의 울음소리는 의사소통을 위한 도구이며, 산짐승의 으르렁거림은 상대를 제압하려는 에너지의 발산이고, 아이의 울음소리는 무엇인가를 요구하는 신호이다. 소리는 이처럼 도움을 요청하거나 상대방을 위협하는 등 여러 수단으로 쓰인다.

소리가 일상생활에서 부정적으로 작용할 때는 어떤 경우일까?

1) 식사할 때 내는 소리 : 당신의 미래를 씹는 도구가 될 수 있다.

인간이 동물과 구분되는 대표적인 것 한 가지를 꼽으라면 도구를 사용한다는 것이다. 인간은 음식을 섭취할 때 도구를 사용하는 유일한 동물이다. 다른 동물과 달리 인간은 머리를 음식 쪽으로 기울이지 않고 먹이를 입으로 가져간다. 이러한 차별성 때문에 인간에게는 별도로 음식문화가 형성되어 있다.

남녀가 처음 만나 서로를 알려고 하거나 사업상 상대방과 차분하게 이야기를 나누려 할 때 일반적으로 하는 제안이 있다. "차 한 잔 하시죠"나 "식사 한 번 대접하겠습니다"이다. 이렇게 차와 식사를 매개로 상대방과 관계를 맺으려는 이유는 조직의 특성에서 이미 설명했다.

새로운 관계나 더 좋은 관계로 발전하기 위해 마련한 식사 자리에서 상대방의 기분을 망친다면, 어떻게 되겠는가? 상대방의 식욕은 물론 성욕까지도 떨어뜨리게 된다. 관계가 망가지는 것은 당연하다.

식사를 하거나 차를 마실 때 반드시 피해야 할 잘못된 인성 행동에는 어떤 것이 있을까? 소리를 포함해 식사 습관에 대해 전반적으로 알아보자.

음식이나 차를 마시면서 소리를 내는 것은 상대방의 기분은 물론 관계를 형성하기 위한 최소한의 분위기조차 망치는 행동이다. 예를 들어보자. 경영자를 모시고 거래처 사장단과 함께 식사하는 자리에서 온갖 소리를 내며 밥을 먹는 당신을. 경영자와 거래처 사장단은 당신을 어떻게 평가하겠는가? 식사 범절이 엉망이어도 계속 당신을 중용할 것이라고 생각하는가? 거래처 사장단은 당신과 경영자를 어떻게 평가하겠는가?

4장에서 전체가 부분을 만들고, 부분이 다시 전체를 만든다고 배웠다. 거래처 사장단은 당신과 당신의 경영자를 도매금으로 판단할 것이다. 경영자가 이러한 식사 범절의 무례함을 인식하지 못한다면, 더욱 심각한 문제이다.

모든 문화는 위에서 아래로 흐른다. 윗물이 더러우면 아랫물도 더럽다. 따라서 올바른 경영자라면 다시는 중요한 자리에 당신을 대동하지 않을 것이다. 그리고 '조직의 쓴맛'을 적용할 것이다. 식사 습관 하나가 당신의 운명을 좌우한다.

숟가락과 젓가락은 나이프와 포크가 아니다. 선조들은 숟가락, 젓가락을 한손에 잡는 것조차 허락지 않았다. 나이 지긋한 중년이 양손에 숟가락과 젓가락을 들고 식사하는 모습을 상상해보라. 우아한 어른이 취해야 할 본보기인가?

양 팔꿈치를 식탁 위에 올려놓고 식사하는 모습을 유심히 보라. 팔을 움직이는 데 제약이 생겨 몸을 숙여 음식을 먹게 된다. 음식 쪽으로 입을 가져가는 것은 동물들이 취하는 자세이다. 이러한 행동은 상대방에게 불쾌감을 줄 뿐만 아니라 등이 저절로 굽는 체형상의 불균형을 가져온다. 어떤 경우라도 단정히 앉아 음식을 집어 입쪽으로 가져오는 자세를 취해야 한다.

넷째, 젓가락으로 반찬을 휘젓는 모습

젓가락으로 반찬을 휘젓다가 마음에 드는 것만 가져오는 것은 나머지 반찬을 값어치 없는 것으로 만드는 행동이다. 밥상에 마주 앉은 사람에게는 심한 결례가 된다.

다섯째, 앉자마자 식사를 하는 모습

미물도 나름의 의례가 있다. 하물며 만물의 영장인 사람의 경우엔 어떻겠는가. 모두 앉은 뒤에 제일 윗분이 숟가락를 드는 것을 확인한 후 식사를 시작하는 것은 식탁에서 인간이 지켜야 할 최소한의 식사 범절이다.

여섯째, 먼저 식사를 마친 후 뒤로 물러나는 행동

상대방과 관계를 맺기 위해서는 세심한 배려가 필요하다. 시작이 같았으면 끝도 같아야 한다. 식사를 할 때도 주위 상황을 살펴가며 속도를 맞춰야 한다.

상대방이 식사를 마치고 뒤로 물러나 당신이 밥 먹는 모습을 지켜본다고 생각해보라. 식욕은 인간의 본능이지만 밥 먹는 모습이 아름답고, 우아한 사람을 만나기는 쉽지 않다. 반대로 해석하면 올바른 식사

자세를 갖추면 그만큼 개인의 매력은 커질 것이다.

2) 큰 소리로 건배 구호 외치기

우리는 모임에서 수많은 구호를 외친다. 같이 모인 사람끼리 단합된 모습을 보이기 위한 것이다. 건배 구호는 그 자리에 있는 사람들이 들을 정도면 충분하다. 그러나 필요 이상으로 큰 소리를 내는 사람이 많다. 밀폐된 공간이라면 상관없겠지만 타인에게 피해를 준다면 문제가 된다.

큰 소리로 내는 구호는 자신의 조직이 지닌 열등감을 감추려는 의도에서 비롯된다. 진정한 맹수는 절대 소리를 내지 않는다. 조용히 다가갈 뿐이다. 집을 잘 지키는 충견은 절대로 짖지 않는다. 가만히 지켜보았다가 도둑이 담장을 넘으면 바짓가랑이를 물어서 쫓아낼 뿐이다. 자고로 힘없는 동물들이 큰 소리를 내는 법이다. 실력을 갖춘 성숙한 조직은 조용하다.

3) 생활 속의 소리

변화가 없는 것은 죽어가고 있는 것이다. 환자들을 보라. 그들의 맥박은 일정하다. 혈압 차가 있다는 것은 건강하다는 증거이다. 체온이 주변 온도와 같으면, 죽은 목숨이다. 생명을 유지하는 활동은 36.5℃를 유지하기 위해 주변과의 온도 차를 극복하려는 데에서 출발한다.

소리 역시 마찬가지이다. 인간은 자신의 존재를 알리기 위해 제각기 다른 목소리를 가지고 있고, 각기 다른 소리를 낸다. 그러나 생활 속에서 만들어내는 소리가 상대방의 기분을 해친다면 소음이 된다.

생활 속에서 피해야 할 소리에는 어떤 것이 있을까?

첫째, 공공장소에서 전화할 때와 대화할 때 내는 소리이다.

대중교통을 이용할 때 나는 엔진 소리나 바퀴 소리 등은 귀에 그리 거슬리지 않는다. 자연적인 소리이고, 특별한 내용이 없기 때문이다. 그러나 그보다 작은 소리지만 대화를 하거나 전화를 할 때 나는 소리는 귀에 거슬린다. 자신과 관련이 없지만 듣고 해석하려는 본능이 발동하기 때문이다. 이럴 때는 되도록이면 작은 목소리로 짧게 해야 한다.

대화를 할 때 크게 소리를 내는 것은 자신이 설익은 인간임을 주변에 알리는 행위일 뿐만 아니라 다른 사람들이 보내는 나쁜 기운을 일시에 받는 자해행위이다. 자신도 모르는 사이에 다른 사람에게 화를 불러일으킬 수 있다. 화를 내는 사람의 침 속에서 여러 사람을 죽일 수 있는 독이 검출되었다고 하지 않았는가. 생활에 편리함을 주는 문명의 이기가 오히려 자신을 해치는 무기가 되는 이유는 어른들이 제대로 된 가르침을 전하기 않았기 때문이다.

둘째, 걸을 때 신발 끄는 소리

걸어다닌다는 것은 생존경쟁에서 자신을 지켜냈음을 의미한다. 생존이 최고의 목표인 자연법칙에서 보자면 자신의 움직임을 외부에 알리는 것은 결코 현명한 행동이 아니다. 신발을 끄는 것은 자신의 주의력 결핍을 만천하에 공개하는 것이다. 언제든 상대방의 공격 목표가 될 수 있을 뿐만 아니라 대응능력이 없음을 알리는 행위이다.

조직 처세 편 :
슬기로운 조직 적응

처세술을 설명하기 위해 영어 단어를 이용해 보자. 남들과 사귀면서 세상을 살아가는 법이라는 의미의 처세술을 영어로는 the Art of Living 생활의 예술, the Secret of Success in Life 삶의 성공비밀, Office Politics 사무실 정치학라 한다. 이중에서 '사무실 정치학'을 주목하라.

세상 사는 지혜를 정치와 접목시키면 아주 새로운 개념이 탄생한다. 정치는 다스림의 미학이다. 다스림이란 다 살린다에서 파생된 단어로, 모두를 살린다는 뜻이다. 인체로 본다면 머리에서 발끝까지, 집안으로 보자면 모든 식구, 조직으로 보자면 조직원, 국가로 본다면 남녀노소, 배운 이, 못 배운 이, 장애인, 정상인, 가난한 자, 부자 모두를 살린다는 뜻이 된다.

'바를 정政'과 '다스릴 치治'가 결합된 데서 알 수 있듯이 정치란 이념을 중심으로 실천을 유도하여 모든 이들을 편안히 살 수 있도록 하는 것이다. 여기서 모든 이들이란 자신이 속한 조직의 상사, 동료, 부하들은 물론 주변의 모든 사람을 포함한다.

일상생활에서 모든 이들을 살리기 위한 현명한 처세술을 상황별로 알아보자.

1_ 회의 : 상사를 격려하는 자리

일반적으로 조직 내의 의사결정은 회의를 통해 이루어진다고 알고 있다. 그러나 실상은 그렇지 않다. 대부분의 회의는 요식행위나 통과의례에 불과하다. 결론이나 결정이 이미 내려진 상태에서 통보를 위한 절차가 회의이며, 실제로 그렇게 진행하는 것이 효과적이다. 비록 그렇다 해도 참여할 때 다음의 기본 자세는 반드시 지켜야 한다.

첫째, 필기도구와 노트를 반드시 지참하라.

회의시간을 귀중한 순간이라고 생각하라. 어떤 회의에서든 배우고 참고해야 할 사항이 있음을 상기하고 기록하는 습관을 가져라. 천재의 기억력을 능가하는 것이 몽당연필이라고 하지 않던가.

둘째, 끊임없이 끄덕여라.

정보를 얻는 방법에는 5가지가 있다. 눈으로 사물을 보고, 귀로 소리를 듣고, 코로 냄새를 맡고, 혀로 맛을 보고, 손으로 만져보는 것이 그것이다. 그중에서 가장 일반적인 것이 눈으로 보는 것이다.

그래서 생활에서 가장 빈번하게 쓰이는 언어 패턴도 눈에 관한 것들이다. 예를 들면 "내가 보기엔 괜찮다", "남들이 보기엔 어둡다", "가서 보니까 아니다"와 같이 보는 것 중심의 표현이 대단히 많다. 따라서 상대방의 눈을 통해 자신의 존재를 알리는 것은 대단히 중요하다.

이때 가장 효과적인 방법은 고개를 끄덕이는 것이다. 이것은 상대방의 말에 동조를 하거나 격려를 하고 있음을 나타낸다. 조직생활에서 부하가 상사를 격려하는 최고의 수단은 고개를 끄덕이는 것이다.

셋째, 발표자의 눈을 보라.

신체에서 만들어내는 대부분의 에너지는 시각적인 정보를 얻는데 사용된다. 그 창구가 바로 눈이다. 눈이 사용하는 에너지는 안광眼光이 쏟아내는 에너지의 총집합이다. 피곤함을 느낄 때 눈을 감고만 있어도 에너지가 충전되는 것을 느낄 것이다. 상대적으로 시각 장애인들의 팔 힘이 강한 이유도 이와 관계가 있다.

상대방이 발표할 때 눈을 보라. 제대로 된 발표자라면 눈에 마음과 기운을 담고 있을 것이다. 앞에서 투우와 투우사의 절박한 관계를 진실의 순간에 비유하여 설명했다. 투우사가 칼을 사용하듯 눈에서 뿜어져나오는 에너지를 필살의 도구로 삼아 자신의 관심을 발표자에게 보내야 한다.

넷째, 수첩을 미리 덮지 마라.

회의가 종료되었다는 것을 알리고 회의 주재자가 자리를 뜰 때까지는 수첩을 덮지 마라. 아무리 길어봤자 1분이다. 앞에서 감성의 의미를 공부한 바 있다. 이때에도 상대방 입장에서 바라볼 필요가 있다. 회의가 끝나지 않았는데 주섬주섬 노트를 덮는 모습에서 상대방은 무엇을 느끼겠는가? 이것이 사소한 일이라고 생각하는가?

이런 일로 평가를 받는다면 결코 사소한 일이 아니다. 사소한 것을 살필 줄 아는 상사와 만나기를 기도하라. 사소한 것을 실천하는 당신을 본보기 삼아 후배들이 배우게 될 것이다.

다섯째, 적극적으로 들어라.

상대방의 말에서 득이 될 만한 것을 찾는 마음으로 들어라. 적극적이라는 것은 어떠한 상황이든 바짝 다가가는 태도나 성향을 말한다. 누구든 그 자리에 함께 있다는 것은 그만한 가치가 있기 때문이다. 아무리 사소한 것이라도 그들의 말과 태도에서 도움이 되는 것을 찾으려고 노력하라.

같은 말을 여러 번 반복해도 처음 듣는 것처럼 들어라. 그 내용이 예전과 같다면 최소한 꾸며낸 말이 아님을 알 수 있을 것이다. 꾸며낸 말은 여러 번 반복할 수 없다는 것을 깨달을 수 있도록 상대방은 그 경험을 제공한 것이다.

경청이 이루어지기 위한 대전제는 모든 말이 들을 만한 가치가 있다고 인정하는 것이다. 이 전제를 바탕으로 경청의 3대 원칙을 실천하라. 경청의 3대 원칙은 다음과 같다.

- 귀를 쫑긋 세우고 들어라.
- 덕이 될 만한 내용을 찾아서 들어라.
- 끝까지 들어라.

상대방의 이야기를 소홀히 듣고 있다고 판단되면 경청의 대전제를 다시 생각하라.

2_ 업무 : 실력보다 신뢰가 우선이다

업무 진행의 성공 여부는 대부분 정보 전달 능력에 달려 있다. 정보 전달이 생존경쟁에 큰 영향을 미친다는 사실은 이미 앞에서 공부했다. 보고를 하거나 업무 내용을 설명할 때 어떤 자세를 취해야 할까?

무엇보다도 어떤 위치에서 할 것인가가 중요하다. 원칙적으로 보고자는 상사의 좌측에 위치해야 한다. 모든 사람이 좌측을 더 중요한 위치로 인정한다. 일부 학자들은 심장이 왼쪽으로 치우쳐 있고, 왼발을 중심으로 원형운동을 하기 때문이라는 의견을 내놓기도 한다.

이러한 현상에서 연유한 것인지는 모르지만 예로부터 좌측은 정신세계를, 우측은 물질세계를 상징하여 '보좌'와 '보우'라는 단어를 사용했다. 보좌補佐는 정신적 지원을, 애국가의 한 구절인 "하느님이 보우하사~"에 나오는 보우補佑는 물질적인 복지를 의미한다.

보고할 때 놓쳐서는 안 될 것이 있다. 상사의 자리에 앉아서는 절대안 된다는 것이다. 상사가 자리를 양보하며 컴퓨터에 있는 내용을 설명하라고 해도 앉아서는 안 된다. 상사의 자리는 상사의 존재 의미이자 생존 공간이고, 독립 공간이다. 상사가 있건 없건 상사의 자리에 앉는다는 것은 뜻하지 않은 오해를 불러일으킬 수 있다.

'옷을 벗는다'라는 말과 함께 조직 내에서 존재가치를 잃었다는 의미로 가장 많이 쓰이는 말이 무엇인가? '자리에서 밀려나다'이다. 상사가 앉아서 하라고 해도 괜찮다며 다른 방도를 찾아야 한다. 예를 들면 "잠 깐이면 됩니다. 서서 하겠습니다"라든가 시간이 오래 걸릴 것 같으면 재빨리 보조의자를 가져와 상사 옆에 앉는 것이다.

다시 한 번 말하지만 명심하라! 자리는 곧 사람이다. 사소한 일이라 고 생각하는가? 사소함이 당신을 살리기도 하고, 죽이기도 한다.

모든 인간은 감정의 지배를 받는다. 따라서 보고를 하기 전에 상사 의 감정상태를 미리 살필 필요가 있다. 이것은 아부하라는 것이 아니 라 보고할 때 보다 효과적인 접근이 필요하다는 의미이다. 물론 지시 한 것을 보고하는 경우에는 바로 본론으로 들어가도 무방하다.

새로운 사안에 대해 구두보고를 할 경우에는 상대방을 세심히 살펴 야 한다. 시간적 여유가 있는지, 감정적으로 안정되어 있는지, 사전정 보는 가지고 있는지 등을 살핀 후 보고를 하거나 결재를 요청해야 한 다. 만약 외출해서 돌아오자마자 혹은 막 외출을 하려는 순간에 보고 를 한다면 상사는 사안의 경중과는 상관없이 감정이 상할 수밖에 없 다. 결과는 안 봐도 뻔하다. 부득이한 경우나 상황이 편치 않을 때 구 두보고를 해야 한다면 우선 양해를 구하는 것이 지혜로운 요령이다.

사안은 매우 급하지만 시간적 여유가 없을 때 구두보고를 하는 경우 도 있다. 이때는 키워드를 중심으로 보고하는 것이 좋다. 사안을 몇 개 의 단어로 정리하여 이동하는 순간에 대면보고의 형식을 취하는 것이 다. 예를 들면 고층 엘리베이터가 1층에 도달하는 약 몇십 초 이내에 설명할 수 있도록 핵심 단어를 중심으로 정리하는 것이다.

여러 상황을 고려하여 보고를 하거나 제안을 할 때 주의해야 할 사항에 대해 알아보자.

가. 구두보고 : 타이밍이 중요하다.

구두보고는 상대방을 마주 보는 형태이므로 세심한 주의가 필요하다. 이때 가장 중요한 것이 타이밍이다. 적절한 시간을 놓치면 보고의 효과 자체를 잃어버릴 수 있다.

나. 서류보고 : 첫 장으로 승부하라.

보고를 하는 사람은 전하려는 내용의 80%를 서류 맨 앞장에 담아야 한다. 그것만 보고도 결재권자가 판단이나 결심을 할 수 있도록 말이다. 서류는 편지가 아니다. 장황한 인사말이나 형식을 필요로 하지 않는다. 키워드를 중심으로 결재권자의 입장에서 작성해야 한다.

다. 유선보고 : 결론부터 말하라.

유선보고의 가장 큰 맹점은 상대방의 표정이나 분위기를 알 수 없다는 것이다. 상대방이 보고를 기다리는 상황이라면 우선 결론부터 말한 후 경과를 보고해야 한다. 그리고 질문이 있는지 기다렸다가 질문에 답하는 순서로 진행하는 것이 기본이다. 하지만 어떤 상황에 대한 최초의 보고라면 상황을 설명하고, 수집한 정보를 전달한 후 지시사항을 기다리는 것이 좋다.

이때 주의해야 할 점은 상사가 질문을 했을 경우에만 자신의 판단을 말해야 한다는 것이다. 상사는 여러 경로를 통해 수집한 정보를 근거로 판단을 한다. 상사에게 정작 필요한 것은 정확한 사실 정보이다.

라. 경과보고 : 수시로 하라.

지시받은 일의 진행과정을 수시로 보고하는 것은 진로를 수정하거나 정책을 변경하는 것을 용이하게 함으로써 불필요한 노력과 경비를 줄인다. 그리고 일을 올바로 진행하기 위한 상부의 의견 반영에도 매우 효과적이다.

마. 중간보고 : 수시로 하고 흔적을 남겨라.

지시받은 일은 때와 장소에 상관없이 가능한 한 수시로 짧게 보고해야 한다. 그리고 일의 진행을 윗사람이 눈으로 직접 확인하도록 흔적을 남겨야 한다.

가령 공원을 청소하라고 상사로부터 지시를 받았다면, 청소 후의 상태만 보아서는 상사가 알 수 없을 것이다. 이때에는 벤치 밑이나 모래밭 등에 갈고리의 흔적을 남기는 방법을 활용한다. 그러면 상사는 당신이 청소를 했다는 것을 확실하게 인식할 수 있을 것이다.

보고 중 지시를 받았다면 반드시 노트에 적고, 궁금한 점이 있다면 지시사항을 이행하는 데 반드시 필요하다고 판단되는 사항만 질문해야 한다. 상사는 산 정상에서 모든 현상을 파악하고 지시를 내리는 반면, 당신은 7부 능선에서 실무를 진행하므로 시각 차가 존재하기 때문이다.

지시가 끝난 후에는 "이상입니까?"라고 재확인을 하라. 자신의 의사가 분명히 전달되었다는 것을 알면 더 많은 신뢰를 보낼 것이다.

이미 보고한 사항을 상사가 재확인할 경우에는 주의할 것이 있다. "이미 결재하셨는데요?"나 "이미 보고 드렸는데요?"라는 말은 당신의 업무관리 능력에 대한 평가를 떨어뜨리는 가장 대표적인 방법이다. 진행된 일을 최종적으로 마무리하는 것이 당신의 임무이며, 그 속에는 상사가 사안의 정확한 진행상황을 기억하도록 하는 것도 포함된다.

보고하기에 앞서 상사의 성향을 파악하는 것은 기본이다. 성향을 잘 모르겠거든, 3장을 다시 한 번 들춰보라. 봄형은 기안을 중시하고, 여름형은 집행하는 것을 쾌감으로 느끼고, 가을형은 수확을 최상의 목표로 삼으며, 겨울형은 저장이 최대의 임무라고 생각하고 행동한다.

여름형 상사에게 "이미 보고를 드렸던 건입니다", "예전에 보고를 드렸는데요", "잊으신 모양입니다"라는 것은 "그것도 기억을 못하느냐?", "신경을 어디에 쓰고 있느냐?", "당신은 능력이 없는 상사야"라고 힐난하는 것이나 마찬가지이다. 아주 위험하고 무모한 일이다.

상사가 기억하지 못하는 경우에는 진행과정을 상세히 알리지 못한 또는 상사가 기억하지 못하게 한 자신의 불찰이라고 생각하라. 모든 일을 완벽히 처리했는데도 상사가 기억하지 못한다는 분위기를 풍기는 것은 전혀 도움이 되지 않는다. 상사의 질문에 처음인 것처럼 차분하게 응답하라.

가을형과 겨울형 상사는 되새김 행동을 불손할 뿐만 아니라 보좌를 제대로 하지 못한 것으로 간주한다. 마음 한구석에 담아두었다가 언제 불이익을 줄지 모른다. 인간을 감정의 동물이라 부르지 않던가.

사. 새로운 안건 제안 : 신뢰의 정도를 파악하라.

창의적이고 모험이 따르는 제안의 경우에는 안건의 내용도 중요하지만, 제안자에 대한 결재권자의 신뢰가 훨씬 중요하다.

한 나라에 왕이 있었다. 왕은 신뢰하는 신하와 능력은 출중하지만 신뢰를 하지 않는 신하에게 자신의 보물을 보이며 자랑을 했다. 두 신하 모두 "귀한 물건이니 금고에 넣어두심이 옳습니다"라고 간언했다.

그런데 그날 밤 보물이 사라졌다. 보고를 받은 순간 왕은 이런 생각을 하게 되었다. 신뢰하는 신하에 대해서는 '아, 그때 그의 말을 듣고 금고에 넣어 둘 걸'이라고 생각한 반면, 신뢰하지 않는 신하에 대해서는 '그 물건을 본 사람은 저와 나밖에 없는데 혹시 저놈이 가져갔나?'라고 생각한 것이다.

이것은 아무런 물증 없이 신하를 의심했던 것을 반성한 왕의 고백이다. 인간의 특성 중 '의심이 기본이다'를 상기하라. 새로운 제안을 하는 경우에는 우선 인간적인 신뢰를 쌓는 것이 급선무이다. 새로운 보직을 맡아 새로운 상사를 모시게 되었다면, 사소한 일들을 통해 차곡차곡 쌓인 신뢰가 관계를 형성하는 중요한 열쇠가 된다.

아. 결과보고 : 마무리의 중요성을 인식하라.

시작만큼 중요한 것이 마무리이다. 신체에서 가장 활동이 많은 손의 경우, 손톱이 있기 때문에 손가락에 힘을 줄 수 있다. 만약 손톱이 없다면 손으로 하는 일은 효율성이 형편없이 떨어질 것이다. 마무리의 중요성이 여기에 있다.

어떤 일을 마무리한 후 결과보고를 할 때가 바로 자신과 상사, 동료들과 관계를 다시 세우는 귀한 순간이다. 이때에도 지켜야 할 원칙이 있다.

첫째, 모든 공은 상사에게 돌려라.

제안이 비록 당신의 것이라 해도 결과를 맺기까지 울타리가 되어준 사람은 상사이다. 상사는 당신의 입술이다. 입술이 없으면 아무리 튼튼한 이도 한순간에 망가진다.

둘째, 상사에게 감탄하라.

당신보다 높은 곳에서 지켜보고 안내해준 상사의 지혜와 추진력에 감탄하라. 부하가 상사를 칭찬할 수는 없다. 그의 지속적인 후원을 기대한다면 유일한 방법은 감탄을 하는 것이다.

셋째, 조건 없이 감사하라.

성공했건 실패했건 그 일을 경험하게 해준 상사에게 감사하라. 성장을 이끄는 것은 경험이다. 그 기회를 제공한 사람은 상사이다. 성공과 실패는 결과에 의한 것이지만, 그 과정에서 얻은 경험은 어떤 경우든 당신에게는 성공이다. 상사는 성공이라는 열매를 준 것이다.

그러니 성공을 선물한 상사에게 조건 없이 감탄하라. 어떤 문구를 사용할 것인지는 당신의 몫이다. 진심을 담는다면 그것으로 족하다. 다만 상사의 성격을 조금 더 세심히 파악해 보다 효과적인 문장을 찾아 전할 수 있다면 금상첨화일 것이다.

3_ 여흥 : 진정한 프로의 무대

여흥餘興이란 무엇인가? '남을 여餘'와 '흥겨울 흥興'의 조합으로, 사전적으로는 '놀이 끝에 남아 있는 흥 또는 어떤 모임이 끝난 뒤에 흥을 돋우려고 연예나 오락을 함'이라는 뜻을 지닌다. 여기서 주의 깊게 살펴볼 부분이 '남을 여'이다. 무엇인가 남아 있기 때문에 흥이 돋워지는 분위기가 조성되었다는 말이다. 도대체 무엇이 남아 있다는 의미일까?

사람이 하루를 살아가는데 필요한 에너지를 기초 대사량이라 한다. 일반적으로는 2,300칼로리가 필요한 것으로 알려져 있지만, 우리는 이보다 훨씬 많은 양의 칼로리를 섭취한다. 당연히 에너지가 남아돌 수밖에 없다. 이것을 소모하는 활동을 '놀이'라 한다.

놀이가 노래와 연결되면 음악이 되고, 신체의 움직임과 조합되면 스포츠가 되고, 글을 통하여 발산되면 문학이 되고, 그림을 통해 시각적으로 표현하면 미술이 되며, 생각체계를 세우는 데 사용하면 철학이 된다. 수학, 과학, 생물학 등은 남아도는 에너지가 있어야 가능하다.

조직의 경우에도 마찬가지이다. 인간과 똑같은 작동원리를 가진 조직 역시 여유가 있어야 또 다른 도약이 가능하다. 생존경쟁의 치열함 속에서 사람과 조직이 가지는 여유, 그것이 바로 '남을 여'인 것이다.

'흥겨울 흥'의 의미도 생각해볼 필요가 있다. 흥겹다는 것은 어떤 일에 재미를 느끼고 확대재생산을 할 수 있는 체계를 몸으로 익힘으로써 가지는 즐거움을 말한다. 그 즐거움이란 그냥 얻어지는 것이 아니다. 먼저 흥미가 있어야 하고, 시간과 노력이 뒤따라야 한다. 여흥시간을 단지 재미있게 즐기는 시간으로만 생각한다면, 큰 것을 잃을 수도 있다.

조직생활에서의 여흥시간은 자신의 장기를 타인에게 내보이는 중요한 무대이다. 이 기회를 적극적으로 활용해 자신을 알려야 한다. 그 방법에는 어떤 것이 있는지 알아보자.

가. 회식

다음은 식사로 시작되는 회식장소에서 취해야 할 기본 행동이다.

- 상사의 자리는 필히 마련하라.
- 식사의 시작은 일정한 의례에 따라 동시에 시작하라.
- 식사 범절을 철저히 지켜라.
- 상사가 늦게 올 경우에는 사전에 양해나 허락을 구한 후 식사하라.
- 어른연장자, 상사의 이야기에 주목하고, 끼리끼리의 대화는 피하라.
- 식사 도중 최상급자가 들어오면 맞이하는 예를 취하라.
- 상사와 건배할 때에는 상사의 잔 아랫부분에 대라.

이런 것을 신경 쓸 위치에 있지 않은가? 그렇다면 그 위치에 있는 사람을 유심히 살펴보고, 마음속으로 그의 행동을 따라 해보라. 그 내용을 실제로 행동으로 옮길 때가 진정으로 재미를 느끼는 순간이 될 것이다.

선조들은 속마음을 알아보기 위해 3가지 시험을 했다고 한다. 첫째가 돈 심부름이고, 둘째가 노름을 같이 해보는 것이며, 셋째가 술을 함께 먹어보는 것이었다. 그들이 지녔던 생활의 지혜가 탁월하지 않을 수 없다.

선조들의 지혜에서 보듯이 술로 인한 실수는 용납될 수도 없고, 용납되어서도 안 된다. 조직이 복잡해짐에 따라 한 번의 실수가 전체의 운명을 좌우하는 경우가 잦아졌기 때문이다. '술김에 하는 말인데'라며 내뱉은 회사 기밀이 경쟁사로 흘러들어갈 수도 있고, 술김에 저지른 행동이 수십 년 경력을 한순간에 무너뜨릴 수도 있다.

속마음을 알아보기 위해 선조들이 술자리를 같이 했던 이유는 술이 자신은 물론 조직까지 망가뜨리는 결정적인 독이 될 수 있음을 간파했기 때문이다. 자신 하나도 제대로 통제하지 못하는 사람이 어떻게 다른 것을 잘 할 수 있겠느냐는 지혜의 산물이다. 다시 한 번 '조직의 쓴 맛'을 되새겨보라. 상사의 기본 임무는 조직원의 80%를 도태시키는 것이었다.

'수작酬酌'이라는 말이 있다. '줄 수酬'와 '받을 작酌'의 조합으로, '수작을 건다'라는 말은 술을 마시는 습관을 파악해 상대방에게 불이익을 줄 근거나 약점을 찾으려는 것에서 출발했다. 술 마시는 습관 하나가 도태의 기준이 될 수도 있다. 오죽하면 조상들이 '술에 취해 저지르는

못된 버릇'이라고 해서 '주사酒邪'라는 말을 만들어 경각심을 불러일으켰을까.

다시 한 번 명심하라. 조직원의 기본 임무는 올바른 정신으로 자신의 중심을 잡고, 살아서 존재하는 것이다.

다. 가무 : 진정한 프로가 되는 무대이다.

여흥의 최고 정점은 노래와 춤을 선보이는 때이다. 프로란 무대 위에서는 배우 역할을 하는 사람을 말한다. 음주가무의 자리라면 거기가 바로 무대가 되어야 한다. 그리고 가정에서는 가장이나 아들, 딸의 역할을 하고, 회사에서는 조직원의 임무를 수행하며, 동창회에 가서는 회원 역할이 가능한 사람을 프로라고 한다.

그러나 무대가 바뀌었음에도 불구하고 서열이나 직책을 그대로 유지한 채 경직된 분위기를 만드는 사람이 있다. 별책부록형 인간이다. 별책부록은 그 자체로는 판매되지 않는다. 본 책이 팔릴 때 딸려 가고, 본 책이 버려지면 같은 신세가 된다. 따라서 별책부록형 인간이 아니라 프로가 되기 위해서는 그만큼의 노력을 기울여야 한다.

첫째, 가무의 자리에서는 가수가 되라.

노래를 잘하라는 것이 아니다. 가수의 모습을 보이라는 것이다. "가사가 없어서 노래를 못한다", "반주가 없어서 노래를 못한다"라는 사람들이 있다. 이런 별책부록형 인간들은 분위기를 망친다. 어떤 가수가 가사가 없거나 반주가 없다고 노래를 거절하는가?

여기서는 노래 솜씨를 보려는 것이 아니라 구성원의 자질을 보려는 것이다. 여건이 갖춰지지 않았거나 솜씨가 부족하다고 피할 필요가 없다. 지명을 받는 즉시 가수의 모습으로 변해야 한다. 그 모습과 용기만으로도 찬사를 받을 것이다.

가수는 언제나 청중을 향해 노래를 부른다. 청중에게 엉덩이를 들이미는 가수는 없다. 동료들을 보며 자신 있게 노래하라. 그들에게 당신을 각인시켜라. 가사를 못 외운다면 맞은편에 모니터가 있는 노래방을 선택하라. 그것도 여의치 않다면 가사를 외우는 노래를 선택하라.

둘째, 분위기에 맞는 노래를 하라.

선조들은 음악에도 예법이 있다 하여 '예악禮樂'이라 했다. '예절 예禮'는 상대방과 나를 분리시켜 독립을 유지하고 위함이고, '즐거울 악樂'은 큰북과 작은북이 어우러져 즐거운 소리를 내는 것을 일컫는다.

노래방에서 회식을 할 때도 예악이 필요하다. 음악의 궁극적인 목적은 즐거운 분위기를 통해 모두가 하나 되는 것이다. 느리거나 애잔한 음악은 특별한 요청이 있다면 모르지만 분위기를 늘어지게 하므로 되도록 피하는 것이 좋다. 가무의 자리는 노래 실력을 다투는 자리가 아니다. 따라서 흥겨움을 더하는 빠른 템포의 노래를 준비할 필요가 있다.

그리고 상사를 제대로 보좌하기 위해 상사 세대의 노래를 한 곡쯤 비장의 무기로 준비한다면 금상첨화이다. 10년 아래인 부하 직원이 당신 세대의 노래를 멋지게 부른다고 상상해보라. 노래 한 곡으로 인해 당신에 대한 상사의 생각이 완전히 바뀔 수도 있다.

상사를 모실 때는 연출도 필요하다. 상사의 애창곡을 기억했다가 흥겨운 소개와 함께 가수를 모시듯 분위기를 만들어보라. 여흥시간이 진정한 프로들의 시간으로 채워질 것이다.

셋째, 노래를 따라 하지 마라.

가수가 노래를 부를 때 청중이 무대 위에 올라가 노래하는 것을 보았는가? 동료가 노래를 하는 경우에는 그 사람을 가수로 인정하고, 분위기를 만들어 주어야 한다. 도와달라고 했을 경우에만 도와줘라. 탬버린으로 동료의 노래를 망치지 마라. 그를 돋보이게 한다고 판단될 때만 지원하라. 노래를 부를 때 아무 생각없이 끼어드는 경우가 많다. 동료가 진정한 프로로 설 수 있는 기회를 빼앗지 마라.

넷째, 노래를 청했으면 들어라.

동료가 노래할 때 잡담을 하거나 노래책을 들추는 사람이 많다. 기꺼이 조연이 되어주는 것도 프로이다. 하지만 조연 역할을 즐기는 사람을 찾기가 어렵다. 그러니 언제 동료의 장점을 파악할 수 있겠는가. 여흥시간은 주연도 되고, 조연도 되는 수업의 자리이다. 올바른 여흥 문화가 조성되어야 조직문화를 형성하는 세 번째 단계인 의례를 제대로 행할 수 있다.

4_ 일터 : 사소한 것에 목숨을 걸어라

사무실은 프로들이 활동하는 무대이다. 누군가가 당신의 연기를 관찰하고 있다는 뜻이다. 상사의 임무가 80%를 도태시키는 것임을 안다면 무심코 취한 사소한 행동이 결정적으로 당신에게 영향을 미칠 수 있다. 이것을 명심하고 다음 사항에 유의하기 바란다.

가. 사무실에서는 신발을 갈아 신지 말라.

사무실이나 일터에 오면 슬리퍼로 갈아 신는 경우가 있다. 이것은 자신과 일터의 품격을 스스로 낮추는 것이며, 상대방이나 방문객에 대한 예의가 아니다. 어느 프로가 무대에서 슬리퍼를 신고 공연을 하던가? 누가 보느냐, 안 보느냐의 문제가 아니다. 마음가짐의 문제이다.

나. 담배는 회사의 기호품이 아니다.

당신은 흡연자인가? 그렇다면 다음의 3가지 이유로 조건없이 담배를 끊어야 한다.

첫째, 담배는 당신의 기호품일 뿐이다.

직원 1명을 선발하여 자신의 몫을 하도록 만드는 비용이 대기업의 경우 약 1억 원, 중소기업의 경우 약 7천만 원이라고 한다. 그런 소중한 인력이 담배로 건강을 해친다면 어떻겠는가? 윈윈윈을 추구하는 기업의 속성에서 본다면 최하수 전략이라 할 수 있다.

관계의 의미를 다시 한 번 새겨보라. 나와 같은 모습이어야 빗장을 걸어 관계를 형성할 수 있다고 했다. 조직원으로 있는 한 당신은 조직의 일부이고, 부분과 전체가 일치한다는 신체와 조직의 특성으로 본다면 당신이 곧 회사이다. 담배를 물고 있는 회사라니 상상이 되는가. 담배는 당신의 기호품일 뿐 회사의 기호품이 아니라는 것을 명심하라.

둘째, 동료들의 업무를 방해한다.

담배를 피기 위해 옥상이나 화장실 또는 별도의 흡연 공간으로 이동할 때에는 일반적으로 동료들을 동반하게 된다. 이로 인해 업무의 집중도와 생산성이 떨어지는 당연하다.

셋째, 간접 흡연의 폐해가 크다.

스컹크는 냄새가 고약하지만, 다른 이에게 피해를 주지는 않는다. 그러나 담배는 주변 사람의 생명을 앗아간다. 스컹크가 칼을 휘두르는 격이다.

이런 3가지 이유에도 불구하고 담배를 끊지 못한다면, 창조능력이 없다는 방증이다. 6장의 '조직문화'에서 인간과 법인을 이끄는 것이 이미지라고 강조한 바 있다. 당신의 모든 행동은 당신이 만든 이미지를 따른다.

니코틴이 폐를 완전히 덮어서 숨도 쉬지 못하고 죽음을 기다리는 모습을 상상한다면 금연은 가능하다. 궁극적으로 담배를 끊지 못하는 이유는 상상력의 부재 때문이다. 담배를 끊으려 해도 끊지 못하는 당신에게는 창조능력을 기대할 수 없다는 것을 뜻한다. 상사들은 이것을 적어놓고 때를 기다리고 있다. 기억하라. 상사의 임무는 부하 직원 중에서 80%를 도태시키는 것이다.

다. 사무용품에 애정을 가져라.

필기도구, 종이, 컴퓨터, 전화, 전기는 물론 화장실의 비누, 물, 휴지 등은 조직의 생산성, 경쟁력 그리고 기업문화와 직·간접적으로 연관된다. 그래서일까? 많은 회사에서 다음과 같은 문구를 곳곳에 붙여 놓은 것을 볼 수 있다.

- 이면지를 활용하라.
- 물건을 사용하고 원위치에 놓아라.
- 퇴근시 전기를 꺼라.
- 정리정돈을 잘하라.
- 휴지를 아껴써라.

옛 어른들은 내일 다시 쓸 도구라 해도 일을 마치면 깨끗이 씻어서 보관하였다. 그리고 모든 사물에 생명이 있는 것처럼 대했다. 전문지식과 기술이 아무리 출중해도 기본이 없으면 모래성일 뿐이다. 5장의 조직의 특성 중 '신진대사를 한다'에서 누누이 강조하지 않았던가.

상사는 무대감독이며, 관찰자이다. 사람을 파악하는 가장 기본적인 방법은 그 사람이 물건을 어떻게 다루느냐를 살펴보면 된다. 사무용품을 다루는 태도가 사소한 것이라고 생각한다면 첨단이라는 단어의 구성원리를 다시 한 번 살펴보라.

큰 일의 시작은 작은 것에 대한 애정에서 비롯된다. "천리 길도 한걸음부터", "티끌 모아 태산"이라 하지 않았던가. 선조들의 지혜에 저절로 고개가 숙여진다. 올바로 된 상사는 그것을 알고 있으며, 당신을 귀하게 쓰기 전에 찬찬히 살피고 있음을 명심하기 바란다.

人 性 工 夫

인성의 일곱 번째 틀 :
어른의 인성 덕목

인성의 일곱 번째 틀 : 어른의 인성 덕목

어른정신과 리더십

　인성이라는 단어가 영향을 미치는 범위는 인간의 생활 모두라 해도 과언이 아니다. 그러나 이렇게 거대한 힘을 지닌 인성이 추상적으로만 인식되어온 것이 우리의 현실이다. 모든 학문과 기술이 인간다움을 구현하기 위해 존재해왔다는 사실에도 불구하고 말이다.

　이 책은 인간과 조직을 올바른 방향으로 나아가도록 안내하는 것에 목적을 두고 있으며, 이것이 이 사회 어른들의 임무임을 수차례 강조했다. 그리고 그 임무를 효과적으로 수행하기 위해 우리가 갖춰야 할 세부사항을 7가지 항목으로 구분하여 정리했다. 이제 마지막으로 인성의 일곱 번째 틀인 '어른의 인성 덕목'에 대하여 알아볼 차례이다.

　'어른'에 비견되는 단어로 외래어인 '리더'가 있다. 먼저 이 두 단어의 의미를 짚어보고, 그 차이점을 비교해보자.

　우리 문화에서 '어른'은 흔히 '덕德'으로 표현되는 임무를 지니며, 올바른 정신체계와 행동체계를 구축해 주변 사람들이 본보기로 삼아 일정하게 움직이게 하는 하는 사람을 뜻한다. 그에 비해 '리더'는 지도자 혹은 지휘자로 해석되며, 일정한 방향을 정하고 나아가도록 하는 사람을 뜻한다.

어른이 정적인 개념이라면 리더는 동적인 개념이라 할 수 있다. 이러한 개념의 차이는 5장에서 밝힌 동서양의 문화적 차이에 기인한다. 리더는 연령과 성격을 불문하고 조직의 방향을 정하고 나아가는 사람에게 붙이는 호칭이다. 리더는 초등학교 학생 모임에도 있다. 그러나 그 모임에 어른은 없다. 이처럼 두 단어는 뉘앙스의 차이는 있지만, 보다 나은 방향을 향해 나아간다는 공통점을 가진다.

그래서 이 책에서는 이 2가지 개념을 하나로 묶어 리더십이라는 용어로 통일해 사용하고자 한다. 상대방을 이해하고 설득시키는 최고의 방법은 생활 속에서 널리 사용되고 있는 단어를 사용하는 것이기 때문이다.

리더십을 알아보기 위해 덕德이라는 개념을 복습해보자.

움직이지 않고 항상 제자리를 지키는 북극성을 중심으로 수많은 별들이 일정하게 도는 현상을 비유하여 덕德이라고 했다. 그런데 북극성이 갑자기 자리를 옮기면 어떻게 될까? 이제까지 북극성을 중심으로 돌던 별들이 허겁지겁 따라올 것이다. 이 현상을 북극성의 덕이 변했다 하여 변덕變德이라고 한다. 집안의 어른이나 조직의 상사가 예전과는 전혀 다른 기준을 가지고 행동할 때 갑작스런 혼란이 발생하는 것을 생각하면 이해가 쉬울 것이다.

그리고 북극성의 변치 않은 덕을 나누어 가진 후 새로 독립해 형태나 자리를 잡았을 경우 '덕을 나누어 가졌다'라는 의미에서 '덕분德分'이라고 한다. "당신 덕분에 잘 되었다"라는 말에는 당신의 본보기를 따라 하여 뜻하는 바를 이루었음에 감사한다는 의미가 담겨 있다. 이를 통해 유추해보면 덕목德目이라는 말은 변하지 않는 중심사상이나 행동으로 지켜야 할 본보기를 일컫는 것으로, 그것의 작동원리는 언제나 동일하다는 것을 알 수 있다.

이러한 덕을 쌓고 베푸는 과정은 어떻게 진행될까? 덕은 쌓을 때는 순차적으로 진행되지만, 베풀 때는 모든 것을 종합해서 한꺼번에 내놓는다. 음식을 먹을 때 밥, 반찬, 국과 같이 순차적으로 먹지만, 소화시켜 배출할 때는 동시에 이루어지는 것과 같다. 리더로서 덕을 쌓는 일이 어려운 이유가 여기에 있다.

1_ 리더십의 출현 배경

리더십이라는 용어가 출현하게 된 배경을 산업발전 및 사회구조의 변화와 연관시켜 알아보자.

농경, 목축시대에 리더의 주요 임무는 외부의 침입을 막아 조직원을 보호하는 데 있었다. 이 시기에 리더는 구성원의 능력이나 상태를 잘 파악하고 있어 위급 상황에서도 짧은 시간 안에 전체를 통제할 수 있었다. 리더의 개인적 신념이 조직 전체의 안전에 큰 비중을 차지했다. 이 시기에 리더의 역할을 한마디로 정리하면 "제가 이렇게 하고 있으니 모두 안심하십시오"라고 할 수 있다.

산업화시대에 들어와서 구성원의 수와 직업의 종류가 늘어나자 사회 시스템도 점차 복잡해졌다. 이로 인해 사회 구성원 간에 일정한 약속을 통해 혼란을 피해야 하는 지혜가 요구되기 시작했다. 그래서 분야별로 규정을 정하여 사회 구성원이 따르게 함으로써 질서를 유지하게 되었다. 이것이 바로 시스템이다.

그러나 시스템으로도 사회 구성원을 통제할 수 없는 상황이 되자 위반한 사람을 법으로 제재하는 단계로 넘어갔다. 산업화시대에 조직을 통제하는 주요 수단이 '문화적 접근 → 시스템 강제 → 법적 제재 → 문화 정착'이라는 순환고리를 따르게 된 배경이 여기에 있다.

앞에서 설명한 교통체계를 실례로 들어 이 순환고리를 살펴보자.

차량이 많지 않던 시절에는 도착하는 순서대로 사거리를 통과하면 아무 문제도 일어나지 않았다. 그러나 차량이 급격히 늘어나자 사고가 빈번해졌다. 그 결과, 빨간불에 멈추고 파란불에 나아가는 신호등을 설치함으로써 시스템을 적용하게 되었다.

그러나 시스템을 따르지 않는 사람들이 생겨나자 제재의 수단으로 교통법규에 의해 처벌하는 과정으로 발전하게 되었다. 이러한 법 집행으로 사람들의 의식 속에 신호체계를 준수해야 한다는 의식이 자리를 잡게 되면서 자연스레 교통문화가 정착되었다.

또 다른 생활 속 예를 들어보자.

슈퍼마켓이나 대형 판매점들이 쇼핑의 고객들의 편의를 위해 최초로 제공한 카트에는 본래 "사용 후 원위치로 돌려주세요"라는 문구가 부착되어 있었다. 그러나 대부분의 사람들이 자신의 편의만을 생각해 제자리에 갖다놓지 않자 많은 불편이 생겨났다. 이를 타개하기 위해 100원짜리 동전을 넣고 카트를 사용하도록 시스템을 만들었다.

이 시스템은 한동안 잘 지켜지는 듯 했다. 하지만 100짜리 동전마저 포기하고 카트를 아무 데나 두고 가는 사례가 계속 발생했다. 그래서 결국에는 카트에 넣는 동전을 500원짜리로 바꾸는 지경에 이르렀다. 만약 이것마저 지켜지지 않는다면 어떻게 될까? 아마 법으로 강제할 수밖에 없을 것이다.

이와 같이 산업화시대의 리더에게는 절차를 만들고 관리하기 위해 자신의 생각뿐 아니라 구성원들의 생각까지 살피는 임무가 주어졌다. 사회는 복잡해졌지만, 여전히 전체의 움직임을 짧은 시간 내에 파악하여 통제하던 시기였기에 '관리의 시대'라 한다. 이 시대를 풍미했던 관리제도로는 품질관리QC: Quality Control, 종합품질관리TQC: Total Quality Control, 무결점관리ZD: Zero Defect, 리엔지니어링Reengineering, 식스시그마 등이 있다. 산업화시대 리더의 역할을 한마디로 정리하면 "이렇게 규정을 정했으니 따라 주십시오"이다.

정보산업화시대가 도래하자 과학문명의 발달은 생활패턴과 사회구조에 급격한 변화를 불러일으켰다. 소수에 국한되던 정보가 대중에게 공개되고, 인구증가와 거주지역의 확대, 개성을 존중하는 시대적 변화 등이 한데 어우러져 한꺼번에 관리하는 것이 불가능한 상황에 이르게 되었다. 게다가 이전과는 달리 구성원들의 도움 없이는 정보 수집이 불가능한 상황이 전개되었다.

이러한 어려움을 해결하기 위한 방편이 이념을 활용한 통합이며, 이를 실행하기 위해 대두된 개념이 '리더십'이다. 몇몇 리더들이 조직 전체의 나아갈 방향을 이념화하면, 구성원들이 이를 취사선택하는 사회 · 정치제도가 이때부터 본격화되었다.

리더를 보좌하는 조직원의 중요성이 커진 것도 이때부터이다. 리더의 의사결정에 필요한 대부분의 정보가 조직원에 의해 수집되었기 때문이다. 정보산업화시대의 리더십을 한마디로 정리하면 "모두의 생각을 고려하여 이런 이념을 중심으로 나아가려 하니 따라 주십시오"이다.

탈정보화시대에 들어 리더의 역할에는 큰 변화가 일어났다. 정보의 홍수로 정보 자체보다는 정보를 가공 · 활용하여 재창조하는 구성원의 역량이 더욱 중요해졌다. 구성원의 창조능력이 성패를 가르는 열쇠가 된 것이다. 리더의 역할도 구성원과 함께 움직이며, 방향을 제시하는 동료 겸 안내자의 존재가 되었다. 구루Guru, 멘토Mentor, 조련사Trainer, 촉진자Facilitator, 코치Coach 등과 같은 단어가 등장한 것도 이 시기이다. 코치는 포르투갈어로 포장마차라는 의미이다.

탈정보화시대의 리더는 앞에서 구성원을 이끄는 사람이 아니라, 그들과 같은 공동 운명체, 즉 집단 지성체의 일원으로서 조력자의 역할을 하는 존재를 의미한다. 이 역할을 한 마디로 정리하면 "여러분과 협의하여 정한 길을 마차를 타고 함께 가겠습니다"이다.

그렇다면 보호자 → 관리자 → 리더 → 코치로 변해온 리더십의 다음 형태는 무엇일까? 머지않아 새로운 개념의 단어가 등장할 것이다.

[그림 8-1] 리더십 탄생 진화과정

농업시대	산업시대	정보산업시대	탈정보시대	?시대
보호/경계	관리/유지	리딩/창조	코칭/동행	
신념 중심	관념 활용	이념 대두	이념 실현	
Top-down	Top-down	Bottom-up	Bottom-up	
진지전	진지전	유격전	유격전	
안심하고 저를 믿어주십시오	규정을 따르기만 하면 됩니다.	저를 따라주십시오.	저도 함께 가겠습니다.	

그것도 외부의 누군가에 의해 주창되어 국내에 도입되면 새로운 트렌드라고 쫓아갈 것이다. 벤치마킹과 각주구검의 우매함을 또다시 반복하면서 말이다.

우리 고유의 정신세계가 군건하게 세워져 있지 않는 한 이러한 시행착오는 반복될 것이다. 이러한 우매함에서 벗어나기 위해 다음에 전개될 리더십의 개념을 우리 스스로 만들어보자. 방법은 간단하다. 현실을 관찰하면 찾을 수 있다. 겨울 뒤에 항상 봄이 왔다는 사실을 기억한다면 말이다.

현상 속에 답이 있으며, 어떤 역할을 할 것인가는 당신의 몫이다. 남의 뒤를 쫓느냐 새로운 개념을 창조하여 안내하느냐 하는 것은 당신에게 주어진 과제이다. 지금까지 설명한 리더십의 탄생배경을 도표로 정리하면 [그림 8-1]과 같다.

2_ 리더십의 개념

인간은 동식물과는 달리 물리적 성장뿐 아니라 자신의 사고체계를 주변에 인식시켜 같은 방향으로 나아가도록 해야 한다. 이것을 '리더십'이라 한다. 리더십의 정의는 무궁무진하다. 많은 사람들이 리더십

[그림 8-2] 이구동성으로 정의한 리더십

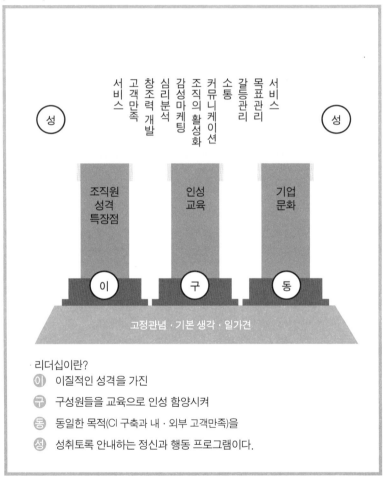

리더십이란?

- 이 이질적인 성격을 가진
- 구 구성원들을 교육으로 인성 함양시켜
- 동 동일한 목적(CI 구축과 내·외부 고객만족)을
- 성 성취토록 안내하는 정신과 행동 프로그램이다.

을 쉽게 정의하지 못하는 이유도 다양한 해석이 가능하기 때문이다.

이 책에서는 다양한 리더십의 갈래를 정리하여 새로운 정의를 내리고자 한다. '이구동성'의 머리글자를 빌려 다음과 같이 풀이하는 방식이다.

그림을 참고하면서 이와 같이 리더십의 개념을 정리한 배경을 각 항목별로 살펴보자.

이_ 이질적인 성격을 가진 : '나를 알기'에서 4계절의 특성을 빌려 설명했듯이 사회 구성원 모두는 각자 자기만의 되어 가는 꼴을 가지고 있다. 남과 여, 젊은이와 늙은이, 경력자, 초보자, 부자, 가난한 자 등과 같이 모두의 꼴이 다르다. 리더는 이것을 인식하고 다스려야 한다.

구_ 구성원들을 교육으로 인성 함양시켜 : 이 부분이 리더십의 하이라이트이다. 나무의 근본이 뿌리이듯 조직의 근본은 인성을 갖춘 사람이다. 인성을 갖추는 행위를 교육이라 하고, 교육으로 인성을 갖춘 사람을 어른이라 한다. 인성과 교육, 어른이라는 단어는 태생적으로 같은 뿌리를 가지고 있다.

이는 역전 앞, 처갓집처럼 중복된 단어의 강조용법이 될 수 있으며 '꽃이 핀다', '얼음이 언다', '비가 온다', '낙엽이 진다'라는 표현에서 볼 수 있듯이 피지 않으면 꽃이 아니고, 얼지 않으면 얼음이 될 수 없으며, 떨어져야 낙엽인 것처럼 행동이 결과를 만드는 되먹임현상을 보인다.

리더십의 근본은 구성원의 인성을 확립하는 것에 있으며, 그 유일한 방법은 교육이다. 올바른 교육이 이루어지려면 리더가 인성의 개념을 정확히 이해하고, 구성원들을 지속적으로 훈련시켜야 한다. 그래야만 조직은 인성이라는 기반 위에 올바른 목표를 세워 다음 단계로 발전할 수 있다.

'첨단尖端'이라는 단어가 이것을 증명한다. '큰 대犬'와 '적을 소小'가 조화를 이루어 만들어낸 '뾰족할 첨尖'이라는 단어에서 볼 수 있듯이 단단한 기초가 있어야 남보다 더 높은 위치를 실현할 수 있다.

동_ 동일한 목적이 구축과 내외부 고객만족을 : 앞에서 인간과 조직은 이미지의 안내에 따라 작동하며, 통일된 이미지를 만들기 위한 전략을 CI기업 이미지 통합전략라고 했고, CI는 외양과 마음, 행동의 통일이라는 3박자가 조화를 이루어야 된다고 설명을 했다.

최근에는 기업의 궁극적인 목표가 단순한 이윤창출에서 구성원의 만족과 사회의 발전에 기여하는 원원원 전략으로 바뀌고 있다. 이러한 분위기를 반영해 강구된 것이 올바른 기업문화 형성이다. 제대로 된 기업문화를 구축하려면 구성원의 특성을 파악하고, 교육으로 인성을 갖추도록 한 후 모든 조직원이 한마음으로 같은 곳을 바라보며 행동할 수 있도록 해야 한다.

성_ 성취토록 안내하는 정신과 행동 프로그램이다 : 위에서 말한 3가지를 바탕으로 조직이 한 방향을 가리키며 나아가고, 이때 발생되는 문제를 해결하기 위해서는 커뮤니케이션, 갈등관리, 스트레스 관리, 목표관리, 수많은 종류의 리더십, 심리분석, 창조력 개발 등의 기법들을 동원해야 한다.

그러나 알아두어야 할 것이 있다. 이런 기법들은 이, 구, 동 과정이

튼튼하게 다져진 후에야 효과를 볼 수 있다는 것이다. 작금의 기업교육은 기초가 없는 상태에서 지붕만을 화려하게 지으려는 우를 범하고 있다. 더욱 심각한 것은 기초가 없는 상태에서 외국의 경영기법을 무분별하게 도입하고 경영정책을 자주 변경함으로써 조직원들을 무력감에 빠지게 하고 있다는 것이다.

기초가 없는 첨단은 불가능하다. 조직원의 개성을 올바로 파악하여 교육으로 인성을 굳건히 한 후에 나아가야 할 방향과 행동요령을 전파하여 스스로 움직이게 안내하는 것이 리더십임을 다시 한 번 명심하라.

리더십 구축단계

동서고금의 역사를 보면 시대에 따라 다소 차이는 있지만, 리더의 기본 임무는 조직의 안전을 확보하는 것이었다. 그리고 그것을 어떻게 효과적으로 수행하느냐는 항상 리더십의 연구 대상이었다.

"누군가가 죽음을 맞이할 때, 한편에서는 그 죽음으로부터 새 생명을 얻는다"라는 말이 있다. 이 말은 자연계가 작동하는 기본 원리를 나타낸 것이다. 인간과 조직도 예외일 수 없다. 리더십이 필요한 이유는 무엇보다도 건강하고 지속적인 조직의 생존 때문이다.

자연은 봄, 여름, 가을, 겨울을 통해 태어나고, 성장하고, 거두어들이고, 저장하는 생生, 장長, 염斂, 장藏의 순환을 반복해왔다. 오랜 세월이 지나도 그 순서에 커다란 변동이 없는 이유는 가장 효율적이고, 모든 자연 구성인자의 요구에 가장 적합하기 때문이다. 따라서 인간을 위한 리더십 구축과정 역시 이러한 순환법칙을 차용하는 것이 가장 현명할 것이다.

이 책에서는 그 진행과정을 7단계로 구분하여 정리했다. 이 작업이 노리는 것이 있다면 분별없이 넘쳐나는 잘못된 용어들의 정리이다. 생각을 표현하는 것이 언어라는 사실을 감안한다면 잘못된 언어의 사용은 잘못된 행동으로 연결되어 파국을 불러온다. 파국은 생존하지 못함, 곧 죽음을 뜻한다. 언어의 사용이 죽음과 연결된다는 사실을 널리 알려 집단 전체가 잘못되는 것을 피하고 싶은 것이다.

리더의 덕목을 말할 때 다양한 동물의 습성을 끄집어내 비유를 하곤 한다. 사자의 용맹성과 여우의 지략 등을 주요 덕목으로 꼽는 이유는 강함과 유연함, 나아감과 물러섬, 단호함과 유연함과 같이 성질이 전혀 다른 요소를 조화시켜 나아갈 방향을 안내하는 것이 리더의 임무라

[그림 8-3] 인성 리더십 구축의 수레바퀴

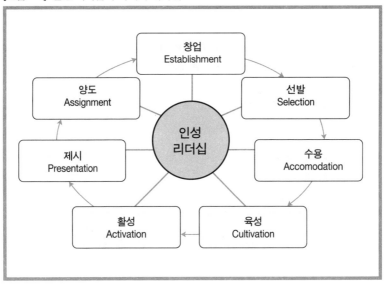

생각하기 때문이다.

인간이 건강을 유지한 채 생존하려면 신체 각 기관의 반복활동이 필수이듯 리더십 역시 반드시 지켜야 할 기본 과정이 있다. 인성이 추상적인 것이 아니라 일정한 공식에 의해 숙성되듯이 리더십 역시 공식이 존재하며, 이것을 지켰을 때 비로소 한 차원 높은 리더십을 발휘할 수 있다.

리더십의 구축과정은 어떻게 진행되는 것일까? 현상을 관찰하여 이치를 발견하고, 이치를 통해 원리를 세우는 지혜의 과정에서 정리된 리더십의 구축과정은 [그림 8-3]과 같다. 남녀노소나 직업, 지위고하에 관계없이 누구나가 알아야 하는 것으로, 모두에게 해당되는 조직운영의 공식이다.

1_ 제1단계 : 창업(創業) – 울타리 쌓기

창업創業은 회사를 만든다는 의미와 함께 나라를 세운다는 뜻으로도 사용된다. 나라를 세운다고 생각해보라. 무엇이 제일 먼저 필요하겠는가? 덕과 북극성의 관계를 다시 한 번 상기해보자.

북극성 주위를 일정하게 돌던 별이 북극성으로부터 덕의 일부를 나누어 받아 또 다른 중심이 되는 것을 덕분이라 하였다. 창업이란 덕분에 힘입어 자신만의 세계를 이루는 것이다. 큰 의미에서는 국가를 세우는 것이고, 작게는 가정을 꾸리는 것이며, 조직 내에서는 일정 규모의 부서를 책임지는 장長이 되는 것이다.

생존경쟁의 기본은 독립이라고 누누이 강조했다. 독립을 위해 가장 필요한 것은 물리적인 울타리이다. 물리적인 울타리란 외부의 침입으로부터 자신과 조직의 구성원을 보호하는 장치를 마련하는 것이다. 우리가 어떤 문중의 사람, 누구의 자식, 어느 학교의 학생, 어느 회사의 사람, 어느 나라의 국민으로 불리는 것도 그 울타리로 보호를 받는 구성원이라는 뜻이다.

이 논리를 바탕으로 조직의 장이 되었을 때 가장 첫 번째로 해야 할 일은 조직 구성원들에게 당신이 외부로부터 조직을 보호하는 울타리라는 확신을 심어주는 것이다. 그리고 당신을 통해 모든 문제를 외부와 소통하도록 물리적 체계를 확립하고, 관리하는 것이다.

이때 구성원들에게 당신이 정한 규칙을 따르라고 요구하는 것을 강성의 힘, 포스Force라 한다. 물리적 힘으로 상대방을 제압할 때 사용한다. 군대를 영어로 'Military force'라고 부르는 것을 보면 쉽게 이해할 것이다. 군대의 1개 분대는 분대장, 부분대장, 8명의 분대원으로 구성된다. 리더 한 사람이 물리적으로 통제할 수 있는 인원은 비상시라 해도 8명을 넘지 못한다.

두 번째로 정신적 울타리를 설정해야 한다. 정신적 울타리란 이념을 말한다. 자신의 이념을 구성원들에게 인식시켜 모두가 한곳을 바라보도록 정신체계를 구축하고, 이에 따라 행동하도록 주문하는 것이 여기에 포함된다.

이념을 수립하기 위해서는 조직 이미지 통합전략의 수립, 즉 조직원들의 외양과 마음, 행동통일이 절대적이다. 나라를 건국한 왕이 국호와 국기를 바꾸고, 통치이념을 발표하여 온 국민에게 그것을 따르도록 하는 이유가 여기에 있다. 정권이 바뀌면 정치이념이 바뀌는 것도 같은 맥락이다.

이념이란 앞에서 설명했듯 조직을 운영하는 방향 설정의 키이며, 중심 가치이다. 올바른 조직이라면 리더의 이념을 숙지하고 따라야 한다. 그리고 인원 수에 상관없이 리더의 이념에 따라 평상시에 구성원들이 일정하게 움직이도록 해야 한다. 이것을 연성의 힘, 파워Power라고 한다.

예를 들어보자. 상사로부터 회식을 위한 식당 예약을 주문받았다면, 어떤 식당을 선택하겠는가? 상사가 생선회를 먹지 않으면 일식집을 피할 것이고, 채식주의자라면 고깃집을 제외할 것이다. 별도의 지시가 없어도 상사의 평소 생각대로 움직이는 힘을 상사의 파워라 한다.

포스는 불과 몇 명을 물리적으로 움직이지만, 파워는 인원에 제한이 없다. 리더 한 명, 어른 한 분의 정신세계가 수많은 구성원들에게 영향을 미치는 근거가 여기에 있다. 리더십을 구축하는 1단계인 창업과정에서 리더는 물리적 울타리를 형성하는 힘포스과 정신적인 울타리를 형성하는 힘파워 모두를 필요로 한다.

2_ 제2단계 : 선발(選拔) – 도태시키기

새로운 이념으로 창업을 하거나 조직의 책임자가 된 후에 취해야 할 행동은 이념을 실행에 옮길 인력을 선발選拔하는 것이다. 선발이란 가려서 뽑는다는 것으로 크게 2가지 방법이 있다.

첫째는 필요 인원의 몇 배수를 뽑은 후 적정한 대상을 골라내는 방법으로, 산업화시대에 많이 사용되었다. 느슨한 선발 기준에 맞춰 뽑은 후 자체 교육을 통해 필요한 인력으로 개발하는 과정을 거쳤다.

둘째는 엄격한 조건을 설정해 선발하자마자 현업에 투입할 수 있는 인력을 뽑는 방법으로, 일정한 크기의 채에 넣고 거르는 형식을 말한다. '도태시킨다'라는 말에서도 알 수 있듯이 여럿 중에서 적당하지 않은 것을 거르거나 생물 집단에서 환경에 적응하지 못하는 개체군을 제거하는 방법이라 할 수 있다.

첫 번째가 필요한 인력을 뽑는 선발의 형식이라면, 두 번째는 필요 없는 인력을 제거하는 도태의 형식이다. 구성원을 선택하는 방법은 창업의 경우에는 도태의 형식을, 이미 만들어져 있던 조직의 장을 맡아 새롭게 구성해야 하는 경우라면 급격한 변화가 가져오는 위험과 반발을 고려하여 선발의 형식을 택하는 것이 좋다.

어떤 형식을 취하든 상관이 없지만 이 과정에서 가장 중요한 것은 정확한 기준과 상황을 세심하게 살피는 관찰능력과 신중하게 접근하여 순식간에 승부를 내는 결단의지이다. 그중에서도 아래의 황새 권자의 위치 체크할 것 우위에 두어야 하는 것은 관찰능력이다. 관찰觀察은 황새雚가 고기를 잡기 위해 가만히 노려보는見 형국으로 거기에는 정확한 목표물이 있다. 조직원을 선발하는 것도 마찬가지이다.

또한 정확한 기준이 있어야 한다. 외형적으로 드러나는 능력도 중요하겠지만, 그에 못잖게 신경을 써야 할 선발 기준이 있다. 5장 '조직의 특성'에서 자세히 언급한 예의범절이 그것이다. 예의란 조직인이라면 마땅히 갖춰야 할 정신세계를 말하며, 범절은 그것을 실천하는 행동체계를 말한다.

신체와 동일하게 움직이는 조직의 작동원리를 숙지하고 올바른 행동을 갖추었을 때를 인성을 갖춘 상태라고 한다. 리더가 구성원을 선발하는 과정에서 가장 역점을 두고 확인해야 할 사항이 바로 인성이다. 그러나 리더가 인성에 대한 기본 개념과 접근 방법을 제대로 알지 못한다면 구성원을 올바르게 평가할 수 없을 것이다.

조직의 특성, 신진대사 편에서 언급했던 도둑과 도둑질의 관계를 다시 살펴보자. 일반적으로 도둑질을 했기 때문에 도둑이라고 생각할 것이다. 틀렸다. 도둑이기 때문에 도둑질을 한 것이다. 인성의 작동원리도 이와 동일하다. 바른 인성을 지닌 사람은 실력이 부족해도 훈련을 통해 올바른 역할을 한다.

그러나 비뚤어진 인성을 지닌 사람은 선발과정을 눈속임으로 통과했다고 하더라도 결국 본성을 드러내 조직에 해를 끼친다. 공금을 횡령하거나 기밀을 빼돌려 기업에 치명타를 입히는 경우가 얼마나 많은가. 리더십을 구축하는 단계에서 선발이 가장 중요한 이유이다. 이념을 실행에 옮길 사람을 선발한다는 것은 자신의 분신을 찾는 것과 같다.

리더가 자신의 분신을 선발하는 과정에서 신중히 고려해야 할 사항에는 다음의 3가지가 있다.

첫째, 리더와 놀아줄 수 있는 역할이다.

업무적인 것은 물론 개인적으로도 흉금을 터놓고 얘기할 수 있는 상대로 애로사항을 들어주고 조언해줄 수 있는 친밀한 동료를 말한다.

둘째, 업무적인 보좌의 역할이다.

보좌를 하는 사람은 리더의 결정을 돕기 위해 맡은 분야에서 최고의 전문성과 판단력이 요구된다. 그리고 언제나 공적인 관계를 유지하고 예의범절을 지키며 신뢰를 주어야 한다.

셋째, 실무자 역할이다.

결정된 경영전략이나 방침을 성실히 수행하는 실무자로 리더의 손발이 되어야 한다.

리더는 구성원을 선발할 때, 이 3가지 역할을 각각 수행할 수 있는 사람을 찾아야 한다. 선발은 리더십 구축의 전 단계에서 가장 중요한 과정이다. 21세기 들어 조직원의 인성은 조직의 가장 중요한 자산이 되었다. 바른 인성을 지닌 조직원이 자신의 능력을 어떻게, 누구를 위해 발휘하느냐가 관건이 된 것이다. 모든 조직이 바른 인성을 갖춘 구성원을 선발하는 데 각고의 노력을 기울이는 이유가 여기에 있다.

3_ 제3단계 : 수용(收容) − 식구로 인정하기

창업의 뜻을 세워 구성원을 선발하고 나면 그 다음 단계는 수용受容이다. 수용이란 거두어 담는다는 의미로 벼 이삭을 탈곡한 후 쌀을 가마니에 담아 새로운 상품을 만드는 데 비유할 수 있다. 즉 볏짚과 쌀 껍질을 분리한 후 순수한 쌀로 새로운 상품을 만드는 과정이다.

개성이 다른 사람들을 일정한 틀에 따라 선발했다면, 그들을 자신의 분신처럼 여기고 한 방향을 향해 나아가도록 조직문화의 형성단계로 들어가야 한다. 6장의 '조직문화'에서 설명했던 조직 이미지 통합전략이 리더십 구축의 제3단계인 수용의 또 다른 이름이다. 따라서 조직원을 자신의 일부로 인정하고, 조직체를 형성하여 완전한 독립을 이루는 과정이라 할 수 있다.

앞서 신체의 모든 움직임이 머릿속의 이미지를 따라 하듯 조직이나 법인 또한 나아가야 할 방향과 목표를 이미지로 설정한 후 그것을 따라 한다고 설명한 바 있다. 그러나 인간과 법인의 수용단계에는 분명한 차이가 있다.

젖먹이 아이는 엄마라는 단어를 모른다. 단지 냄새를 통해 엄마를 인식할 뿐이다. 말을 익히면 냄새로 익힌 엄마의 이미지는 서서히 사라진다. 하지만 조직문화 형성과정은 냄새를 맡는 단계가 없다. 오직 언어와 행동만으로 인식하고 한 방향으로 나아간다. 체계적이고 강력한 조직문화만이 그 빈틈을 메울 수 있다.

수용단계에서 리더가 유념해야 할 사항에는 다음과 같은 3가지가 있다.

첫째, 확실히 인정해야 한다.

선발을 통해 함께 일할 사람으로 정했다는 것은 자신의 분신으로 인정한 것이다. 따라서 선발을 했다면 전적으로 믿어야 한다. 앞에서 조직원의 역할을 같이 놀아줄 사람, 보좌, 실무자로 구분한 바 있다.

이것은 왕권시대에 신하의 종류를 상징하는 군君, 신臣, 좌佐, 사使에서 비롯되었다. 주된 역할을 하는 군, 보좌의 기능을 하는 신과 좌, 전체의 균형을 잡아주는 사정기관인 사를 통칭하는 군신좌사는 나라를 다스림에 있어 신하의 능력에 맞는 역할을 맡겨 조화를 이루려 했던 고대 정치인들의 철학이다. 이는 모든 신하에게 각자의 임무와 능력이 있다는 것을 전제로 각 상황에 맞는 사람을 적재적소에 배치하여 효과를 극대화하라는 가르침을 준다.

나라를 다스리는 것이 치국이고, 사람의 병을 다스리는 것이 치병이다. 이런 논리를 바탕으로 군신좌사론은 약의 처방전으로까지 확장되었다. 2천년 이상 전수되어 온 이 한약 처방이 확립된 배경에는 올바른 지침을 내리는 데 한 치의 오차도 허용하지 않으려 했던 선조들의 일가견이 자리한다.

아울러 군신좌사론은 강자와 약자가 각자의 위치에서 자신의 능력을 발휘해야만 치국과 치병의 효과를 높일 수 있으며, 독불장군식으로는 목적한 바를 이룰 수 없음을 대변한다. 그래서 최근에는 경영학에서도 이를 차용하여 기업경영에 적용하고 있는 형국이다.

많은 리더들은 조직원 모두가 수퍼맨이 되기를 원한다. 누구나 초능력을 가지고 있다면 이미 초능력이 아니다. 10명의 직원이 있다면, 신, 좌, 사가 있어야 조화가 이루어진다. 조직원들은 각자 맡은 바 임무를 수행할 능력만 있으면 되고, 리더는 그것을 인정해주기만 하면 된다. 그들에게 더 이상의 능력을 요구한다면 서로에게 상처와 부담만 줄 뿐이다.

한 보험회사의 예를 들어보자. 100명의 설계사 중에서 20명이 아주 탁월한 성과를 보이는 조직이 있었다. 장長은 나머지 80명에게도 20명과 같은 실력을 요구했다. 그러나 이것이 실현되지 않자 5개 조직의 상위 20명씩을 모아 100명으로 된 엘리트 조직을 만들었다. 그 결과는 어떠했을까? 엘리트 조직에 속한 100명 중 20명만 탁월한 실적을 보였을 뿐 나머지는 기존 조직의 80명과 비슷한 실적을 보였다고 한다.

인체 구조 역시 마찬가지이다. 유전자의 열쇠라는 염색체에는 형질을 결정하는 DNA가 2% 정도밖에 들어 있지 않다. 나머지를 할 일이 없는 것이라 하여 '쓰레기 DNA'라고 했다. 그런데 최근 들어 이것들이 재활, 보좌, 보충 역할을 하는 '쓸모 있는 DNA'임이 밝혀졌다.

이것이 바로 신체와 조직의 공통된 특성이다. 따라서 일단 수용하면 모두가 귀중한 존재임을 인정하고, 전폭적인 신뢰를 보내야 한다. 단, 이때 유의해야 할 것이 있다. 그들이 어떤 분야에서 어떤 일을 하건 자부심을 갖게 만들어야 한다. 이것이 리더의 임무이자 역할이며, 어려움이다.

둘째, 인간적인 공동체가 되어야 한다.

올바른 개념조차 모르고 남용되는 단어가 있다. 대표적인 사례가 '카리스마Charisma'이다. 카리스마란 본래 그리스어로 '신이 인간에게 준 은총'을 뜻하며, 모든 인간이 가진 고유의 천부적인 재능을 말한다.

그러나 우리는 카리스마를 날카롭고 근엄한 눈매로 주변의 분위기를 경직시켜 자신의 의도대로 움직이게 할 때 주로 사용한다. 그리고 사전에도 남을 끌어들이는 힘이나 교조주의적인 지도력으로 풀이되어 있다. 카리스마가 이렇게 왜곡되게 사용되는 근본적인 이유는 바로 교조주의라는 단어 때문이다.

교조주의란 본래 '역사적 환경이나 구체적인 현실과 관계없이 어떤 상황에서도 절대 변하지 않는 진리라고 믿고 따르는 것' 또는 '특정한 사상을 절대적인 것으로 받아들여 현실을 무시하고 기계적으로 적용하려는 태도나 사고체계'를 말한다. 마르크스주의를 환경 변화에 관계없이 믿는다거나 종교인이 말한 것을 기계적으로 추종하려는 태도 등이 여기에 포함된다.

우리나라에서 카리스마를 왜곡해서 사용하게 된 원인은 초기부터 잘못된 개념으로 전파되었기 때문이다. 카리스마는 상대방을 물리적으로 제압하는 힘이 아니다. 그것과는 비교도 되지 않을 정도로 큰 힘을 지닌 신의 은총이다. 그 힘의 생성과정 또한 그리 단순하지 않다. 카리스마란 물리적인 강압이나 강제 대신 노력과 헌신을 통해 주변 사람들을 자신의 의도대로 따르게 하는 분위기를 말한다.

며느리의 예를 들어 카리스마가 형성되는 과정을 알아보자.

결혼 초기에 며느리는 시아버지, 시어머니, 시댁 식구에게 큰 소리는커녕 얼굴을 마주 대하는 것조차 어려워한다. 세월이 흐르며 아들, 딸을 낳고 시댁의 대소사와 궂은일을 도맡아 하면서 신뢰를 쌓으면 시댁 식구들은 점차 며느리 편이 된다. 그러면 며느리는 어느새 집안일을 결정하고 추진하는 중심에 서게 된다. 바로 이런 상태를 '며느리에게 카리스마가 있다'라고 표현하는 것이다.

북극성이 중심을 잡고 주변의 별들이 일정하게 도는 현상을 덕이라 하였으며, 그것으로부터 파생되어 나온 단어들인 덕분, 덕택, 도덕, 부덕, 덕목 등의 의미에서 볼 수 있듯이 진정한 힘은 주변 사람들을 스스로 움직이게 하는 것이다. 이것이 바로 카리스마이다.

진정한 카리스마를 발휘하기 위한 3가지 조건을 며느리의 사례를 통해 좀 더 알아보자.

① 시간을 할애하라 : 카리스마는 순식간에 생기는 것이 아니다. 며느리가 시집와 수십 년 동안 한솥밥을 먹으며 쌓은 정분의 또 다른 이름이다. 조직으로 말한다면 같은 조직원으로서 즐거운 일, 궂은일을 함께 겪으며 쌓인 상대방에 대한 감정과 신뢰의 무게가 카리스마의 기초가 된다.

② 경제적인 지원을 하라 : 며느리가 집안 살림을 챙기며 한 푼, 두 푼 모은 돈을 집안의 대소사에 기꺼이 지불하는 것에 비유할 수 있다. 조직의 경우에는 지위가 높은 사람이 아랫사람을 위해 비용을 지불하려는 의도와 행동이 있어야 존경받을 수 있다. 처세술 책 중에는 아랫사람이 윗사람을 위해 비용을 지출해야 한다고 주장하는 것도 있으나, 이는 윗사람의 덕을 부족하게 만드는, 즉 부덕한 상사를 만드는 경우이니 유념해야 한다.

③ 정신적 할애를 하라 : 진정한 카리스마를 발휘하기 위해서는 상대방에게 연민의 정이 있어야 한다. 연민이란 상대방을 불쌍히 여긴다는 뜻이다. 여기서 '불쌍하다'란 가엽고 측은하게 여기는 것이 아니라 제대로 된 짝을 이루지 못하는 것을 애석해하는 마음이다.

세종대왕이 한글을 창제하신 배경에 '백성을 어엿비 여겨'라는 구절이 나온다. '어엿비 여겨'는 불쌍히 여기는 것을 말한다. 이는 백성들이 표현하고자 하는 바를 글로 옮길 수 없음을 애석해하고, 한자의 벽에 막혀 백성들과 짝을 이룰 수 없음을 애통해하는 마음을 나타낸다.

이 말은 리더가 실천해야 할 지침이기도 하다. 여러 직원들과 한 팀을 이루었을 경우, 그들과 일대 일로 짝이 될 수 있는 유일한 존재는 리더이다. 리더의 임무와 역할이 어려운 이유이다.

리더의 역할을 이해하기 쉽게 손가락으로 설명해보자. 리더를 표시할 때 우리는 엄지를 치켜든다. 검지를 같이 놀아줄 신하, 중지를 보좌역, 약지를 실무 책임자, 소지를 신입 사원에 비유했을 때, 엄지를 제외한 4개의 손가락끼리 서로 짝을 지으려고 시도해 보라. 어색하기 짝이 없을 것이다. 엄지는 그들 모두와 자연스럽게 짝이 되어줄 수 있는 기능을 가지고 있다.

부하 직원에 대한 리더의 정신적 할애는 모든 구성원을 보살피는 엄지의 역할과 같다. 카리스마는 이렇게 세심한 마음 씀씀이에서 생기는 인간만이 지닌 신의 은총이다.

셋째, 조직원의 개성을 파악하라.

리더십의 정의를 이, 구, 동, 성으로 설명한 바 있다. 수용이 거두어 담는 것이라고도 했다. 그러나 보다 효과적으로 담기 위해서는 담을 대상에 대한 공부가 필수이다. 물과 불은 함께 담을 수 없으며 물과 기름 또한 한곳에 담아놓으면 조화를 이루지 못한다. 하물며 자연계도 이러한데 개성이 각기 다른 인간이 모여 만들어진 조직의 경우에는 어떻겠는가.

창업과 선발, 수용을 하고 난 다음 단계는 조직이 필요로 하는 인재로 육성育成하는 것이다. 이때 절실히 요구되는 것이 기업문화이다.

문화Culture는 '경작하다Cultivate'에서 파생되었다. 경작한다는 말은 인위적으로 원하는 모습을 만들어내는 것을 뜻한다. 식물의 경우에는 재배, 동물의 경우에는 사육이라는 단어로 표현된다. 동식물은 인간의 의도대로 키울 수 있지만, 조직은 구성원 각자의 생각과 의도하는 방향이 전혀 다르다. 이러한 구성원들을 한곳을 향해 움직이게 하려면 일정한 규칙과 이를 지키는 행위가 절대적이다.

이 과정을 조직 이미지 통합전략의 수행이라 한다. 6장의 '조직문화'에서 설명했듯이 조직 이미지 통합전략은 유니폼, 사가, 배지 등을 활용한 외양통일과 조직의 특성을 전 조직원에게 교육시켜 함양한 마음통일, 올바른 인성 행동을 몸에 익힘으로써 얻어지는 행동통일을 통해 조직의 일체감을 완성하는 것이다.

이것은 인체가 뇌의 명령에 일사불란하게 움직이듯 조직 또한 일정한 규칙에 의해서 일사불란하게 움직이도록 하는 가장 기본적인 작업이다. 일반적으로는 이 과정을 관리라고도 하지만, 사실 조직 이미지 통합전략 작업은 관리를 포함하는 한 차원 높은 육성기법이다.

육성단계에서 반드시 알아야 할 리더의 덕목은 다음 3가지이다.

첫째, '습習' 위력이다.

조직 이미지 통합전략을 통해 구체적인 조직 마인드와 행동요령이 전파되었다 해도 결정적으로 조직원의 생각과 행동을 지배하는 것은 리더의 모습이다. 일상생활에서 회자되는 '부전자전父傳子傳', '용장 밑에 약졸 없다', '서당 개 3년에 풍월을 읊는다'의 핵심도 습이다.

어미 새의 날갯짓을 새끼 새가 스스로 백 번을 따라 하여 나는 동작을 배운다는 의미를 지닌 습은 가정과 학교는 물론 조직에서도 큰 힘을 발휘한다. 특히 사회에 갓 진출한 젊은 세대가 기성세대로부터 배우게 될 습의 위력을 한마디로 표현하면 "세 살 버릇 여든까지 간다"이다. 이 말에서 북극성으로 비유한 덕의 진정한 가치를 되새길 수 있다. 조직원은 리더를 보고 배운다. 리더라는 직책의 무서움과 무거움은 몇 번을 강조해도 지나치지 않다.

둘째, 인과응보의 법칙이다.

"가족, 사회, 조직, 역사에서 존경하는 인물이 누구입니까?"라는 질문을 받는다면 당신은 뭐라고 답하겠는가? 책을 덮고 10초만 생각해보라.

가족이나 역사에서 꼽으라고 한다면 누구나 쉽게 떠올리고, 그 이유도 명확히 말할 것이다. 그러나 하루의 대부분을 보내는 조직에서 꼽으라면 주저하지 않고 말할 사람이 별로 없을 것이다. 그리고 그 이유를 명확히 설명할 수 있는 사람은 더더욱 드물 것이다.

왜 이런 현상이 일어나는 것일까? 따라 보고 배울 대상이 없다는 의미일 뿐만 아니라 더 나아가 "이 사회에 어른이 없다"라는 자조적인 분위기를 대변한다고 하겠다. 여기서 한 가지 짚고 넘어가야 할 것이 있다. 리더 스스로 존경할 인물이 없다고 말하는 것은 부메랑이 된다. 조직원들은 그런 리더를 존경하지 않는다. 따라서 당신은 존경할 만한 상사를 찾고, 그에게 존경의 뜻을 표해야 한다.

상사는 조직원의 울타리이자 입술이다. 입술이 망가지면 아무리 튼튼한 이도 순식간에 망가질 수밖에 없다는 순망치한脣亡齒寒의 뜻을 새겨보라. 만약 최고의 위치에 올라 따라 보고 배울 상사가 없을 경우라도 상징적인 존재를 만들어 따라 하려는 모습을 보이는 것이 현명한 처사이다.

인간이든 조직이든 자연의 일부이다. 자연은 단 하나의 법칙에 의해 움직인다. 모든 것은 반드시 올바른 것을 향해 간다는 사필귀정事必歸正과 모든 줄기는 반드시 뿌리로 돌아간다는 이필귀근理必歸根이 그것이다. 리더가 상사를 바라보는 시각이 곧 조직원들이 리더를 바라보는 시각이다.

셋째, 경험의 위력이다.

최고의 스승은 경험이다. "젊어 고생은 사서도 한다", "자식을 제대로 키우고 싶다면 여행을 보내라", "스스로 깨우치게 하라", "고기를 주지 말고 잡는 법을 가르쳐라"와 같은 어른들의 말이 지혜의 말씀으로 전해지는 이유는 무엇일까? 몸소 겪은 직접경험의 가치를 절실히 깨달았기 때문이다.

직접경험을 통해 얻은 교훈은 수백 권의 위인전보다 더 강한 힘을 발휘한다. 간접경험으로 얻은 지식도 직접경험과 어우러져야 비로소 삶의 지혜로 승화된다. 이렇게 형성된 경쟁력을 경험자산이라 한다. 리더라면 구성원이 경험자산을 축적하도록 다음의 3가지 분야를 고려해야 한다.

① 업무경험이다 : 존경이나 고마움을 표하고 싶은 상사의 유형을 조사한 적이 있었다. 그 결과, 업무를 과중하게 부여하고 감독하는 올바른 업무지도형 상사가 압도적인 1위를 차지했다고 한다.

인맥을 넓혀주고, 어려운 상황을 함께 극복하며, 많은 교육훈련을 시켜주고, 인간적으로 친밀한 관계를 형성하는 등 여러 유형의 리더가 있었으나 이들을 누르고 부동의 1위를 지켜낸 유형이 바로 올바른 업무지도형 상사였다. 일하는 과정에서 괴로움과 원망이 있었다는 것으로 봐서 주어진 업무를 완수한 후에 내린 평가일 것이다. 결국 리더가 부여했던 과제가 자신의 경쟁력을 키웠다는 의미이다.

여기에는 전제조건이 있다. 부여하는 과제가 올바른 것이어야 한다. 이 부분에 대해서는 리더십을 구축하는 6단계에서 다시 한 번 설명하겠다.

② 보직경험이다 : 리더의 기본 임무는 다스림이다. 그 대상이 작게는 자신의 소속 부서 구성원, 크게는 조직 전체가 된다. 모두를 다 살리기 위해서는 그들의 입장에서 바라볼 수 있는 여유와 능력이 있어야 한다. 종합적으로 판단해야만 효과적인 정책이나 방향을 설정할 수 있기 때문이다.

음식은 순서대로 먹지만, 한꺼번에 배출한다. 이와 마찬가지로 업무경험도 여러 부서에서 차곡차곡 쌓여야 한순간에 올바른 결정을 할 수 있다. 부하 직원을 하나의 보직에 오랫동안 붙잡아두는 것은 개인이나 조직에게 결코 바람직하지 않다. 그러면 절름발이 인재로 전락해 개인은 물론 조직 전체에 손해가 된다.

모든 리더들은 숙달된 조직원과 편히 지내고 싶은 욕구가 있다. 그것은 새로운 직원을 맞이해 일정 수준까지 육성시킬 수 있는 기회를 스스로 포기하는 것이다. 자신을 한 자리에 묶어두고, 그 밑을 파는 현명치 못한 처사이다.

③ 상황경험이다 : 리더가 구성원들에게 업무적인 것만 제공할 수 있는 것은 아니다. 업무 외적인 것도 제공할 수 있다. 따라서 업무 외적인 것이라도 조직에 해가 되지 않는다면 적극적으로 참여하도록 이념을 설정하고 시스템을 만들어야 한다. 외부의 환경 변화는 예상치 못한 때에 정형화되지 않은 모습으로 나타난다. 이에 대한 대응책은 경험에서 나온다.

그러나 단순히 맡은 분야의 많은 경험이 아니라 문외한의 시각이나 제3자의 입장에서 바라보는 것이 해결책을 제공할 때도 있다. 그래서 일까? 최근에는 분야간, 산업간 교류를 통한 정보의 교환과 통합이 활발하게 이루어지고 있는 추세이다.

리더는 조직이 지향하는 방향에 어긋나지만 않는다면 조직원들에게 많은 경험의 기회를 제공해야 한다. 이를 통해 리더가 얻을 수 있는 것은 어떤 상황에서든 다양하게 판단하고 행동할 수 있는 조직원의 유연한 사고체계이다. 리더는 조직원의 다양한 경험이 창조능력과 경쟁력을 높이는 지름길이라는 것을 인식하고, 육성단계의 기본으로 삼아야 한다.

5_ 제5단계 : 활성(活性) – 능력 키워주기

창업과 선발, 수용, 육성을 통해 조직의 기본 틀을 확립했다면, 그 다음에는 조직원의 잠재능력을 이끌어내는 활성活性단계로 나아가야 한다. 이전 단계까지가 특별한 관리나 지도를 하지 않아도 맡은 바 임무를 제대로 수행해내는 인력 확보가 주된 목표였다면, 5단계인 활성단계에서는 업무능력에 조직원이 지닌 고유한 재능을 더하여 자신과 조직의 경쟁력을 높이는 것이 주된 목표이다.

4단계인 육성단계의 목표가 인위적으로 능력을 개발하는 것이었다면, 5단계인 활성단계는 자신의 능력을 스스로 끄집어내는 계발의 단계이다. 개발은 외부의 압력으로 자신이 변화하는 것이고, 계발은 내적 지혜의 자각에 의해 스스로 잠재능력을 발휘하는 것을 말한다.

1장에서 4개의 성을 공부하면서 활성이 되어 가는 꼴을 원래의 모습으로 돌려놓는 것이라고 배웠다. 활活은 입안의 혀가 움직여 물을 생산하는 것을 형상화한 것이다. 물은 모든 생명체의 절대적 요소로, 물이 없다는 것은 죽음을 뜻한다. 조직에서 구성원의 잠재능력은 신체의 물과 같다.

육성단계에서 구축된 고정된 움직임이 아무런 변화 없이 오랜 기간 반복된다면, 그 조직은 쇠퇴할 수밖에 없다. 그것을 막기 위한 윤활유가 바로 구성원의 잠재능력이다. 따라서 조직원들로 하여금 자신만의 고유한 능력을 발휘하도록 안내하고, 지도하는 것이 활성단계에 임하는 리더의 자세이다.

활성화 작업의 대명사처럼 쓰이는 개발과 계발에 대해 좀 더 알아보

[표 8-1] 개발과 계발의 차이

구분	개발	계발
주체	외부로부터의 압력(제3자)	내부로부터의 깨달음(자기자신)
추구사항	구체적 목표달성, 도달	추상적 이념 설정, 실현
완전한 형태	Hard force	Soft power
진행과정	훈련을 통한 복제	자각을 통한 창조
육성규모	대량복제 가능	개인별 맞춤
육성기간	단기간 육성 가능	소요시간 예측 불가
최종목적	주변과 동일화	완벽한 차별화
추구가치	내면가치 무시	내면욕구 표출

자. 일반적으로는 혼용하여 사용되지만, 두 단어에는 차이점이 있다. 다음의 [표8-1]에서 볼 수 있듯이 개발이 관리의 형태라면, 계발은 리더십을 발휘하는 형태이다.

현대사회에서 리더십이 날로 부각되는 이유는 개인의 능력을 활성화시키는 것이 점차 조직의 미래를 결정짓는 중요한 요인이 되고 있기 때문이다. 리더의 임무가 조직과 개인의 목표 달성이라면, 어른으로서 일가견을 구축하는 것은 활성화 작업을 통해 조직원의 능력을 계발하는 밑바탕이 된다.

제대로 된 건물을 지으려면 우선 기초를 다진 뒤 기둥을 세우고 지붕을 얹어야 한다. 기본을 무시하고 땜질식 운영을 하는 것은 지휘의 기본을 무너뜨리는 행위이다. 지휘란 팔을 휘두르다가揮 한곳을 가리켰을指 때 구성원 모두가 그 방향으로 따르는 것을 말한다. 군의 지휘관이나 오케스트라의 지휘자를 연상하면 쉽게 이해될 것이다. 가장, 선생님, 조직의 장, 이 사회의 리더가 일가견을 갖추지 못한 채 조직을 운영한다는 것은 군의 지휘관이 작전의 개념이나 무기의 성능, 총을 쏴야 할 방향조차 모르고 지휘를 하는 것과 같다.

지금까지 설명한 활성의 개념과 잠재능력의 연관성을 바탕으로 개인의 잠재능력과 조직 전체의 경쟁력을 높이기 위한 시기와 방법에 대해 알아보자.

'잘 놀아야 성공한다', '사무실 분위기를 자유롭게 하라', '출퇴근시간이 없는 직장을 만들어라', '단체여행을 하라' 등과 같이 조직 활성화를 위한 방안에는 여러 가지가 있다. 이것을 가능하게 하는 기본 요건은 무엇일까?

인간이 하루 동안 생활하기 위해 필요로 하는 기초 대사 에너지는 평균 2,300칼로리이다. 그러나 현대인은 이보다 훨씬 많은 양의 칼로리를 섭취한다. 남는 에너지를 어떤 형태로 소진하느냐에 따라 문학, 그림, 미술, 음악, 무용, 스포츠가 되는 것이다. 이와 마찬가지로 모든 조직원이 남는 에너지를 어떻게 분출시키느냐가 활성화 작업의 열쇠이다.

이에 대해서는 리더십을 연구하는 학자들이 이미 결론을 내려놓은 것이 있다. 21세기에 가장 인정받는 리더의 형태는 '치어 리더Cheer Leader'라는 것이다.

다음의 내용을 보고 무엇이 떠오르는가?

- 자기 편을 열렬히 응원하는 관중의 흥분된 모습
- 윷놀이판에서 같은 편끼리 치열하게 다투며 말을 놓는 모습
- 놀이열차를 타고 환호성을 지르는 사람들

- 황소를 피하려고 전력을 다해 도망치는 행사 참가자
- 서로 토마토를 던지며 즐거워하는 사람들
- 진흙탕 안에서 진흙 싸움을 하는 참가자들
- 노래방에서 눈을 감은 채 노래하는 아마추어 가수
- 바둑판을 사이에 두고 한 수 물러달라며 설전을 벌이는 부자지간
- 일부러 해병대 캠프를 찾아와 고된 훈련을 받는 사람들

답은 축제이다. 자연스럽게 활성을 이끄는 최선의 방법은 조직원들이 희열을 느끼고 자신의 잠재능력을 표출할 수 있도록 기회를 제공하는 것이다. 리더라면 조직원들을 축제 참가자로 만들고, 가정과 학교, 회사를 축제 장소로 만들어야 한다. 응원단을 열광의 도가니로 이끄는 치어 리더처럼 말이다.

그러나 그런 분위기를 조성하는 것은 쉬운 일이 아니다. 그러기 위해서는 다음의 3가지를 필요로 한다.

첫째, 평등사상에 대한 공감을 불러일으켜야 한다.

축제에서 참가자들은 남녀노소, 직급, 거주지, 직업의 차이가 없다. 그저 평등할 뿐이다. 그런데 그들이 조직으로 돌아와 직장 상사, 학교 선생님, 상급자를 만나면 어떻게 되는가? 다시 예전으로 돌아간다. 그리고 그 순간 잠재능력에 빗장이 걸린다.

리더가 평등사상을 유지하기란 사실 어려운 일이다. 자신의 기득권을 내려놓아야만 가능하기 때문이다. 현명한 리더는 평등한 관계를 유지하는 것을 기득권 포기라고 생각지 않는다. 상대방을 자신의 위치로

끌어올려 분신을 만드는 고도의 리더십 전략으로 생각한다.

철저한 관리와 정형화된 시스템으로 조직을 운영하는 것이 종래의 진지전 형태였다면, 구성원들을 또 다른 나로 격상시켜 같은 생각, 같은 행동을 취하도록 하는 것은 현대사회가 요구하는 유격전 형태라 할 수 있다. 유격전이란 놀면서 공격한다는 뜻으로 축제를 통해 새로운 경쟁력을 찾는 전략이다.

평소 군대에서는 각자가 업무를 수행하다가 위기상황이 되면 지휘관의 명령에 따라 정해진 목적을 수행하는 특수대원이 된다. 일반 조직에서 유격전 형태의 경영은 외적으로는 평등한 모습을 보이지만, 내적으로는 단단한 정신 무장으로 오히려 위계질서가 확실하다.

최근 많은 기업에서 리더의 덕목으로 유머를 꼽는다. 그러나 이것도 평등사상이 전제되지 않으면 불가능하다. 주변을 한 번 살펴보라. 상사가 유머를 구사하려고 하면 부하 직원들이 웃을 준비를 하고 있는 경우가 대부분이다.

왜 그럴까? 부하 직원들이 수직관계를 의식하여 의무적인 청취자가 되기 때문이다. 방송 녹화에 동원된 청중들이 의무적으로 고개를 끄덕이며 알아들었다는 과장된 반응과 추임새를 보이는 것과 같다. 수직관계에서 구사하는 유머는 이미 생명력을 잃어 윤활유 역할을 할 수가 없다. 상하간의 직급 구분이 분명한 상태에서는 표면적으로 즐겁다 해도 축제나 파티라 하지 않는다. 그것은 그저 행사일 뿐이다.

둘째, 평온한 상태를 유지해야 한다.

두말할 나위가 없는 부분이다. 적군이 총을 쏘며 쫓아오고, 지진과 홍수가 일어났는데 축제가 열릴 수 있겠는가? 리더십 구축의 첫 번째 단계인 창업에서도 강조했듯이 리더의 가장 중요한 임무는 정신적·물리적 울타리를 설정해 외부의 침입으로부터 조직을 보호하는 것이다.

보호는 지키고 돌보는 것으로 평온한 상태 유지가 최고의 목표이다. 비록 외부의 침입으로 물리적·정신적 압박감이 들더라도 그 여파가 조직원들에게 전달되어서는 안 된다. 리더는 그것을 거르고 정화한 다음 조직원들에게 전해 해결책을 찾아야 한다.

셋째, 평상심을 유지해야 한다.

리더의 감정 변화는 조직에 큰 영향을 미친다. 리더의 감정을 살피는 상황에서 벌어지는 축제는 절름발이 행사에 불과하다. 북극성과 덕의 상관관계를 통해 설명했듯이 리더는 북극성과 같은 존재이다. 리더가 변덕을 부리지 않고, 언제나 중심을 잡고 있어야 진정한 축제가 된다.

지금까지 치어 리더가 되기 위해 갖춰야 할 3가지에 대해 알아보았다. 여기에 반드시 뒤따라야 할 조치가 있다. 축제를 통해 떠오른 내적 지혜를 현실화할 제도적 장치의 마련이 그것이다. 번뜩이는 아이디어나 참신한 영감은 언제, 어디서나 예기치 않은 상황에서 떠오를 수 있기 때문이다.

아이디어를 정리해 현실화하려면 사색이 절대적이다. 많은 기업이 구성원들의 잠재능력을 계발하기 위해 개인 공간이나 시간적 제약을 두지 않는 근무 등을 도입하는 배경이 여기에 있다. 또한 구성원들의 아이디어를 수렴하는 장치와 그것을 현실화하는 전담 인력도 필수이다.

조직에서 창조적인 아이디어를 제출하라고 구성원들에게 요구함에도 불구하고 제대로 시행되지 않는 이유는 다음의 2가지이다.

첫째, 대부분의 기업이 관리 가능한 아이디어만을 요구하기 때문이다. 모든 인간의 공통된 특성인 이기적, 독선적 성격으로 인해 담당자가 이해하지 못하면 탁월한 아이디어를 폐기처분하는 경우가 비일비재하다. 창조적이라는 말은 완전히 새로운 것이다. 따라서 심사 담당자의 생각을 뛰어넘어도 좋은 아이디어를 수용할 수 있는 장치를 마련해야 한다.

둘째, 아이디어의 제출과 실행을 모두 제안자의 몫으로 돌리기 때문이다. 아이디어는 그저 생각에 지나지 않는다. 생각이 가치가 있다면, 이를 실행에 옮기는 것은 별도의 인력이 전담해야 한다. 제안자에게 실행이라는 임무를 추가로 부여한다면 축제의 효과는 반감될 수밖에 없다.

6_ 제6단계 : 제시(提示) - 길 안내하기

'창업 → 선발 → 수용 → 육성 → 활성'이라는 과정을 거쳐 개인과 조직의 능력을 최대한 끌어올렸다면, 그 다음은 제시提示단계이다. 제시는 전체 과정 중에서 가장 중요한 부분이며, 지속 가능 경영의 핵심에 해당한다.

제시란 어떤 의사나 나아갈 방향, 수행해야 할 방법 등을 말이나 글로 나타내는 것을 말하는데, '보일 시示'에는 하늘, 땅, 인간의 움직임을 위에서 살펴보아 올바른 방향으로 안내한다는 의미가 내포되어 있다. 따라서 제시는 자연의 순리를 일깨워준다는 의미를 담고 있다.

5장 '조직의 특성'에서 인간과 조직은 같은 원리로 작동한다고 배웠다. 새싹이 돋고 성장하는 봄과 여름이 지나면 열매를 맺고 저장하는 가을과 겨울이 오고, 그 뒤를 이어 또다시 봄이 오는 것이 자연의 순환 현상이다. 이 과정에서 눈여겨볼 것이 있다. 봄, 여름과 가을, 겨울의 차별성이 그것이다. 성장하는 것이 전반기의 특성이라면, 죽이고 정리하는 것이 후반기의 특성이다. 서로 상반되는 현상이지만, 이러한 자연의 순리는 인간과 조직에도 어김없이 적용된다.

제시단계는 계절로 표현하면 가을에 해당된다. 낙엽은 나무 뿌리가 모든 나뭇잎에게 수분 공급이 어렵다는 것을 알려 스스로 생을 포기하도록 함으로써 만들어진다. 나뭇잎의 자살이 낙엽이다. 이는 동물이 DNA 속에 있는 자살세포 프로그램을 가동시켜 불필요한 80%의 세포를 제거하는 것과 같다.

그리고 이 단계에서는 조직의 다음 세대를 이끌어갈 후임자를 선발해 임무를 부여하고 방향을 제시한다. 하지만 스스로의 힘으로 결정하는 동식물과는 달리 조직은 여러 상황이 얽혀 있으므로 이 과정에서 대내외적으로 수많은 문제들과 맞딱뜨리게 된다.

도약은 언제나 위험을 동반하며, 희생을 요구한다. 성장을 하려면 기존의 틀이나 울타리를 제거하고, 위험을 감수해야 한다. 애벌레와 굼벵이가 나비와 매미로 변하거나 알을 깨고 나오는 병아리가 변신을 하는 과정에서 볼 수 있듯이 이때에는 외부의 적으로부터 자신을 지킬 능력이 없다.

모든 것들은 이런 위험을 감수해야 새로운 성장을 할 수 있다. 기존의 틀을 깨는 위험과 고통을 감수해야 더 큰 성장이 가능한 것이다. 계절이 바뀌는 환절기에 환자들이 많은 이유도 바로 이 때문이다.

"아이들은 병치레를 하면서 성장한다"라는 말이 있다. 이 말은 변신을 하는 과정에서 면역력이 저하되는 것을 생활의 지혜로 표현한 것이다. 실제로는 아이들이 병을 이겨내고 성장하는 것이 아니라 성장을 위해 변화하는 시기에는 면역력이 떨어져 병에 걸릴 위험이 크다.

이렇게 변환기를 맞았을 때, 슬기롭게 대처하는 방안을 마련하는 것도 리더의 몫이다. 이때 현명한 리더로서 효율적인 방향을 제시하기 위해 갖춰야 할 정신 자세에 대하여 알아보자.

첫째, 청출어람靑出於藍의 순리를 인정하라.

리더에게 수용단계에서 신임을 받았고, 육성단계에서 생각과 행동의 기본 틀을 전수받았으며, 활성단계에서 자신만의 잠재능력을 키웠다면, 후계자가 리더보다 폭넓은 사고체계와 좋은 능력을 갖추는 것은 너무 당연하다. 이것이 선배의 지식과 지혜를 바탕으로 새로운 싹을 틔우는 발전의 과정이다.

그래서 현명한 리더는 언제나 구성원들을 자신보다 우월한 존재로 인식하고, 그들에게 자신의 지혜를 전할 수 있다는 것에 감사한다. 훌륭한 리더는 많은 부하를 거느린 사람이 아니라 많은 부하들을 자신보다 뛰어난 리더로 키워낸 사람이다.

둘째, 지속 가능한 조직운영 방법을 숙지하라.

생존경쟁의 최대 목표는 살아남는 것이다. 여기에 하나를 더 추가하면 건강하게 살아남는 것이다. 살아남기 위해서는 주변의 환경 변화에 적응하는 것이 필수이다. 적응의 개념을 다시 한 번 살펴보라. 앞에서 문제의 원인과 해결책을 내부에서 찾는 것을 적응, 외부에서 찾는 것을 대응이라고 배웠다.

　문제의 원인과 해결책을 외부에 두는 순간 우리 몸은 외부에 의존하게 된다. 그렇게 되면 스스로의 해결능력이 사라져 독립체의 기능을 상실하게 된다. 조직 또한 마찬가지이다. 문제의 원인과 해결책을 외부에서 찾는 순간, 스스로 알을 깨고 나온 병아리가 아니라 외압에 의해 파괴되는 달걀 프라이가 된다.

　조직이 문제의 원인과 해결책을 내부에서 찾아 대처하는 과정은 계절의 변화와 비슷하게 다음의 4단계를 거친다.

① 사회화(봄, 생) : 직면한 모든 문제와 해답이 조직 내에 있다는 생각을 조직원들에게 주지시켜 평소에 문제의 유형과 해결책을 각자 고민하도록 분위기를 유도하는 과정
② 외형화(여름, 장) : 조직원들이 겪은 문제의 원인과 해결방안을 표출하는 과정
③ 결합화(가을, 염) : 표출된 문제를 상호간에 토의하여 가장 효과적인 방법을 찾는 과정
④ 내면화(겨울, 장) : 효과적인 해결방법을 조직원들이 각자 자신의 것으로 체화시켜 적용하는 과정

　리더라면 이와 같은 과정을 거쳐 문제의 원인을 조직원들 스스로 찾

아내 해결책을 제시하도록 해야 한다.

셋째, 환경 변화의 흐름을 예상하라.

규칙이 없는 것처럼 보이는 현상도 관찰을 통해 이치를 발견할 수 있고, 그 이치에 힘입어 원리를 세울 수 있다. 경영 환경의 변화 또한 마찬가지이다. 이런 논리로 파악하면 앞날을 예측할 수 있다.

미래에 다가올 변화의 형태에는 다음의 3가지가 있다.

① 패드(FAD) : For A Day하루살이의 준말로 급속히 부상하였다가 짧은 기간 내에 사라지는 형태를 말한다.

② 패션(Fashion) : 어떤 현상이 일정 기간 동안 유행과 쇠퇴를 단순히 반복하는 형태를 말한다. 비록 쇠퇴하더라도 완전히 사라지지 않고 불씨를 보유하고 있으며, 소생할 가능성을 지니고 있다.

③ 트렌드(Trend) : 패션과 비슷하게 부침을 반복하나 일정한 방향으로 상승하는 형태를 말한다. 상승 요인에는 여러 가지가 있을 수 있다. 고객가치를 반영하거나 외양보다는 기능 중심의 제품을 개발하거나 더 나아가 고객의 경험을 중시하는 경향 등이 여기에 속한다.

위의 3가지 형태 중 리더가 반드시 갖춰야 할 것은 트렌드를 읽는 능력이다. 트렌드는 어떤 현상이 일정한 방향으로 향하는 힘 또는 그때의 커다란 흐름이나 경향을 말한다. 진정한 리더라면 트렌드를 읽고 조직의 나아갈 바를 제시해야 한다. 그래야 조직 스스로 환경 변화에 적응을 준비해 미래의 영속성을 담보할 수 있다.

현대사회에서 리더십의 대세로 일컬어지는 것이 치어 리더십이라고 말한 바 있다. 이와 함께 필수적으로 알아야 할 개념이 글로벌 스탠더드이다. 스탠더드는 표준이라는 의미로 해석상의 오류가 적지만, 글로벌은 많은 오해를 불러일으킬 소지가 있다. 흔히 글로벌을 '세계적인'으로 알고 있지만, 여기서는 '포괄적인', '전체적인', '광범위한'과 같이 사물이나 현상 전체를 살핀 후 가장 적합한 요인들을 정리해 표준화시켜 놓은 것을 말한다.

예를 들면 인간보다 훨씬 오래전부터 지구상에 생존해온 바퀴벌레가 환경 변화에 적응하여 오늘날까지 생존할 수 있었던 요인이 무엇인가를 파악하여 그 원칙을 도출했다고 가정해보자. 그 요인은 인간, 동식물, 조직의 생존에 있어서도 표준이 될 수 있다. 이와 같이 모든 현상에 공통적으로 적용할 수 있는 표준이 바로 글로벌 스탠더드이다.

글로벌 스탠더드는 3가지 원칙인 즉 투명성, 다양성, 지속 가능성으로 구성된다. 지구상에서 수억 년을 살아온 모든 생명체가 이 원칙을 지킴으로써 현재까지 생존해왔다. 마찬가지로 역사가 짧은 현대의 조직 역시 이 원칙을 지켜야만 영속성이 보장된다.

글로벌 스탠더드를 이 책의 주제인 인성과 접목해서 정리한다면, 세상 모든 일은 반드시 바른 길로 돌아간다는 사필귀정事必歸正과 모든 일의 이치는 반드시 그 뿌리로 연결된다는 이필귀근理必歸根의 원칙이라 하겠다. 글로벌 스탠더드의 3대 원칙에 인성을 추가하여 변하지 않는 한 가지 원칙으로 만 가지 변화에 대응하는 지혜로 삼아야 할 것이다.

7_ 제7단계 : 양도(讓渡) – 자리 물려주기

'창업 → 선발 → 수용 → 육성 → 활성 → 제시'를 거치고 나면 자신의 권한과 지위를 후계자에게 물려주는 리더십 구축의 마지막 과정인 양도讓渡단계에 이르게 된다. 양도단계는 비록 마지막 단계라는 표현을 썼지만, 실제로는 완성의 단계이자 새로운 시작을 알리는 순환의 출발점이다. 이 단계를 거쳐 새로 지위를 이어받은 후계자가 자신의 창업이념을 설정해 리더십의 역사를 다시 쓰기 때문이다.

리더가 된다는 것은 내려놓는 여정의 시작이다. 리더라면 언젠가는 그 지위를 내려놓고, 자신이 쌓은 울타리에서 벗어나야 한다. 문제는 어떤 모습으로 어느 시기에 울타리를 벗어나느냐는 것이다.

이것을 염두에 두고 업무적·정신적 관점으로 구분하여 알아보자. 우선 업무적 관점에서 진행되는 양도과정이다.

여기서 가장 중요한 것이 순차적인 업무 이관이다. 이전의 모든 과정에서도 마찬가지지만, 진정한 리더라면 자신의 역량을 20% 정도만 발휘하고, 80% 정도는 남겨두어야 한다. 컵에 물을 가득 채우면 컵의 기능을 잃는 것과 같다. 가득 채우면 새로운 것을 받아들일 수 없기 때문이다.

리더는 전체 업무의 20% 정도만 관여하면 충분하다. 나머지는 주변 환경을 살피고 적응 방안을 마련하며, 구성원들을 축제 참가자로 만드는 데 힘을 쏟아야 한다. 이때 80%의 업무를 구성원들이 결정하고 실행하되, 책임은 리더가 지는 구조를 위임전결이라고 한다. 양도과정에서 리더는 이 폭을 자연스럽게 확대해야 한다.

다음으로 중요한 것이 핵심을 전달하는 것이다. 산 정상과 8부 능선에서 보는 풍경은 완전히 다르다. 시각의 차이는 조직의 성패를 가른다. 따라서 리더는 후임자가 직접 느낄 수 있도록 가능한 한 정상에서의 경험을 많이 제공해야 한다. 이에 대해서는 육성단계에서 언급한 경험의 위력을 참조하라.

다음으로는 정신적 관점에서 진행되는 양도과정이다.

여기서 뭐니 뭐니 해도 가장 중요한 것은 마음가짐이다. 부모라면 자식을 낳고 길렀으되 소유하려는 욕심을 버려야 한다. 그래야 자식이 스스로의 힘으로 울타리를 벗어나 제 몫을 할 수 있다. 조직도 마찬가지이다. 리더가 키운 조직이라고 해서 소유하려고 한다면 서로에게 불행한 일이다.

리더에 대한 진정한 평가는 떠난 뒤에 비로소 이루어진다. 만약 자신의 공백으로 혼란이 야기된다면, 그 리더는 많은 부분을 움켜쥐고 있었다는 방증이다. 리더라면 자신의 존재를 구성원들이 느끼지 못하도록 처신해야 한다.

리더가 조직을 슬기롭게 양도하기 위해서는 다음의 3가지 마음을 필요로 한다.

첫째, 부소유이다.

부모가 낳아서 기른 자식을 소유하지 않고, 나무가 여름 내내 키운 나뭇잎을 미련 없이 떨구듯이 집착으로부터 벗어나야 후계자를 올바로 안내할 수 있다.

둘째, 무기대이다.

무언가를 기대하는 마음으로 정성을 쏟았다면, 그것은 순수성을 잃어 거래가 된다. 거래에는 불만과 서운함이 따르게 마련이다. 제대로 양도를 하려거든 기대를 버려라. 리더가 해야 할 최선의 행위이고, 최상의 가치를 부여하는 수단이다.

셋째, 무사랑이다.

리더라면 조직원들이 스스로 헤쳐 나가도록 해주어야 한다. 굼벵이와 매미, 애벌레와 나비, 달걀과 병아리의 관계를 기억하는가. 상대를 사랑해 껍질을 깨고 나오도록 도와주면 곧바로 죽어버린다. 이것이 과연 진정한 사랑인가?

리더가 된다는 것은 내려놓는 연습을 하는 또 다른 과정의 시작이다. 대자연은 자신이 가꾼 열매를 소유하지 않으며, 다른 이들이 취해도 불평하지 않는다. 단지 만드는 데 최선을 다했다는 것에서 보람을 찾는다. 사랑을 뜻하는 애愛는 마음心을 신이 인간에게 그러하듯 아낌없이 주고爫 대가 없이 돌아선다夊는 뜻이다. 양도하는 리더의 덕목을 이보다 더 정확히 표현할 수 있는 단어는 없을 것이다. 선조들의 지혜에 새삼 머리가 수그러진다.

마지막으로 리더가 자신의 리더십을 평가할 수 있는 상황이다.

① 조직이 잘 훈련되어 일사불란하게 움직인다 : 이런 경우 관리자로서의 능력은 훌륭하겠지만, 리더십의 기본 임무인 조직원의 잠재능력 계발은 소홀했다는 평가를 받을 수 있다. 모든 유기체나 조직이 일정하게 움직인다는 것은 생명력이 떨어졌다는 의미이다. 앞에서 맥박이 일

정한 사람은 죽은 사람이라고 하지 않았던가. 일정하게 흐르는 물에는 고기가 살지 못한다는 사실을 기억하라. 기본 틀을 갖추었다면 각자가 뛰게 만들어야 한다. 그것이 활성이다.

② 구성원들이 가지는 불만의 종류가 다양하다 : 매우 바람직한 현상이다. 리더십의 평가는 구성원들이 보내는 불만의 질로 평가된다. 끼니를 걱정하는 조직이라면 모든 불만은 먹을 것으로 모아질 것이다. 불만의 종류가 다양하다는 것은 기본적인 것이 해결되어 다음 단계를 원한다는 뜻이다.

③직원들의 사고체계와 행동이 엉뚱해 통제가 어렵다 : 매우 훌륭한 리더십의 결과이다. 완벽한 관리체계 아래서 엉뚱한 행동은 비난과 질책을 받게 마련이다. 하지만 개인의 잠재능력을 중요시하는 조직에서는 시행착오라는 이름으로 높은 점수를 받는다. 조직원들을 일률적으로 통제할 수 없는 상황을 만드는 것이 리더의 임무이고, 그 상황이야말로 축복이다.

④ 능력이 떨어지는 직원이 있어 실력 편차가 심하다 : 능력이 떨어진다고 생각하는 자체가 리더십의 허점이다. 직원의 능력은 절대평가로 이루어져야 한다. 절대평가에 의해 실력이 부족한 직원이 있다면 리더에게 축복이다. 실력이 부족한 직원을 평범한 직원으로 성장시킬 기회가 주어졌기 때문이다.

⑤ 구성원의 엉뚱한 제안이 상당히 많다 : 훌륭한 리더십의 결과이다. 일반적인 조직에서는 창의성을 요구하지만, 실제로는 기존의 틀에 얽매어 관리 가능한 아이디어만을 채택하는 경우가 대부분이다. 엉뚱

한 제안이 많다는 것은 그것을 허용되는 분위기가 조성되었음은 물론 그러한 제안이 현실화된 선례가 있었음을 증명한다. 만약 그러한 사례가 없었다면 타성에 의해 어느 누구도 제안제도를 이용하지 않을 것이다.

⑥ 격의 없는 소통으로 상하구분이 어렵다 : 매우 훌륭한 리더십의 결과이다. 상하를 구분하지 않고 격의 없이 의사소통을 할 수 있다는 것은 축제 분위기를 조성하기 위해 평등, 평상, 평온상태를 유지한 노력의 결과이다. 리더의 종류에는 부하들이 무서워하는 리더, 경멸하는 리더, 존경하는 리더, 존재 자체를 느끼지 못하는 리더 등 여러 가지가 있다. 당신은 어떤 리더인가?

최고의 리더는 외형적으로는 조직원과 구분되지 않으면서도 내부적으로는 존경을 받는 타입이다. 모든 직원이 검은색 유니폼을 입고 있는데, 자신이 리더라고 흰색 유니폼을 입고 있는 것을 볼 수 있다. 만약 적군이 나쁜 마음을 먹는다면 정보를 수집할 필요도 없이 흰색 유니폼이 저격 대상이 될 것이다. 이것은 현명하지 못한 태도이다. 흔적을 남기지 않는다는 생존경쟁의 기본을 무시하는 행동이기 때문이다.

⑦ 구성원에 대한 정보를 입수할 인적 채널이 확보되어 있다 : 직원에 대한 평가정보를 입수하는 데는 일반적으로 인적 채널과 시스템 채널이 있다. 최근에는 IT산업의 발달로 시스템 채널을 통해 정보를 입수하는 것이 대부분이지만, 인간의 잠재능력을 그것만으로는 파악할 수 없다. 결국 구성원을 겪어본 주변 사람들로부터 입수된 정보를 종합해야만 최종적인 판단을 내릴 수 있다. 리더가 구성원 개개인에 대해 평가할

수 있는 인적 채널이 확보되어 있다면 아주 훌륭한 리더십의 결과이다.

다만 한 가지 고려할 부분이 있다. 인적 정보를 입수하는 채널의 다양화와 순환이다. 오랜 기간 같은 정보원만 활용한다면 큰 화를 당할 수 있다. 구맹주산狗猛酒酸, 개가 사나우면 술이 쉰다이라는 격언이 주는 섬뜩한 지혜이다. 이는 집을 지키려고 키우는 개가 주막집 입구에서 짖어대면 손님이 오지 않아 술이 쉰다는 말이다.

많은 기업에서 인적 정보를 수집하는 채널의 경직화로 능력있는 인재들이 회사를 떠나는 것을 본다. 정보 제공자가 알려주는 정보의 질은 정보 제공자의 수준을 넘을 수 없다는 속설이 있다. 정보 제공자를 유심히 관찰하고 도태시켜야 하는 이유이다. 양도과정을 신중하게 검토하는 리더들이 필히 알아야 할 사항이다.

이상의 7가지 상황에 대해 충분히 인식하고 자신의 철학에 맞게 조직을 운영해왔다면, 양도의 분위기가 충분히 성숙되었다고 할 수 있다. 자식을 낳았으나 소유하려 하지 않고, 공을 세웠으나 그 대가를 바라지 않는 마음으로 지식과 공적을 다음 세대에 온전히 계승시켜 새로운 순환의 기초를 만들어주는 것이 이 시대에 일가견을 갖춘 진정한 어른이자 리더의 올바른 모습이다.

03

다시 새로운 시작을 위하여

지금까지 창업, 선발, 수용, 육성, 활성, 제시, 양도의 7단계를 거쳐 이루어지는 리더십의 순환체계에 대해 알아보았다. 이를 통해 리더십의 정체와 중요성을 알았을 것이다.

"신체발부 수지부모 불감훼손 효지시야身體髮膚 受之父母 不敢毀損 孝之始也"라는 말이 있다. 우리의 몸과 머리카락, 피부는 부모로부터 받은 것이므로 감히 훼손치 않는 것이 효의 시작이라는 뜻이다.

이 지혜의 문장에 숨어 있는 깊은 의미를 살펴보자.

누군가가 당신에게 선물을 주었다면 그 선물을 받은 사람은 당신이고, 그 선물의 소유권은 당신에게 있으며, 그 선물의 주인은 당신이된다.

같은 논리로 부모로부터 몸과 머리카락, 피부를 선물로 받았다면 그 선물을 받은 주체는 누구이고, 그 소유권은 누구에게 있으며, 그 선물의 주인은 누구일까?

답은 나의 마음이다. 마음에 부모가 물려준 육체가 결합되어 나를 완성시킨 것이다. 따라서 나의 주인은 나의 마음이다.

이 논리를 조직에 대입해보자.

서로 다른 생각과 목표를 가진 구성원들을 선물로 받아들여 하나의 완성된 조직을 만드는 것은 무엇일까?

답은 리더라는 한 개인이 아니라 리더십이다. 내 몸의 주인이 마음이듯 조직의 주인은 리더가 가지고 있는 리더십이다. 리더십이 조직의 운명을 좌우한다는 말의 진정한 의미가 바로 여기에 있다.

어린이가 어머니의 태중에서 10개월 동안 자란 후 세상에 나오듯 조직 또한 리더가 마련한 인큐베이터 속에서 일정 기간의 훈련과정을 거쳐 후임자라는 이름으로 조직을 후대에 물려주게 된다. 자식을 낳았으되 소유하려 들지 않고, 조직을 키웠으되 현명하게 양도하는 절차는 4계절이 순환하는 자연의 순리와 정확히 일치한다.

자연은 봄이 되면 만물이 소생하는 분위기를 만들고, 여름이 되면 꽃이 피고 성장하며, 가을이 되면 불필요한 자신의 일부를 죽이는 냉정함으로 열매를 맺으며, 겨울이 되면 그 열매를 지키려고 고통과 혼돈의 시기를 인내하며 싹을 틔울 기회를 기다린다.

기회Opportunity란 '무슨 일을 하기에 알맞은 시기' 또는 '출항을 위해 돛을 올릴 때'라는 그리스어에서 유래했다. 태와 모습을 바꾸는 동안에는 나비와 매미가 탈바꿈을 하는 과정에서 볼 수 있듯이 주변의 물리적 침입으로부터 자신을 보호할 능력이 없어 위험에 무방비로 노출

[그림 8-4] 리더십 양도과정

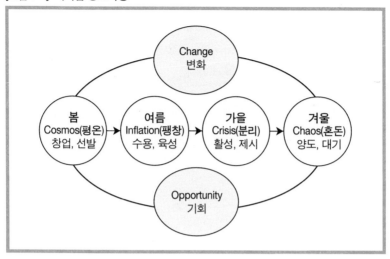

된다.

조직 또한 마찬가지이다. 조직 지휘권의 순조로운 양도가 어렵고, 이를 완성시킨 리더가 존경받는 이유가 여기에 있다. 다시 한 번 지금까지 배웠던 리더십 양도과정을 머릿속으로 그려보라.

자연이 생명을 유지하는 것은 이러한 과정의 끊임없는 반복 때문이다. 이러한 자연의 순환논리를 이 책에 대입해본다면, 마지막 부분까지 읽었다는 것은 다시 맨 앞으로 돌아가 새롭게 시작해야 한다는 것을 의미한다.

이 책을 다시 읽으면 이미 읽었던 내용이 새로운 의미로 다가올 것이다. 그리고 풀리지 않는 매듭을 풀었을 때 자신도 모르게 튀어나오는 환호와 쾌감이 당신을 기다리고 있을 것이다.

인성이라는 울타리 위에서

"책을 쓴다는 것은 책잡히는 일이다."

이 말은 한사코 책 쓰기를 거부하시는 노스승의 지론이다. 어떤 생각을 글로 표현하는 것은 쇠나 나무로 말뚝을 박고 울타리를 두르는 것처럼 자신의 생각에 또 다른 장벽을 만들어 스스로에게 걸림돌이 된다는 말씀이시다.

노스승의 가르침에 반항하는 심정으로 얽히고설킨 생각의 뭉치 속에서 책 쓰는 것을 합리화할 수 있는 실마리를 찾고자 고민했다.

- 단 한 사람을 깨우치는 것만으로도 보람이 있다는 자족감
- 모든 변화에 적응하고, 대응할 원칙을 찾으려는 호기심
- 나의 역사 속에 한 가지 작업을 완료했다는 성취감
- 노스승의 말씀처럼 책잡힐 걸 알면서도 시도하는 무모함

● 인생의 최고 목표가 경험이라는 평소의 확신

이러한 마음 속 실타래를 모아 인성이라는 울타리를 쌓아보았다. 울타리의 존재 이유는 타인의 침입을 막기 위한 것이다. 그러나 그것을 타고 넘는 이에게는 발전의 기준이 되는 것 또한 울타리의 가치라고 스스로 위안하며 부끄러운 마음을 다독여 본다.

이 책의 내용에 대해 달리는 말에 채찍을 가하는 독자들의 날카로운 지적과 지극한 애정을 기대한다.

人 性 工 夫

인성공부 요약

박완순 인성공식의 기본 틀

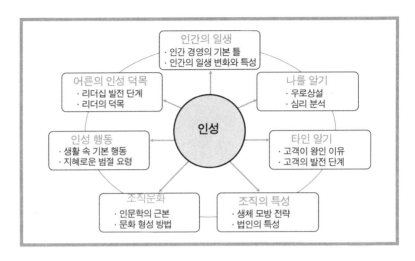

- 인간의 일생 인간은 누구나 태어나서 성장을 하고, 후대를 생산하며, 점차 늙어가다가 죽는다. 이 과정을 통해 인간의 신체적 변화와 특성을 파악한다.
- 나를 알기 각 개인의 특·장점을 알면 일상 속에서 관계 때문에 겪는 다양한 문제의 원인을 파악할 수 있다.
- 타인 알기 뇌의 특성을 7가지로 분류해 알아봄으로써 인간의 공통적 사고체계를 분석한다.
- 조직의 특성 신체와 조직의 공통점 7가지를 통해 조직생활의 처세를 익힌다.
- 조직문화 조직문화의 특성과 구조, 형성과정을 통해 조직 운영의 기본을 익힌다.
- 인성 행동 인간이 가진 생각의 또 다른 모습인 말, 표정, 인사, 자세 등을 토대로 사회생활의 기본적 행동과 상황별 대처요령을 익힌다.
- 어른의 인성 덕목 본받아 따라 해야 할 대상인 어른이 갖춰야 할 덕목과 인성 교육의 기본 틀을 알아봄으로써 어른으로서 덕을 발휘할 수 있는 체계적인 방법을 소개한다.

1장 - 성(性) - 세상을 지배하는 단 하나의 법칙

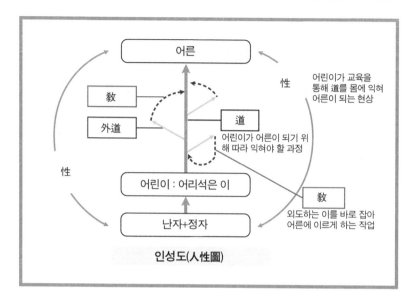

인성도(人性圖)

- 성性 사전적으로는 '사람이나 사물의 본바탕 또는 그것들이 태어나면서부터 가지는 기질'을 말하며, 생활 속에서는 '되어 가는 꼴'을 뜻한다.
- 어른 인간이 정신적 · 육체적으로 완성된 상태에 이른 사람. 어른이 되기 위해서는 먼저 일가견을 갖춰야 한다. 일가견이란 어른이 사회생활 안내자로서 갖추어야 할 정신적 · 행동적 사고체계의 고정 틀, 즉 고정관념을 말한다.
- 도道 어린 아이가 정신적 변화와 역할의 변화를 거쳐 어른이 되어 가는 과정을 말한다.
- 교敎 올바른 길을 가지 못하는 어린 아이를 회유나 설득, 가르침을 통해 어른으로 인도하는 과정을 뜻한다.

2장 - 인성의 첫 번째 틀 : 인간의 일생

| 여자 | ❸ | ❼ | ⓮ 21 ㉘ 35 42 ㊾ 56 63 70 | | |
| 남자 | ❸ | ❽ | ⑯ 24 ㉜ 40 48 ㊻ 64 72 80 | | |

	1사춘기	2사춘기	3사춘기	4사춘기	⇐ 명칭
봄	여름		가을	겨울	⇐ 계절
기(起)	승(承)		전(轉)	결(結)	⇐ 전개
학습	학문		실천	계승	⇐ 과정
본성	이성		지성	덕성	⇐ 감정
Know-How	Know-Why		Know-What	Know-How to Success	⇐ 배움
어린이	학생		사회인	어른	⇐ 호칭
부모	선생님		조직의 長	사회의 어른	⇐ 지도자
cosmos	inflation		crisis	chaos	⇐ 현상

💜 인간의 생애 주기별 변화

- 제1사춘기(남녀칠세부동석) 인간의 모습을 가졌으나 본능에 따라 행동한다. 가정교육과 어른들의 본보기가 중요하며, '학습 기간' 이라 한다.
- 제2사춘기(이팔청춘) '학문 기간' 이라 불리고, 사회생활의 기본 원칙을 물어서 몸에 익히며, 배우자를 만나 결혼을 하는 시기이다.
- 제3사춘기(인생의 변곡점) 사회의 주인공으로서 호칭이 바뀌며, 왕성하게 활동하는 '실천 기간' 이다. 육체적으로는 노화현상이 일어나지만, 정신적으로는 지혜의 완성 단계로 접어든다.
- 제4사춘기(인생의 도서관) 여성은 남성화가, 남성은 여성화가 진행된다. 신체적 변화와는 달리 정신적으로는 완성단계로 접어들어 생활의 지혜를 후대에 전하는 '계승 기간' 이다.

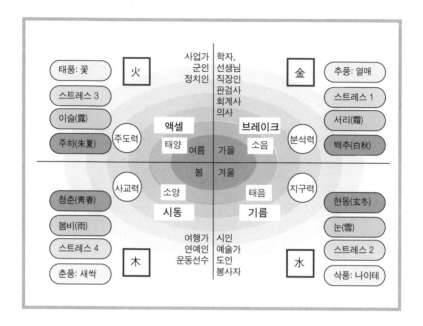

💟 **인간의 개성**

- 봄형 : 새싹을 밀어 올리는 생명력, 바람을 흘려 보내는 나무의 기질, 느긋한 성격의 사고력

- 여름형 : 꽃을 피우는 추진력, 순식간에 타오르는 불의 기질, 화끈하게 밀어부치는 추진력

- 가을형 : 열매를 선택하는 판단력, 냉정하게 처리하는 철의 기질, 안전과 완전을 추구하는 분석력

- 겨울형 : 환경을 극복하고 씨앗을 지켜 내는 포용력, 온순함과 폭발력이 공존하는 물의 기질, 은근함으로 지속되는 지구력

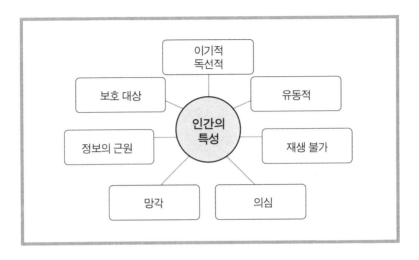

💜 **고객, 왕, 인간의 공통 특성**

- 이기적, 독선적 뇌혈관장벽에 의해 영양, 산소, 혈액을 최우선적으로 공급받듯이 모든 인간은 이기적이며 독선적이다.
- 유동적 물 위를 떠다니는 부평초처럼 인간관계는 유동적이다.
- 재생 불가 뇌세포가 재생 불가이듯 깨어진 인간관계도 한 번 어긋나 버리면 완전한 회복은 쉽지 않다.
- 의심이 기본 자기 보호 본능에 따라 외부 환경과 자신의 능력을 의심한다.
- 망각 기능 스스로를 보호하기 위해 불필요한 정보는 잊어 버린다.
- 정보의 근원 모든 정보가 뇌를 통해 수집, 해석되듯이 인간관계의 열쇠는 인간에 대한 정보 수집에 달려 있다.
- 보호 대상 뇌가 단단한 뼈로 보호되는 유일한 장기이듯이 인간관계는 서로 아낄 때 비로소 의미를 지닌다.

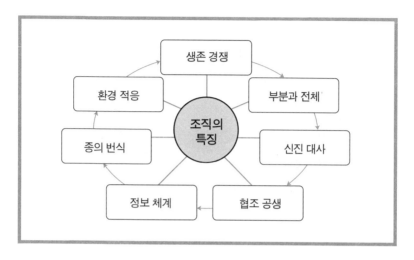

💙 조직의 7가지 특징

- 환경 변화에 적응한다 일가견을 갖춘 어른이 되려면 변형적 변태를 통해 스스로 적응해야 한다. 조직 역시 주변 환경에 적응한다.

- 생존경쟁을 한다 인간의 참된 독립은 자존, 자긍, 자부심의 단계를 거친다. 조직원의 기본 정신 확립도 이와 마찬가지이다.

- 부분과 전체가 일치한다 인체가 DNA와 RNA, Cell의 전사과정과 계체가 계통의 변화를 반복하는 것처럼 조직도 같은 원리로 움직인다.

- 신진대사를 한다 인체가 DNA의 작동으로 불확실한 세포 80%를 버리고 20%를 취하듯이, 조직 상사의 임무 역시 선택과 도살이다.

- 협조하며 공생한다 독립이 없는 협조와 공생은 불가능하다. 인간과 조직 역시 절대가치를 중심으로 독립해야만 주변과 공생이 가능하다.

- 정보체계가 완벽하다 정보는 개인과 조직의 생존과 독립을 위한 울타리이다. 인체와 조직의 정보 처리 과정인 지시와 보고는 동시에 이루어진다.

- 종을 번식한다 인간은 2세 생산으로 종족을 유지하며, 조직은 올바른 리더십을 갖춘 조직원으로 체제를 유지한다. 그 유일한 수단은 교육이다

6장 - 인성의 다섯 번째 틀 : 조직문화

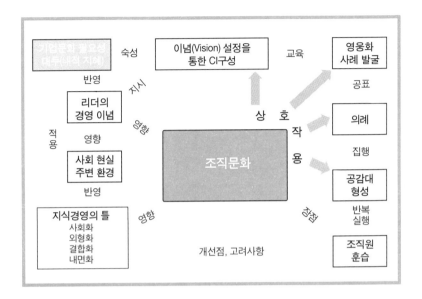

문화란 특정 집단에 의해 생성된 사고방식과 규범이 주변에 전파되어 전체가 비슷한 생각과 행동을 하도록 유도하는 현상을 뜻한다.

💟 조직문화 형성의 3단계
- 1단계 - 이념 설정 조직 전체를 한 방향으로 안내하는 정신적 공동목표인 이념을 정할 때에는 구체적이고, 실현 가능하며, 사회에 공헌하는 것이어야 한다.
- 2단계 - 영웅화 영웅을 발굴하여 전 조직원에게 알림으로써 타의 모범이 되게 하는 것으로, 그 개념과 선발 기준도 시대의 변화에 맞게 달라져야 한다.
- 3단계 - 의례 영웅에게 대한 확실한 포상으로 모든 이들에게 그의 활약상을 알리고, 그를 따라 하도록 분위기를 조성하는 과정이며, 모두가 주연으로 함께 즐기는 프로그램으로 운영되어야 한다.

7장 - 인성의 여섯 번째 틀 : 인성 행동

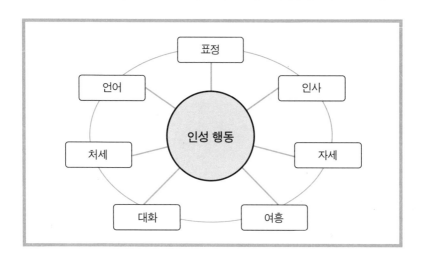

💛 **인성 행동**

- 표정 자신을 상대방에게 내보이는 마음의 지도. 감추려 해도 감출 수 없는 마음의 거울
- 인사 상대방을 섬기는 마음을 동작으로 표현하는 행위. 인상을 바꾸고 인생을 변화시키는 주인공
- 자세 나와 외부를 연결하는 빗장. 행동으로 표현하는 자신의 속마음
- 대화 : 향기 나는 약, 냄새 없는 독-양날의 칼. 상대방을 통해 나를 올리는 기술
- 처세 조직생활에 슬기롭게 적응하는 생활 예술. 상사를 격려할 수 있는 지혜 습득의 장
- 여흥 자신을 올바로 드러내 보이는 무대. 타인의 장점, 단점을 파악할 수 있는 기회
- 언어 자신의 마음을 소리로 표현하는 행위. 지혜와 지식을 세상에 드러내는 도구

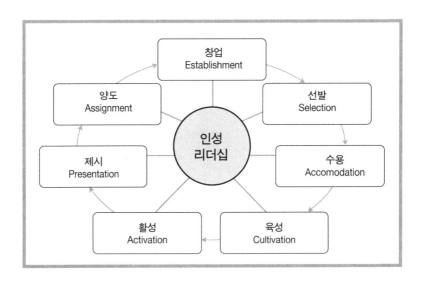

💗 **리더십 구축 단계**

- 제1단계-창업 창업 이념을 세우고, 울타리를 설정해야 한다.
- 제2단계-선발 정확한 기준을 통해 이념을 실행에 옮길 인력을 선발해야 한다.
- 제3단계-수용 사람을 선발했다면, 자신의 분신으로 여기고 한 방향을 향해 나아가도록 조직문화의 형성단계로 들어가야 한다.
- 제4단계-육성 조직문화를 토대로 다양한 경험을 통해 구성원의 창조능력과 생존력을 높여야 한다.
- 제5단계-활성 구성원의 업무능력에 고유한 재능을 더하여 잠재능력을 이끌어내야 한다.
- 제6단계-제시 청출어람의 순리를 인정하고, 지속가능한 조직운영 방법을 숙지하며, 후계자를 선정한다.
- 제7단계-양도 이루었으되 소유하지 않는다는 생각으로 지위를 내려놓고, 자신이 쌓은 울타리에서 벗어나야 한다. 무소유, 무기대, 무사랑으로 슬기롭게 조직을 양도해야 한다.

人 性 工 夫

- 참고문헌 -

- 『국어대사전』 이희승 편저, 민중서림, 1982
- 『우리말 한자어 속뜻사전』 LBH교육출판사, 2007
- 『영한중사전』 금성교과서(주), 1987
- 『한영사전』 두산동아
- 『English Dictionary for Advanced Learner』 교보문고, 2001
- 『꼬불꼬불 한자 쉽게 끝내기』 이래현 지음, 키출판사, 1999
- 『상대적이며 절대적인 지식의 백과사전』 베르나르 베르베르 지음, 이세욱 옮김, 열린 책들, 1996
- 『교양생물학』 강신성 외 4명 공저, 아카데미서적, 1994
- 『한문이란 무엇인가?』 김도련 · 유영희 지음, 전통문화연구회, 1996
- 『인체, 자연이 만든 완벽한 디자인』 알렉산더 치아리스 · 배리 워스 지음, 박경한 옮김, 김영사, 2006
- 『노자의 도덕경』 노자 지음, 최태웅 옮김, 새벽이슬, 2011
- 『의식혁명』 데이비스 호킨스 지음, 이종수 옮김, 한문화, 1997
- 『뇌에 관해 풀리지 않는 의문들』 김종성 지음, 지호, 1995
- 『경영 · 경제 · 인생 강좌 45편』 윤석철 지음, 위즈덤하우스, 2005
- 『경영학의 진리체계』 윤석철 지음, 경문사, 2002
- 『경영, 과학에게 길을 묻다』 유정식 지음, 위즈덤하우스, 2007
- 『테마가 있는 생활 한자』 김대현, 사계절, 1998
- 『밥 리더십』 리차드 파슨 지음, 손근상 옮김, 바다출판사, 1997
- 『두뇌 경영』 진 스타인 · 캠던 비네러스 지음, 홍성태 옮김, 아이비에스컨설팅그룹, 1997
- 『운 좋은 놈이 성공한다』 사이토 히토리 지음, 노은주 옮김, 나무한그루, 2004
- 『기업과 문화의 충격』 이어령 지음, 문학사상사, 2003
- 『우리말 123가지』 권오운 지음, 문학수첩, 2000
- 『산성 할아버지의 이야기 천자문』 천명일 지음, 지혜의 나무, 2007
- 『숨겨진 힘, 감성』 자넬 발로 · 다이애너 몰 지음, 최종범 옮김, 김영사, 2003
- 『마인드 바이러스』 리처드 브로디 지음, 백한울 옮김, 동연출판사, 2000
- 『경제학 콘서트』 팀 하포드 지음, 김명철 옮김, 웅진지식하우스, 2006

- 『시간으로 읽는 생물이야기』 모토카와 타츠오 지음, 이상대 옮김, 사계절, 1993
- 『완전한 몸 완전한 마음 완전한 생명』 전홍준 지음, 에디터, 1999
- 『신과 나눈 이야기』 닐 도날드 월시 지음, 조경숙 옮김, 아름드리, 1999
- 『처세의 지혜』 프란체스코 귀차르디니 지음, 김대웅 옮김, 노브16, 2006
- 『쥐의 똥구멍을 꿰맨 여공』 베르나르 베르베르 지음, 이세욱 옮김, 열린책들, 2001
- 『칭찬보다 효과적인 배판의 힘』 핸드리 웨이싱어 지음, 양영철 옮김, 삼진기획, 2004
- 『괴짜의 시대』 라이언 매튜스 · 와츠 와커 지음, 구자룡 · 김원호 옮김, 더난출판사, 2005
- 『재미있는 우리 몸 이야기』 마츠무라 조지 지음, 홍성민 옮김, 베텔스만, 2008
- 『첫 5분을 사로잡는 이미지 경영』 매리 미첼 지음, 권도희 옮김, 이손, 2002
- 『마법의 코칭』 에노모토 히데타케 지음, 황소연 옮김, 새로운 제안, 2004
- 『인생을 바꾸고 싶을 때 읽는 책』 로이드 랠런드 지음, 정종진 · 양선규 옮김, 황금가지, 2005
- 『달라이 라마, 마음이 뇌에게 묻다』 샤론 베글리 지음, 이성동 · 김종옥 옮김, 북섬, 2008
- 『꽃은 남성이다』 반옥 지음, 다움, 1996
- 『깨닫는 밥그릇』 강창민 지음, 석필, 1994
- 『인생은 말하는 대로 된다』 사토 도미오 지음, 이예린 옮김, 2005
- 『3일만에 읽는 뇌의 신비』 야마모토 다이스케 지음, 박선무 · 고윤선 옮김, 서울문화사, 2002
- 『생명보다 아름다운 것은 없다』 박상철 지음, 사회평론, 1996
- 『뇌내혁명』 하루야마 시게오 지음, 반광식 옮김, 사람과 책, 1997
- 『회사가 당신에게 알려주지 않는 50가지 비밀』 신시아 샤피로 지음, 공혜진 옮김, 서돌, 2007
- 『비밀의 언어』 진원 지음, 한솜미디어, 2011
- 『톰 피터스의 미래를 경영하라』 톰 피터스 지음, 정성욱 옮김, 21세기북스, 2005

인/성/공/부

초판 1쇄 발행 | 2012년 12월 15일
개정판 4쇄 인쇄 | 2016년 2월 1일

지은이 | 박완순 · 이정근
펴낸이 | 김진성
펴낸곳 | 별나래

편집 | 김선우, 허강
디자인 | 장재승
마케팅 | 원종필
관리 | 정보해

출판등록 | 제311 − 2012 − 000029호
주소 | 수원시 팔달구 북수동 15−1 202호
전화 | 02−323−4421
팩스 | 02−323−7753
이메일 | kjs9653@hotmail.com

ⓒ 박완순 · 이정근, 2012
값 15,000원
ISBN 978−89−97763−01−6 03320

* 잘못된 책은 서점에서 바꾸어 드립니다.